Vittorino Andreoli

I segreti della mente

Capire, riconoscere, affrontare i segnali della psiche

Rizzoli

ISBN 978-88-17-06413-2

Prima edizione: gennaio 2013

Prefazione

C'è un sogno che mi accompagna da molti anni: scrivere un manuale che, anziché indirizzarsi ai medici, agli psichiatri o agli psicologi clinici, parli a tutti. Oggi, in queste pagine, il mio sogno trova finalmente concretezza.

È costante nella mia mente, ogni qualvolta incontro un adolescente, un adulto, un vecchio che abbia bisogno di cure psichiatriche, la domanda se sarebbe stato possibile impedire che quel disturbo della mente si manifestasse o che almeno non arrivasse allo stato di gravità che purtroppo osservo.

Una domanda non solo lecita oggi, ma doverosa. È passato quel periodo storico in cui i disturbi mentali erano ritenuti fatali, legati a un determinismo verso cui non c'era nulla da fare. La malattia mentale legata alla familiarità, alla genetica.

Sappiamo che certamente la biologia ha un ruolo, ma che non è mai tale da provocare meccanicamente un disturbo psichiatrico, poiché vi contribuiscono anche le esperienze esistenziali, a partire dall'infanzia, e poi vi gioca un ruolo importante l'ambiente in cui si vive: inteso come ambiente fisico, ma soprattutto relazionale. Insomma, oggi è possibile impedire il disturbo della mente, o almeno è possibile attenuarne le manifestazioni.

La vita di ogni persona malata si sarebbe potuta svolgere

in maniera più serena e con minor sofferenza: ecco la risposta a quell'interrogativo.

A questo scopo non servono tanto gli psichiatri e gli strumenti (limitati) che hanno a disposizione, bensì una consapevolezza e una conoscenza dei disturbi della mente, in modo che le persone che attorniano chi vive la condizione di disagio e mostra comportamenti inusuali e strani, possano accorgersi che si tratta di un inizio di qualcosa che va affrontato subito e seriamente.

Nei miei cinquant'anni di psichiatria sono rimasto talora persino sconvolto dall'osservare che persone vicine a un adolescente con comportamenti devastanti, o a un anziano che ha precorso la morte naturale con un suicidio, hanno minimizzato segnali che invece erano chiari, se solo avessero avuto una conoscenza più precisa di ciò che non può essere considerata una «normalità», sia pure confusa e difficilmente definibile.

E non sostengo che avrebbero potuto fare qualcosa di risolutivo, ma certamente si sarebbero potute attivare per usare i presidi disponibili, quelli della psichiatria che sono tanto più efficaci quanto più si mettono in atto tempestivamente sulle «stranezze», sui disagi, sui momenti di difficoltà esistenziale.

Insomma mi sono convinto che la psichiatria vera è quella che lotta affinché i disturbi mentali non insorgano e non, come si crede, quella che si ritiene possa guarire le manifestazioni gravi.

Una tale psichiatria preventiva si attiva solo se c'è una conoscenza, dentro le famiglie, le scuole, le comunità, dei segni iniziali con i quali i disturbi si manifestano. Al loro insorgere, alle prime avvisaglie.

La psichiatria, questa disciplina complessa ed enormemente imperfetta, ha bisogno delle persone comuni, dei familiari, persino dei vicini di casa di chi mostra idee assurde e comportamenti deviati; ha bisogno che la società nel suo complesso riconosca i primi segni dei disturbi della mente poiché è questa l'unica maniera per poter operare impedendone lo sviluppo, fino a raggiungere i quadri eclatanti che rendono difficili gli interventi terapeutici e talora danno il via a storie di incomprensione, e addirittura di violenza.

Il mio sogno è che questo libro possa dare un messaggio pratico su cosa guardare, su come interpretare quei comportamenti che consideriamo occasionali, passeggeri, capricci, legati magari all'età o a un banale stato di stanchezza e di crisi.

La tendenza a minimizzare serve a negare un problema, e così quell'inizio «ignorato» o sottovalutato può trasformarsi in un disturbo. E se la mente si ammala, ne soffre tutto il corpo, le relazioni sociali saltano e dunque la vita si fa difficile se non impossibile.

In psichiatria sempre maggiore importanza ha preso il concetto di quantità, la considerazione cioè che esiste una continuità, da leggero a grave, di segni iniziali che possono diventare sintomi, e formare sindromi, malattie mentali.

La paura è un meccanismo di difesa poiché permette di prevenire dei rischi. Senza paura del buio un bambino correrebbe e potrebbe sbattere la testa da qualche parte. La paura del traffico, che si attiva quando si deve attraversare una strada, aiuta a stare attenti alla possibilità, e dunque al rischio, di esser investiti da un'auto.

Ma quantitativamente la paura può crescere e assumere progressivamente una dimensione che impedisce a una persona di fare qualsiasi cosa, poiché giunge a percepire un rischio, un pericolo, in ogni azione. La paura da difensiva diventa offensiva e disturba la vita rendendola difficile.

L'ansia è una percezione di mal d'essere che scatta quando si devono affrontare situazioni nuove, non abituali: un esame, un incontro affettivo. L'ansia attiva l'attenzione e le capacità mentali. Il battito del cuore accelera per fornire più energia ai tessuti per prepararsi ad affrontare una prova nuova che immaginiamo difficile.

Si tratta di un'ansia buona, ma se aumenta quantitativamente può raggiungere la dimensione dell'angoscia e allora è come se ci si trovasse in un tunnel di cui non si vede la fine ed è come se mancasse il respiro.

A questo punto la funzione che aveva, diventa disturbo

poiché non solo non facilita una prova mai esperimentata prima, ma la impedisce. La mente si blocca, e si rimane immobili come se si fosse incapaci di qualsiasi pensiero e azione, incluse quelle abituali e più comuni.

E così accade per *la tristezza*: un sentimento stupendo poiché permette di cogliere le difficoltà di vivere, il dolore delle persone care, ma se aumenta quantitativamente diventa depressione e la depressione giunge a una incapacità totale, poiché ci si sente del tutto inadatti, e persino si avverte la colpa di esistere e di non sapere aiutare l'altro. E allora si desidera uscire dal mondo.

Queste osservazioni si spostano anche su comportamenti che si è portati a considerare «banali», come stare davanti a un computer e *navigare in Internet*. C'è un limite oltre il quale da un uso utile, si passa alla dipendenza e allora Internet diventa il mondo che sostituisce quello reale. E quel giovane o quell'adulto rifiuta la vita umana per quella virtuale.

Ecco, occorre fare in modo che il principio della quantità guidi la nostra osservazione, quella su noi stessi e sugli altri, e che dunque la paura sia e rimanga difensiva, che l'ansia aiuti a vivere per affrontare le difficoltà senza trasformarsi mai in angoscia, che la tristezza non diventi malinconia, ma mantenga quel carattere di sentimento umano capace di espressioni straordinarie, come saper consolare e magari far sorridere chi in quel momento ha subìto una perdita o una delusione. E analogamente bisogna essere critici verso l'attrazione del computer e saperne limitare il fascino con la consapevolezza dei rischi per la salute della mente.

Insomma, le caratteristiche tipicamente umane, come la commozione, la sensibilità, la tristezza oppure la gioia devono rimanere tali e non perdere la dimensione della normalità, e diventare sintomi e poi disturbo della mente.

Per mantenere la mente sana occorre accorgersi dei disturbi fin dall'inizio, averne un sospetto motivato per poter mettere in atto interventi che possono essere semplici e svolgersi dentro i legami umani ordinari, ma possono anche aver bisogno di consigli di qualche professionista psicologo o psichiatra, per poter intervenire subito.

E quanto prima accade, tanto più è facile ottenere un risultato, e talora basta solo la terapia della parola; al contrario, se non si è tempestivi si impone il ricorso agli psicofarmaci, ai ricoveri in ambienti psichiatrici.

E in questo caso a me si continuerà a porre la domanda del perché non si sia potuto impedire al paziente che ho davanti di diventare un malato di mente.

Quel sogno che si realizza con questo libro, si lega a un bisogno medico, quello di far conoscere a tutti i segni critici iniziali, allo scopo di fermare una progressione quantitativa che si fa malattia della mente.

Verona, novembre 2012

I segreti della mente

Parte prima

1

Summa psicopatologica

Ognuno di noi avverte durante la propria esistenza, almeno in qualche momento, una sensazione di mal d'essere, un disagio rispetto all'ambiente in cui è inserito, o nelle relazioni che sta vivendo.

È un'esperienza sempre più comune, che ha assunto dimensioni molto vaste. Basti considerare che secondo alcune recenti indagini il cinquanta per cento delle visite al medico di medicina generale, il cosiddetto medico di famiglia, sono legate, direttamente o indirettamente, a un disagio o a un disturbo mentale.

Per avere una dimensione più concreta della portata del fenomeno, in Italia il quattordici per cento della popolazione soffre di depressione clinica: non una tristezza o una malinconia transitorie, dovute a eventi occasionali come il lutto, bensì una condizione strutturata, che ha le caratteristiche per rientrare in una categoria psichiatrica. A questo si deve aggiungere che l'ansia, nelle sue diverse manifestazioni, colpisce il venti per cento della popolazione, mentre il cinque per cento presenta disturbi maniacali e il due per cento soffre di schizofrenia.

Sono dati impressionanti, che testimoniano l'impossibilità di gestire l'esperienza del disagio psichico unicamente attraverso la delega al medico.

Occorre da parte di ciascuno, come potenziale sofferente di disturbi mentali, o come parente, congiunto, familiare di chi attraversa quest'esperienza, una comprensione puntuale, una capacità di partecipazione, non certo per sostituire lo specialista, bensì per riconoscere i segnali del disturbo e comprendere quando ci sia bisogno di un aiuto clinico.

Questo manuale aiuterà il lettore a descrivere i sintomi in modo più chiaro, con un linguaggio che faciliti l'incontro con il medico di famiglia oppure con lo specialista, psichiatra o psicologo clinico.

Imparare a comprendere quanto ci accade, o accade a qualcuno che amiamo, ha un altro effetto importantissimo: permette di dominare l'ansia, che cresce quanto più un fatto è misterioso, incomprensibile.

Ecco, dunque, gli scopi che ci siamo proposti. Innanzitutto l'utilità. Questa summa vuole essere uno strumento che permetta la valutazione di sé e del rapporto con l'altro, della vita affettiva e di quella sociale, così che in caso di difficoltà sia più semplice chiedere aiuto, e l'aiuto giusto. Naturalmente nessuno si deve sostituire allo specialista. Tuttavia, sono tantissimi i disagi e persino i sintomi che possono trovare sollievo già in un'analisi di questo tipo, con la presa di consapevolezza che ne consegue.

Inoltre questo manuale vuole essere uno strumento che faciliti la relazione, la comunicazione con il proprio psichiatra o psicologo clinico. È mia precisa convinzione che la cura non sia esclusivamente un problema dello psichiatra, e quindi della sua bravura, del suo particolare carisma, ma che a essa debba contribuire lo stesso paziente. All'origine della cura c'è una relazione, quella tra medico e paziente, e ogni relazione necessita di una modalità di comunicazione la più precisa possibile.

Ecco perché ho scritto una summa psicopatologica rivolta a tutti, e queste sono le prime pagine di un sogno cominciato negli anni Ottanta e ora diventato realtà.

Una distinzione etimologica importante: i termini disagio *e* disturbo

L'esperienza del disagio psichico si concretizza in una sensazione di mal d'essere, di estraneità rispetto alla propria esistenza abituale (in termini colloquiali si potrebbe dire che «ci si sente come un pesce fuor d'acqua»). Questa sensazione è transitoria, limitata nel tempo cronologico, ma si inscrive nella memoria ed è lì che può perdurare: esce dal tempo cronologico e permane nella dimensione del tempo psicologico. Così, anche se è conclusa l'esperienza concreta che ha scatenato il disagio, può accadere che la sensazione riaffiori e venga rivissuta con la tensione e la frustrazione originarie.

È questa una delle ragioni per cui i disagi meritano la nostra attenzione: spesso non si limitano all'*hic et nunc*, ma assumono una condizione di persistenza, di continuità. Si determina allora un'alterazione del rapporto tra soggetto e mondo esterno, tra soggetto e ambiente; un ambiente che va considerato non soltanto in senso geografico, ma come tessuto sociale, fatto di relazioni, di contatti e legami interumani.

Insomma, se il disagio in sé è un evento che si consuma e si esaurisce, tuttavia può cronicizzarsi sino a trasformare la personalità di chi ne è colpito. Il funzionamento della mente si inceppa e si rivive il disagio che, ripetendosi, diventa sintomo. Un sintomo che spesso non rimane isolato, ma si associa ad altri sintomi.

Così il disagio mostra la sua potenziale natura di premessa a un disturbo, parola che definisce ciò che in un passato nemmeno troppo remoto si chiamava malattia, a indicare un modo di pensare, di relazionarsi e persino un comportamento anomali e slegati dall'esperienza. È come se tutto avesse una vita autonoma dentro la testa del paziente.

È proprio quest'indipendenza del comportamento dall'esperienza, questo manifestarsi a prescindere da eventi o stimoli concreti, che caratterizza il disturbo e lo separa nettamente dal disagio. Se quest'ultimo è ancora una risposta acuta a una relazione con l'ambiente esterno, al contrario il disturbo è una condizione che può di per sé generare malessere. Si fissa in testa esprimendosi in modo automatico. Si determina così una separazione tra stimolo e comportamento, tra azione e reazione, che sovverte anche il funzionamento dei meccanismi di difesa dell'organismo.

Avere conoscenze precise sul disagio mentale e sulle sue possibili trasformazioni in sintomi e disturbi è quindi indispensabile per mantenere saldo il dominio di sé necessario anche alla convivenza sociale.

Disagio e società

Che il disagio e i disturbi della mente siano problemi di dimensioni considerevoli per la nostra vita è dimostrato dalla frequenza con cui si manifestano nella popolazione.

Non c'è dubbio che dipendano dalla storia di ciascuno, eppure è altrettanto certo che risentono delle condizioni ambientali. L'uomo non è un'isola, ma un individuo sociale che ha bisogno di relazioni. Egli è artefice di queste relazioni, ma ne è anche profondamente influenzato.

Sia il disagio sia i disturbi mentali sono quindi fortemente legati al tipo di società, o meglio al tipo di civiltà, in cui si vive. Alla civiltà, infatti, vanno attribuiti anche i principi che uniscono i consessi, le regole attraverso cui si formano le famiglie, i modi in cui si stabiliscono le relazioni interumane.

Una società in forte cambiamento e dai ritmi esasperati qual è la nostra può rendere gli adattamenti del singolo più difficili.

Basterebbe pensare allo sconvolgimento avvenuto negli ultimi anni con l'introduzione delle tecnologie digitali, da cui è scaturito un mutamento sostanziale dei rapporti e dei linguaggi. La virtualità era una dimensione inimmaginabile appena qualche decennio fa.

Oggi dobbiamo adattarci a una società che si trasforma continuamente. Non solo nelle tecnologie, ma anche nelle relazioni, sempre più complicate.

A ciò si aggiunge la grande attenzione riservata alla vita psichica, alla salute della mente, mentre nei secoli passati le preoccupazioni dominanti riguardavano la sopravvivenza e la salute del corpo.

L'incidenza dei disagi psichici nel nostro quotidiano, la variabilità delle forme con cui si manifestano e la sensazione d'ansia che li accompagna impongono al singolo nuove competenze: deve «saperci fare», e per questo, come abbiamo già detto, deve possedere gli strumenti per comprendere che cosa sta accadendo e soprattutto per distinguere se e quando sia opportuno domandare aiuto.

Molti passi avanti verso la diffusione di notizie, informazioni, spiegazioni sulla mente sono stati compiuti. Escono con costanza pubblicazioni che affrontano queste tematiche, ogni settimanale ha una sezione che se ne occupa e parlare di problemi psichici non è più un tabù.

La mente è, dunque, uscita dal dominio degli specialisti, per diventare un tema di cui si può – e si deve – parlare. Per farlo in maniera appropriata è necessario acquisire anche un linguaggio capace di descrivere ciò che ci accade, o accade attorno a noi.

Un passo indietro

C'è una data che segna in me la presa di coscienza di questa necessità: il 1980. Allora mi trovavo negli Stati Uniti, dove ho trascorso alcuni anni della mia vita. Tutti gli psichiatri americani che lavoravano con me tenevano nella tasca del camice un manuale. Si trattava del *Diagnostic Statistical Manual*, noto come DSM, le cui edizioni venivano periodicamente aggiornate. A quel tempo si era arrivati alla terza edizione, dunque al DSM-III.

Questo manuale era una sorta di summa psichiatrica, che indicava i criteri diagnostici e si rivolgeva specificamente ai medici e al personale sanitario. Un *vademecum*, dunque, per esprimere una diagnosi basata sui segni di disagio o sui sintomi di disturbo mentale manifestati dal paziente.

Ne fui entusiasta. Questo semplice ausilio svolgeva una funzione straordinaria. Permetteva, infatti, a tutti i medici di usare un linguaggio condiviso, agevolando così la loro comunicazione. Inoltre, indipendentemente dal luogo in cui si trovava il paziente, in Alabama o nello Stato di New York, garantiva lo stesso tipo di diagnosi, evitando i personalismi dei medici.

In Italia non avevamo nulla di simile. Soffrivamo invece di quel predominio del carisma, che induceva i clinici a esprimere diagnosi diverse sullo stesso paziente. Fu per questo che, rientrato in Italia, contattai una casa editrice di testi medico-scientifici, suggerendo di tradurre il DSM. Riuscii a convincere la Masson, che mi incaricò di curare l'adattamento del testo americano, insieme al professor Cassano di Pisa e al professor Rossi di Genova.

Mentre lavoravo all'edizione, nacque in me l'altro sogno di cui ho detto: scrivere un manuale che, anziché rivolgersi soltanto ai medici, fosse dedicato ai pazienti o ai potenziali pazienti, insomma a tutti coloro che provano disagio psichico o addirittura soffrono di qualche disturbo mentale.

Se per i medici e il personale sanitario esiste il DSM, perché non facilitare la comprensione anche dei pazienti e dei loro familiari?

Così ora al DSM americano, adattato per l'Italia e aggiornato alle più recenti acquisizioni cliniche e scientifiche, si affianca questa summa psicopatologica rivolta a tutti, e pertanto diversa come linguaggio e impostazione, ma ugualmente fedele alle conoscenze attuali sul funzionamento della mente umana. Insomma, due strumenti con caratteristiche e finalità proprie, eppure complementari.

Come il DSM, anche questa summa richiederà in futuro di essere aggiornata e arricchita sulla base del lavoro medico e scientifico che, occorre dirlo, è stato straordinario negli ultimi anni, poiché è giunto a scoperte che non solo hanno migliorato la nostra conoscenza sulla mente umana, ma hanno rivoluzionato le cure, trasformando quella che un tempo era un'espressione tragica e immodificabile del destino in una condizione non solo curabile, ma persino evitabile.

Una medicina comprensibile

Prima del 1980 la follia era chiusa dentro i manicomi, sorta di città dei folli contrapposte alle città dei sani. Dal 1° ottobre 1980 però una legge italiana ha imposto la chiusura di questi istituti, sostituiti in seguito da nuovi luoghi di cura.[1]

Dunque è mutato il luogo di cura e con questo anche il ruolo dello psichiatra. Non è più quella figura intrigante e misteriosa, cui era delegato il segreto della follia, bensì un medico tra medici. Una trasformazione resa evidente anche nell'organizzazione del lavoro. Se un tempo, infatti, lo psichiatra dipendeva dal ministero dell'Interno poiché si occupava di un fenomeno ritenuto pericoloso, oggi invece risponde al ministero della Sanità come tutti gli altri medici.

Nella considerazione sociale è cambiata anche la percezione di chi soffre di un disagio o di un disturbo psichico. L'inversione di tendenza è tale che rivolgersi a uno psicologo oggi pare persino un segno di status, manifestazione di agiatezza economica e preparazione culturale, o quantomeno di una grande attenzione per il proprio benessere.

È una psichiatria diversa quella che si è affermata, distante dalla disciplina magica di un tempo, praticata da una casta di «sacerdoti» accomunati da un linguaggio incomprensibile ai più. Per definizione, al contrario, la scienza chiede di essere capita e per questo bisogna sforzarsi di tradurre le proprie osservazioni in un linguaggio condiviso, comprensibile ma preciso.

Quando si ottiene questo risultato, l'interesse del pubblico per la medicina e per la scienza in generale è evidente. Basterebbe citare il successo dei festival della scienza, che si tengono anche in Italia, o la diffusione di libri che spiegano scoperte e novità nel campo del sapere, soprattutto del

[1] La legge che ha decretato la chiusura dei manicomi è la n. 180 del 13 maggio 1978, ma il termine ultimo per la sua applicazione venne spostato fino al 1° ottobre 1980. E io ricordo che proprio a partire da quel giorno mi sono recato a curare i miei malati nel reparto Diagnosi e cura all'interno di un ospedale generale.

sapere medico. Un simile fenomeno ha interessato persino la fisica. I recenti esperimenti del Cern di Ginevra alla ricerca del bosone di Higgs, detto anche «la particella di Dio», l'ipotetico mattone di base di tutta la materia, hanno entusiasmato l'intera opinione pubblica e non solo gli scienziati che hanno partecipato alle ricerche utilizzando un enorme acceleratore di particelle. Insomma, se la scienza parla un linguaggio comprensibile, sa farsi ascoltare.

Ecco il nostro auspicio dunque: giungere a una medicina scientifica, che sia anche una medicina comprensibile. Per raggiungere questo risultato occorre una vera e propria opera di traduzione. Non basta adattare o banalizzare il linguaggio, serve invece una comunicazione efficace, capace di far comprendere i risultati raggiunti dalla scienza e dalla clinica medica a chi beneficia di queste scoperte, dunque agli individui che soffrono o potenzialmente possono soffrire di disagi e disturbi. Dobbiamo pensare ai soggetti come ai «consumatori» della scienza medica, permettendo loro di conoscere con precisione i procedimenti prima diagnostici, poi terapeutici cui possono venire sottoposti.

Nel caso di questa summa il traduttore è uno psichiatra, uno psichiatra che ha un'esperienza di molti anni, e dunque conosce il DSM e le riviste scientifiche, ma soprattutto sa ascoltare le storie dei pazienti, raccontate da loro medesimi.

Relazione tra psichiatra (o psicologo) e paziente

La medicina, qualunque sia il campo in cui opera, si basa sulla relazione medico-paziente. Se i due parlano linguaggi estranei, nel paziente viene a mancare quella fiducia che è sempre indispensabile per accettare l'intervento del terapeuta.

Tre, infatti, sono gli obiettivi da raggiungere in un rapporto medico-paziente. Prima di tutto è necessario comunicare in modo preciso, scambiandosi informazioni corrette. In secondo luogo occorre stabilire un legame di fiducia, fondato non solo sull'autorevolezza del medico, ma anche sulla partecipazione affettiva e sulla percezione da parte del paziente di stare a cuore al proprio terapeuta, di occupare una posizione importante nella sua vita professionale.

Se si stabiliscono la comunicazione e la relazione, ecco il terzo elemento: si crea anche una collaborazione terapeutica. Mai come nel caso del disagio e dei disturbi della mente, la collaborazione terapeutica è un dato ineliminabile, poiché ogni operazione compiuta sul paziente richiede la sua partecipazione. Il risultato dipende dalle azioni del medico, ma al tempo stesso dal modo in cui il paziente le recepisce. La terapia si propone insomma come terapia coniugata, frutto di un'intesa, di una strategia e di una scelta comuni.

Questi elementi – comunicazione, relazione, collaborazione terapeutica – dovranno guidare la scelta del medico a cui rivolgersi. Si tratta di una tappa cruciale, da cui alla fine dipenderà anche il risultato terapeutico, l'efficacia del farmaco prescritto.

Il farmaco infatti non è solo una molecola chimica. Simbolicamente, rappresenta il medico che lo ha prescritto e ogni volta che viene assunto riattiva la sua presenza: il farmaco come presenza simbolica di chi l'ha scelto, dunque. Se non si stabilisce un legame profondo tra medico e paziente, la pillola si riduce a un oggetto estraneo, che nel corso del tempo suscita dubbi e sensazioni negative, i cosiddetti effetti collaterali. Spesso la sfiducia è tale che il paziente si autoprescrive la riduzione o l'interruzione della terapia, senza consultare il medico.

Prima di preoccuparsi del farmaco, il terapeuta deve quindi stabilire una comunicazione chiara e diretta, e prestare attenzione alla relazione psicoaffettiva con il paziente, base necessaria per la collaborazione terapeutica.

La relazione medico-paziente non è standardizzabile e va valutata caso per caso. Tuttavia, un dato è certo: un terapeuta mal scelto può persino risultare molto dannoso.

Non è un manuale di terapia o di autoterapia

Scopo dichiarato di questo volume è favorire la comprensione tra paziente e medico, e agevolare la scelta del terapeuta con cui collaborare per affrontare il proprio disagio o disturbo mentale.

Non si troveranno in queste pagine informazioni su come curare un certo sintomo o come affrontare un dato disturbo. Crediamo anzi che non dovrebbero esistere manuali di questo tipo, così come non ha alcun senso dare suggerimenti terapeutici al telefono o in risposta a una delle tante lettere che giungono alle redazioni dei settimanali o dei quotidiani, con l'obbligo di essere brevi e non superare un certo numero di righe. Del resto anche il DSM si occupa dei criteri diagnostici, ma non certo della terapia.

Quando presenteremo le categorie in cui sono suddivisi i disturbi mentali, e quindi le differenti diagnosi, non dedicheremo nessun paragrafo al farmaco da utilizzare oppure al tipo di psicologo o di psicoterapia da scegliere. L'attenzione si concentrerà invece sul modo in cui creare il giusto legame medico-paziente. Non mancheranno comunque considerazioni generali sui diversi sistemi di cura e sulla necessità di integrarli e non di ritenerli incompatibili tra loro e persino contrapposti.

Brevità e chiarezza

Per un libro di questo tipo si impone la chiarezza, senza la quale sarebbero contraddette tutte le premesse finora illustrate. Chiarezza che significa, per quanto riguarda lo stile, anche brevità.

Non potremo esporre, insomma, per ciascun disturbo l'enorme massa di studi esistenti. Così, per esempio, affrontando la depressione, non se ne troverà un'analisi puntuale sotto ogni prospettiva. E questo potrà essere considerato un limite da taluni.

È prioritario per noi dare al lettore gli strumenti con cui interpretare la sua condizione, individuando situazioni potenzialmente problematiche. La summa è un manuale per orientarsi in un universo di comportamenti, di cui spesso non si comprende il senso, la natura. Non aspettatevi un

Google dei disturbi mentali, ma un aiuto – questo sì – a vedere ciò che vi accade e a parlarne in modo appropriato. Non troverete insomma la cura, ma ci sono tutti gli elementi per capire se è necessario l'intervento di un terapeuta, quali sono i criteri per sceglierlo e come classificare la propria situazione.

Una cosa è certa: oggi il disagio e il disturbo mentale sono risolvibili. Non c'è più nulla che possa, nemmeno lontanamente, far pensare alla fatalità o alla disgrazia insanabile. Anche questi problemi, come quelli degli altri campi della medicina, sono affrontabili, attraverso una conoscenza sempre più approfondita e specifica.

2

Criteri generali

Prima di affrontare nel dettaglio le diverse forme di disagio e di disturbo mentale, indicheremo i criteri di classificazione impiegati in questo libro; criteri che risentono ovviamente del tempo, della cultura generale, ma soprattutto dello sviluppo della clinica dei disturbi mentali e della scienza che la supporta. Non è dunque una trattazione secondaria, ma una parte fondamentale per comprendere quanto seguirà.

Mente e cervello

Storicamente la mente e il cervello sono stati contrapposti, in un dualismo che separa in maniera netta lo spirito e la materia, l'anima e il corpo. Già con Platone si afferma l'idea che il corpo sia un «contenitore», al cui interno l'anima è imprigionata.

Nella cornice del dualismo, la disfunzione della mente è letta come l'interferenza di un elemento esterno, capace di rompere l'equilibrio tra il cervello (parte del corpo) e la mente (l'anima, il puro spirito). Questa forza estranea troverebbe nella struttura cerebrale, fatta di materia, lo spazio per manifestarsi.

Testimonianze di questa contrapposizione dualistica si leggono in Platone, Aristotele e san Tommaso. Nel Medioevo, Dante arriverà forse alla più alta espressione poetica di questa concezione filosofica, che può essere spiegata anche attraverso una metafora visiva. Il cervello, in sostanza, è come un cristallo, formato a sua volta di molti cristalli. L'anima incorporea, che proviene da un mondo del tutto speciale (dal cielo), attraversa il cristallo come fosse una luce e nel percorrerlo, si rifrange, si scinde nell'infinito arcobaleno di colori che rappresentano simbolicamente le qualità dell'anima. Se tuttavia il cristallo si rompe, o se presenta delle deformazioni, la luce che lo colpisce non potrà più rifrangersi in forme perfette. Fuor di metafora, ad ammalarsi non può essere l'anima, è il cervello.

Successivamente, sempre all'interno di questa concezione dualistica, ci si è interrogati su come funzionasse questa commistione tra corpo e anima. Spetta a Cartesio individuare, in un punto specifico del corpo, il luogo di incontro tra queste due entità: è la ghiandola pineale. È lì che la luce dell'anima può scindersi e tradursi nelle manifestazioni ideative; questo è il punto di giunzione, ma anche di possibile rottura. Si afferma così l'idea che la follia sia una disfunzione dell'organo-cervello.

Entro questa visione dualistica si situano anche le letture che parlano della follia come di una possessione. Un'entità esterna s'insedia nel corpo, nella carne, dominandola o corrompendola.

Per lunghi secoli la follia è stata interpretata come manifestazione di un'entità immateriale e malefica, che colonizza il cervello. È questo l'ampio capitolo delle possessioni demoniache: le modificazioni del comportamento sono ricondotte all'interferenza tra forze potenti e immateriali, il bene e il male, il divino e il demoniaco. Il campo in cui si disputa la battaglia è il corpo umano.

Oggi la visione del rapporto mente-cervello è molto cambiata. Mente e cervello sono intesi come due espressioni differenti di una stessa realtà, una monade e dunque un'unità, che è però «raccontata» secondo linguaggi diversi: il linguaggio anatomico e biochimico, fisico, per il cervello e un linguaggio astratto, di idee, pensieri, fantasia per la mente.

Scientificamente sappiamo che è proprio il cervello a produrre le manifestazioni ideative, comportamentali, estetiche. Dunque tra cervello e mente c'è un'identità sostanziale. L'unico dualismo che ancora permane è soltanto di tipo linguistico. Il cervello produce tutto ciò che definiamo «mentale» e certamente, se funziona male, genera comportamenti alterati.

Insomma, finora il linguaggio del cervello è stato quello della biologia e della chimica, mentre le manifestazioni della mente si sono espresse con l'alfabeto del pensiero e dei sentimenti. Eppure, si tratta di funzioni diverse che dipendono da un'unica entità. La conseguenza è evidente: bisogna giungere a un linguaggio condiviso, capace di descrivere al tempo stesso fisiologia e funzioni mentali. Per farlo abbiamo bisogno di una sorta di stele di Rosetta, che permetta di dimenticare l'antinomia presunta tra mente e cervello.

Questa breve presentazione merita un approfondimento, per chiarire che associare mente e cervello non significa necessariamente assumere una posizione materialistica e serrare le porte alla spiritualità. Al contrario, c'è spazio per tutti coloro che vedano nell'uomo una dimensione slegata dalla carne, qualcosa che la trascende. C'è spazio per tutti gli spiritualismi, per le religioni, per gli dèi. Parallelamente, però, bisogna chiarire che alcune funzioni, associate all'anima nel linguaggio dei filosofi antichi, vanno invece attribuite alla mente, alla psiche.

Sarebbe auspicabile separare i termini: *mente* e *psiche* designano attività del cervello, e quindi di una struttura biologica fatta di cellule e di molecole, mentre le parole *spirito* e *anima* dovrebbero essere riservate ai credo religiosi, convinti dell'esistenza di un *quid* che trascende ciò che è terreno. L'anima, dunque, come immateriale e immortale, separata dal corpo.

È tempo di sfatare un luogo comune: chi crede nell'unitarietà di mente e cervello non va tacciato di ateismo, di materialismo rigido. Mentre muore il cervello (il corpo) e con la sua morte cessano anche le funzioni psichiche, mentali, si può credere che persisterà in eterno un'entità altra: l'anima.

Torniamo ora all'identità tra mente e cervello, un assunto molto importante anche da un punto di vista evolutivo. Non vi è dubbio che, nella storia dell'uomo, l'acquisizione di alcune funzioni mentali sia avvenuta solo quando il cervello si è arricchito di strutture prima inesistenti. Nel corso dei secoli, l'encefalo ha aumentato le proprie dimensioni, ha ampliato soprattutto la propria «architettura», acquisendo un'operatività più ampia. Ma ciò che più colpisce nella storia dell'ominazione è la complessità dei rapporti e dei legami tra neuroni, le cellule-base del cervello.

Il punto di contatto tra una cellula e un'altra si chiama sinapsi (congiunzione). Ebbene, su alcune cellule dalla forma piramidale, di grandi dimensioni, si forma una vera e propria rete di legami: fino a diecimila sinapsi. Le funzioni mentali sono espressione di questa complessa struttura anatomico-cerebrale.

L'unitarietà di mente e cervello non è più una semplice teoria. Oggi a dimostrarla ci sono persino le immagini. Si chiama *brain imaging* l'insieme delle tecniche specifiche di analisi delle attività cerebrali, attraverso strumentazioni come la *single-photon emission computerized tomography* (SPECT), la *positron emission tomography* (PET), la *functional magnetic resonance imaging* (fMRI) e la *magnetoencephalography* (MEG).

Sono strumenti utilizzati per «fotografare» le aree cerebrali che si attivano a seguito di diversi stimoli. Così si può rilevare quale area diviene operativa ascoltando una musica di Mozart, e quale altra viene attivata se a Mozart si preferisce un *Notturno* di Chopin. Così, è persino possibile stabilire quale area cerebrale si sollecita quando avvertiamo un desiderio o quando percepiamo una frustrazione. A ogni espressione psichica corrisponde, insomma, una specifica configurazione molecolare.

Già Sigmund Freud nel *Compendio di psicoanalisi* del 1938 si augurava che, in un giorno non lontano, si potessero tradurre le descrizioni cliniche nel linguaggio della biochimica. Non era certo la profezia di un saggio, ma la previsione di uno psicoanalista che aveva speso gli anni iniziali della sua professione, dopo la laurea in medicina, occupandosi di cervello presso l'Istituto di fisiologia di Vienna.

Questa corrispondenza tra fisiologia e psiche è uno dei criteri generali che ci accompagneranno per tutte queste pagine, permettendoci di riferire ogni disagio o disturbo della mente all'organo-cervello. Ragioneremo, dunque, in termini di medicina generale, senza più dover fare della psichiatria una «scienza strana», indeterminata.

Per il cervello il percorso di conoscenza è ancora agli inizi, anche se le neuroscienze hanno iniziato i loro studi già negli anni Quaranta del secolo scorso. Non dobbiamo dimenticare che ai tempi l'Italia era avvolta da un tabù: il funzionamento del cervello era associato a questioni teologiche come la contrapposizione tra Dio e Satana, e la follia era spesso attribuita all'influenza del Maligno; in un Paese profondamente influenzato dalla Chiesa cattolica queste convinzioni svolgevano una forte azione inibitoria.

Oggi non parliamo più di mistero. Il disagio e i disturbi della mente sono studiati dalla scienza in quanto espressioni di un organo, il cervello, che certo in larga parte è ancora ignoto, ma non è più un mistero inesplorabile.

La distinzione non è meramente linguistica. Si riflette invece sulle modalità e sulle aspettative stesse della ricerca, che spetta alla scienza. Sempre di più abbiamo bisogno di scoprire il cervello per comprendere le manifestazioni della mente e, di conseguenza, per intervenire in maniera più efficace sui suoi disturbi.

Tutto questo, lo ripeto, non esclude che alla storia dell'uomo possa affiancarsi una storia in cui si trovano gli dèi o un Dio supremo. Sono però due dimensioni separate, indipendenti, che non vanno affatto confuse.

Il cervello plastico

C'è una scoperta che è stata una vera e propria rivoluzione, una tappa fondamentale nel percorso che ha condotto alle conoscenze attuali: la plasticità del cervello. In altri termini, una parte della nostra struttura cerebrale si forma in base alle esperienze.

Esistono in sostanza due cervelli. L'uno, il cervello deterministico, è fissato alla nascita e può agire solo secondo modalità stabilite geneticamente. L'altro, il cervello plastico, si modifica a seguito delle esperienze, che generano vere e proprie sinapsi nuove, con circuiti prima inesistenti.

Senza le esperienze che le hanno originate, quindi, alcune strutture cerebrali mancherebbero o sarebbero diverse. Non solo: le strutture acquisite attraverso l'esperienza possono rimodellarsi e sostituirsi alle precedenti.

È un processo che accade ogni giorno. Il nostro cervello si riassetta di continuo, in maniera flessibile, al punto che, se un lettore di questa pagina domani (o persino tra un anno) ne rammenterà il contenuto, significa che l'esperienza di lettura ha costruito in lui una vera e propria struttura del ricordo. Una memoria a breve termine, se rammenterà questa pagina domani; a lungo termine, se lo potrà fare anche tra un anno.

Ma che cosa accade specificamente nel cervello? Leggendo, si sono strutturati nuovi circuiti mnemonici, formati da un insieme di neuroni. In termini fisiologici, il ricordo è legato a una struttura neuronale nuova. Se il ricordo si perde, se passa, questo significa che la struttura non esiste più.

Questo ricordo, rappresentato biologicamente da una connessione neuronale, può appoggiarsi a una connessione neuronale preesistente, quindi a un altro ricordo. Si dà così origine a un'associazione, a un pensiero, a un'idea, accompagnati dalla nascita di nuovi legami tra cellule nervose.

Per quanto questa descrizione sia assolutamente semplificata, è chiaro che alcune aree cerebrali sono concepite come spazi duttili, dove si attivano nuove connessioni legate alle esperienze, ai ricordi, ai comportamenti, ma dove è anche possibile modificare strutture esistenti associate a problemi psichici. Oggi quindi, i disturbi della mente che dipendono dal cervello plastico possono essere risolti, perché si può rimodellare la loro rappresentazione biologica.

Si apre così un campo straordinario per la psichiatria, poiché è sul cervello plastico che si indirizzano le sue terapie. L'ombra di fatalismo che dominava i disturbi mentali appare finalmente cancellata. Certo, la psichiatria ha ancora moltissimo da fare e l'entusiasmo che le neuroscienze hanno innescato non deve farci sopravvalutare le nostre conoscenze, ancora limitate.

Per descrivere questo rischio, vorrei riportare una storiella raccontata sovente negli ambienti scientifici e riportata da Paul Watzlawick nel suo *Istruzioni per rendersi infelici.*

In una notte buia, su una strada deserta, un lampione disegna un cono di luce sull'asfalto nero. C'è un uomo che si muove all'interno della corolla luminosa, intento a cercare qualcosa. Di lì a poco passa un altro signore, che, preso dalla curiosità, gli domanda che cosa stia facendo.

«Ho perduto il portafogli,» risponde l'uomo «devo trovarlo. Sa, ho dentro anche i documenti.»

L'altro si offre di aiutarlo. Entra a sua volta in quel cerchio di luce, ma si avvede subito che non c'è nulla.

«Ma dove l'ha perduto?» chiede per scrupolo.

«Là in fondo» indica l'uomo, puntando il dito verso una coltre di buio.

«E perché lo cerca qui allora?» s'inquieta l'altro, spazientito.

«Là è troppo buio» risponde l'uomo, e si rimette, pensieroso, a cercare nel suo cerchio di luce.

Un atteggiamento che va evitato. La scienza non può cercare solo dove già sa.

Dopo quest'avvertenza, vorrei però rimanere ancora su questo tema, non foss'altro perché nella mia storia ha rappresentato davvero un cono di luce. Quando ho iniziato a fare lo psichiatra, l'idea della plasticità del cervello era assolutamente impensabile.

Il cervello era considerato un'entità fissa. Una volta formato, ogni eventuale cambiamento significava una lesione, una degenerazione, un evento fatale. La psichiatria subiva ancora l'influenza di Cesare Lombroso, che aveva sostenuto la natura deterministica del comportamento, individuando per esempio la tipologia del «criminale-nato». Secondo Lombroso, chi commetteva atti criminali li avrebbe reiterati nel tempo, poiché nella sua visione il comportamento illecito dipendeva da una lesione cerebrale irreparabile.

A questa visione si doveva adeguare anche il diritto penale e processuale: comminare una pena proporzionata al reato commesso ed escludere ogni possibilità di ravvedimento del condannato, esercitando su di lui un controllo costante. Si arrivò così ad applicare l'etichetta di pericolosità sociale a tutti i portatori di disturbi psichici, anche se incensurati. Prima o poi, infatti, la «degenerazione mentale» li avrebbe portati a commettere qualche reato grave, e costituiva dunque di per sé un rischio per la società.

Quando, con la scoperta della plasticità, si è aperta un'era nuova per la psichiatria, la mia vita professionale è cambiata e mi sono reso conto che lo psichiatra era veramente diventato terapeuta, un medico per l'uomo, al pari di ogni altro medico.

Non ero più lo psichiatra che sceglieva di «abitare» la sofferenza all'interno del manicomio, una città dei matti estranea al mondo dei sani.

Finalmente quella distinzione perdeva senso e potevo dedicarmi per interesse e per affetto alla follia, non più solo con spirito di condivisione e di vicinanza, ma con il ruolo attivo di terapeuta, capace di intervenire, grazie alla conoscenza del cervello plastico, proprio su quelle strutture da cui scaturiscono i disturbi della mente.

Tre nomi per una storia

Sono tre gli scienziati, tutti del Novecento, che vorrei ora ricordare per il contributo che hanno dato alla scoperta della plasticità.

Il primo è Konrad Lorenz, etologo austriaco, laureato in medicina. Per gli studi che condusse sugli uccelli selvatici, Lorenz ha vinto nel 1973 il premio Nobel per la medicina.

Innamorato del mondo animale sin dall'infanzia, Lorenz concentrò la propria analisi sul comportamento delle oche e degli anatroccoli appena nati, evidenziando le modalità di quello che è oggi a noi noto come *imprinting*. Procedette così: divise le uova di un'oca selvatica in due gruppi. L'uno seguì il percorso di natura e venne lasciato alla cova di un'oca domestica. L'altro, invece, fu messo a crescere all'interno di un'incubatrice.

Al momento della schiusa i pulcini nati in modo naturale seguirono, come accade sempre, l'oca che li aveva covati. Quello che invece colpì l'interesse di Lorenz fu che Martina, la prima ochetta tenuta in incubatrice e nata sotto gli occhi dell'etologo, iniziò a trattarlo come se lui fosse sua madre. In modo simile si comportarono anche gli altri pulcini della stessa covata. Questo trasferimento su Lorenz dell'attaccamento filiale fu tale che ci rimangono delle fotografie straordinarie in cui la figura lunga e magra dell'etologo austriaco procede lungo un prato, seguito da buffe oche che cercano di tenerne il passo in fila indiana.

Il comportamento del secondo gruppo di pulcini fu del tutto inatteso. Si credeva, infatti, che l'istinto a seguire la madre appartenesse al patrimonio innato, biologicamente iscritto, di questi animali.

L'esperimento venne quindi ripetuto anche con altri uccelli selvatici. Lorenz si fece dapprima sostituire da alcuni assistenti e accadde quanto già avvenuto durante il primo tentativo, con l'unica differenza che i nuovi nati seguivano l'assistente al posto di Lorenz. Poi la figura di riferimento venne persino impersonata da sagome di cartone.

Il risultato non mutò: i piccoli seguivano la madre, l'etologo o un altro oggetto in movimento, a seconda della prima esperienza capitata loro dopo la nascita. Si scoprì così che non esisteva un meccanismo determinato nel cervello animale. Il comportamento dipendeva invece da un apprendimento. L'elemento differenziale stava nell'esperienza del primo incontro.

Questo fenomeno venne chiamato *imprinting*, per sottolineare come alcuni comportamenti appresi poco dopo la nascita attraverso l'esposizione a stimoli esterni vengano «stampati» nel nostro cervello, fissati al punto da diventare stabili, quindi determinati per tutte le esperienze successive.

Ciò comprova che l'esperienza è in grado di modificare la struttura cerebrale da cui dipende un comportamento tanto fondamentale quanto l'attaccamento alla madre.

Il secondo nome che voglio ricordare è quello di Giuseppe Moruzzi, scienziato italiano che ha lavorato per molti anni all'Istituto di fisiologia dell'Università di Pisa, dove si è occupato di fisiologia della visione.

Già prima delle sue ricerche si sapeva che dalla retina si dipartono delle fibre nervose che si incrociano e raggiungono poi la corteccia occipitale, dove vengono elaborati gli stimoli visivi. Per comprendere questo meccanismo Moruzzi decise di compiere un esperimento. Se Lorenz utilizzò gli uccelli selvatici per studiare l'*imprinting*, lui scelse un gruppo di gattini appena nati e ad alcuni pose su uno degli occhi una lente che capovolgeva di centottanta gradi la visione. I gattini si trovarono così a sviluppare la visione con un occhio che godeva di una vista regolare e l'altro, invece, di una vista rovesciata.

È noto che il sistema visivo risente del fenomeno cosiddetto di decussazione, secondo cui la visione dell'occhio destro colpisce le cellule dell'area occipitale di sinistra, mentre quella dell'occhio sinistro si manifesta nell'area occipitale di destra. Coprendo con una lente uno degli occhi, si sarebbe dunque verificata una modificazione nell'area corrispondente? Fu quanto Moruzzi si proponeva di capire.

Lasciato trascorrere un certo periodo di tempo con la lente applicata all'occhio dei gattini, si procedette all'analisi del loro cervello. La cosa più sconvolgente fu che l'area che corrispondeva all'occhio su cui era stata applicata la lente mostrava una struttura perfettamente ribaltata, dal punto di vista anatomico, rispetto all'altra. Una conformazione identica, dunque, ma speculare.

Questo risultato portava a una e una sola conclusione: l'esperienza condiziona la strutturazione dell'area occipitale, che si organizza sulla base delle condizioni in cui si trova a lavorare.

Il terzo scienziato che vorrei ricordare è Eric Kandel, neurobiologo statunitense di origine austriaca che arrivò a scoperte sorprendenti sui processi di apprendimento grazie a una serie di esperimenti compiuti sull'Aplysia californica, una chiocciola di mare piccola ma dotata di gangli – ossia centri di organizzazione dell'attività nervosa – con neuroni molto grossi.

Kandel, premio Nobel per la medicina nel 2000, si interessò in particolare ai neuroni che nell'Aplysia comandano l'apertura e la chiusura del sifone e delle branchie respiratorie. Decise di intervenire sul meccanismo, inviando stimoli in sequenza. Iniziò a colpire il sifone dell'Aplysia con innocui getti d'acqua: sia il sifone sia le branchie si ritraevano velocemente, per una forma di autodifesa. La risposta, dapprima immediata, si faceva sempre più lenta con gli stimoli successivi, fino ad arrivare a una sorta di assuefazione: l'animale aveva acquisito un'abitudine, una sorta di apprendimento, riconoscendo lo stimolo come innocuo.

Quando Kandel analizzò che cosa fosse successo nei neuroni dell'Aplysia dopo quella sequenza di stimoli e l'apprendimento che ne era derivato, scoprì che si era verificato un cambiamento nella composizione chimica dei mediatori deputati a inviare l'impulso di apertura e chiusura del sifone e delle branchie. Insomma, all'apprendimento corrispondeva una modificazione delle cellule e dei mediatori chimici.

Questi esperimenti tra loro differenti conducono tutti alla medesima evidenza, poiché mostrano come la modificazione di un comportamento implichi anche una modificazione della struttura e della biochimica del sistema nervoso.

Mente-cervello e cervello-corpo

Siamo dunque arrivati a mostrare come il cervello sia la struttura di base cui si collegano le funzioni mentali. A questo binomio cervello-mente ne va ora ricondotto un altro, quello cervello-corpo.

Esistono vie specifiche di comunicazione tra il cervello e altri organi del nostro corpo; ciò che accade al cervello è quindi rilevante anche per altre parti dell'organismo umano. Questa interazione avviene principalmente attraverso tre «autostrade».

La prima è costituita dal sistema simpatico-parasimpatico, costituito da fasci di fibre nervose che controllano le funzioni vegetative, indipendenti da un controllo volontario. Se una persona entra in ansia, avverte un aumento del battito cardiaco e della pressione arteriosa. In una situazione opposta, la risposta è del tutto diversa, con riduzione del ritmo cardiaco e della pressione, in casi estremi fino alla perdita dello stato di coscienza da ipotensione.

Il sistema nervoso simpatico-parasimpatico va immaginato come una grande ragnatela a due vie: il sistema simpatico trasmette gli stimoli di eccitamento dalla sede cerebrale a tutti gli organi del corpo, mentre il parasimpatico, in maniera opposta, li seda. Di regola, si stabilisce un equilibrio tra i due sistemi, in mancanza del quale si verificano patologie da eccessiva attività simpatica o da eccessiva attività parasimpatica.

Attorno a questa doppia via si è sviluppata una disciplina specifica, la psicosomatica, nata intorno al 1950-1951 con l'intento di studiare proprio il legame tra cervello e organi extracerebrali.

La seconda grande autostrada di collegamento non coinvolge i neuroni, bensì le ghiandole cerebrali, l'ipofisi soprattutto. Queste ghiandole secernono degli ormoni che circolano nel sangue e colpiscono altre ghiandole, questa volta periferiche, che emettono a loro volta segnali. Una sorta di corsa a staffetta per cui da un organo dentro il cervello si irradia un ordine, che a tappe giunge a destinazione. Dall'ipofisi al surrene, che produce l'adrenalina con la nota funzione di stimolo generale delle funzioni fisiche.

Il funzionamento della terza autostrada è stato illustrato da una scoperta davvero straordinaria che ha mostrato come fosse erroneo distinguere l'attività mentale dall'attività somatica; al contrario organi come il fegato o il cuore sono influenzati da affetti, sentimenti, pensiero e comportamento.

Nel secolo scorso quest'idea fu espressa più volte, ma rimase a lungo una semplice intuizione. Negli anni Sessanta iniziarono le osservazioni sull'influenza degli eventi psichici nell'induzione di patologie tumorali.

L'esperimento più noto coinvolse un gruppo di donne accomunate dal fatto di aver subito un lutto recente: un fenomeno psichico grave, spesso accompagnato dalla sensazione di non riuscire a vivere più. Al campione fu associato un altro gruppo di donne che presentavano condizioni generali simili, ma non avevano subito un'analoga esperienza tragica. I due gruppi vennero seguiti e studiati a lungo, soprattutto per verificare eventuali collegamenti tra la presenza di un lutto e la comparsa di tumori al seno. Era, in quegli anni, un tema di grande importanza clinica, tanto per la cura quanto per la prevenzione.

Dallo studio emerse che le donne colpite da un lutto sviluppavano il carcinoma mammario in maniera considerevolmente superiore rispetto al gruppo di controllo. Dunque si rilevò che il lutto, portatore di una sensazione psichica di dolore, è tra le concause del tumore mammario.

La ricerca suscitò molte critiche. Si ripeté l'esperimento, si procedette di nuovo all'osservazione e le conclusioni vennero confermate nel 1977 quando si poté dimostrare che in questi casi diminuiva l'attività del sistema immunitario,[1] e oggi è riconosciuto che le emozioni e gli affetti – funzioni che un tempo si sarebbero definite tipicamente mentali – hanno un'azione sull'attività dell'organismo, persino nella determinazione dei tumori.

L'interazione tra cervello e organismo passa questa volta attraverso il sistema immunitario, che difende il corpo dagli

[1] R.W. Bartrop, L.G. Kiloh, L. Lazarus, E. Luckhurst, R. Penny, *Depressed lymphocyte function after bereavement*, «The Lancet», 1, 1977, pp. 834-36.

attacchi di virus, batteri e altri agenti esterni, e inoltre regola la moltiplicazione cellulare. Il risultato cui è giunto lo studio appena citato è impressionante: funzioni tipicamente mentali, come il ben d'essere o la percezione della propria serenità e della fatica, esercitano un'influenza sul sistema immunitario, indebolendo o rafforzando le difese dagli agenti patogeni e modificando la proliferazione di cellule.

È nata così nel 1981 la psiconeuroimmunologia,[2] che studia le modificazioni del sistema immunitario provocate da particolari condizioni psichiche e mentali.

Abbiamo quindi mostrato come il cervello, che è tutt'uno con la mente, influenzi il funzionamento dell'intero organismo, attraverso tre grandi vie. E possiamo certo parlare di un'unione indissolubile corpo-cervello (e quindi corpo-mente), se esiste una correlazione tra funzioni psichiche e sviluppo di malattie infettive, virali o batteriche. Non dobbiamo limitarci a leggere la patologia nelle sue espressioni fisiche, ma considerare anche lo stato psichico del soggetto. Si può persino concludere che, per curare un'infezione polmonare, serve certamente l'antibiotico specifico, ma è altrettanto importante valutare la condizione psichica del paziente. Uno stato di felicità e di ben d'essere, piuttosto che di frustrazione e di dolore esistenziale, è in grado di aiutare la salute del nostro organismo.

La condizione psicologica influisce sulla risposta alle cure, ma può anche rallentare o accelerare l'attivazione delle patologie. Vi sono, infatti, malattie prodotte non dall'incursione di agenti esterni, bensì dall'attivazione di agenti già presenti nell'organismo, ma in fase di latenza. A seguito di un indebolimento provocato da difficoltà emotive o affettive, il corpo abbassa le difese e non controlla più questi agenti «silenti», che provocano così la malattia.

La conclusione è che il cervello incide sullo stato di salute dell'intero organismo attraverso le tre vie indicate. La

[2] Cfr. V. Andreoli, *Un secolo di follia*, Rizzoli-BUR, Milano 1991-1998, p. 222.

comunicazione avviene però anche nella direzione opposta, dalle parti periferiche del corpo al cervello. Insomma, le funzioni psichiche o mentali risentono persino dello stato dei nostri piedi, per indicare la parte del corpo più lontana dal cervello. Questa considerazione apre un nuovo capitolo, che merita di essere ben indagato. Non c'è dubbio, infatti, che l'attività del cuore o degli altri organi vitali condiziona anche il nostro cervello. Una malattia o una disfunzione possono colpire un organo, ma hanno conseguenze su tutto l'organismo, cervello compreso. È necessario pensare al corpo come a una rete continuamente connessa, in cui si determinano influenze di maggiore o minore intensità.

Continuità tra normalità e malattia

Siamo abituati a considerare i termini *normalità* e *malattia* come due parole dal significato contrapposto. Tuttavia, se esaminiamo una patologia mentale giunta al grado più intenso e ne ripercorriamo lo sviluppo, ci accorgeremo che il punto di partenza è uno stato di normalità. Non solo. Vedremo anche che lo sviluppo della malattia ha avuto un andamento lineare.

Il confine tra la normalità e l'inizio di un processo patologico mentale è arduo da indicare, e risulta comunque frastagliato. Oggi siamo lontani dall'idea che follia e normalità appartengano ad ambiti nettamente separati. Sappiamo invece che le due condizioni si trovano lungo un *continuum*, una stessa linea in cui esistono condizioni intermedie. Da ciò la difficoltà di stabilire dove finisce la normalità e dove inizia il disturbo.

Mi sembra utile pensare alla progressione che dalla normalità può condurre alla follia come a una sequenza di tappe successive: normalità; disagio; sintomo; *cluster* o insieme di sintomi; disturbo o malattia.

In questa linea immaginaria non c'è insomma scissione tra due poli opposti, normalità e follia. La distinzione finora compiuta risente di retaggi storici e culturali. Gli stessi fenomeni sono stati sottoposti nel tempo a valutazioni diverse: in un periodo considerati disturbi mentali, in un altro ricondotti alla normalità. Così esistono comportamenti che in una certa cultura appaiono malati, mentre in un'altra sono ritenuti normali e persino ricchi di senso sociale.

La situazione diventa ancora più chiara quando si analizza un singolo sintomo. Un esempio eclatante riguarda il comportamento omosessuale. Fino al 17 maggio 1990 l'omosessualità era annoverata tra le patologie mentali ed era sovente causa di ricovero nelle strutture psichiatriche; oggi invece l'Organizzazione mondiale della sanità la considera una caratteristica della personalità. In modo simile, nei regimi totalitari sono stati numerosi i perseguitati politici etichettati come folli, quasi che opporsi all'ideologia dominante fosse di per sé una patologia.

La continuità tra normalità e disturbo mentale è evidente in taluni comportamenti. Penso alla paura, la sensazione di malessere che si sperimenta quando si avverte un pericolo. Anche se comunica uno stato negativo, è un importante meccanismo di difesa: senza paura non si avvertirebbe il rischio e non si attiverebbero le risposte per evitarlo. Basta un esempio a chiarirlo. Se un bambino non avesse paura del buio, correrebbe in un ambiente in cui non c'è luce e potrebbe colpire qualche oggetto, riportando delle ferite.

Da questa funzione vitale, però, la paura può degenerare e trasformarsi in panico, termine che si riferisce a Pan, dio dal ghigno terrifico. A differenza della paura, che attiva risposte necessarie in una situazione di emergenza, il panico paralizza.

Dunque, intensificandosi, crescendo di grado, la paura perverte il proprio senso e da strumento utile si trasforma in condizione di offesa. Seguendo questo percorso, dalla paura si può persino arrivare al terrore, che è paura della paura.

Così accade per l'ansia che, quando è positiva, aumenta la nostra attenzione di fronte alle prove cui siamo sottoposti (un esame, una gara, un incontro). L'ansia però può diventare angoscia, termine che richiama l'angustia, un luogo stretto e chiuso e l'*angor*, il dolore al torace che sovente annuncia un infarto cardiaco. Ci si agita come se si stesse soffocando e allora è chiaro che l'angoscia non ha nulla di positivo, sembra quasi un annuncio della fine.

Nel passaggio da un'esperienza all'altra – paura che si fa terrore, ansia che si fa angoscia – il medesimo meccanismo subisce un aumento quantitativo, un cambio di intensità che ne altera del tutto la natura. Nella nostra linea immaginaria dunque, il passaggio da una condizione all'altra riguarda il *quantum*, non il *quid*.

Per comprendere meglio questo concetto, possiamo fare un paragone con altri settori della medicina. Pensiamo in particolare alla glicemia, la concentrazione di glucosio nel sangue. Il glucosio è necessario per il funzionamento del nostro organismo; tuttavia, se la sua quantità supera una determinata soglia, da sostanza positiva diviene veicolo di una malattia molto grave, il diabete, che può condurre persino alla morte. Il metro determinante è la quantità: una quantità che da normale diventa patologica, tanto che la terapia consiste nell'abbassare la concentrazione di glucosio nel sangue, per riportare i valori entro il *range* di norma.

Tutti gli esami ematochimici, cui noi periodicamente ci sottoponiamo, valutano la presenza di una data sostanza nel sangue: i valori diventano problematici quando superano la soglia massima di riferimento (fase *iper*) oppure restano inferiori alla soglia minima (fase *ipo*). L'unica differenza sta nella quantità, non c'è alcun salto di qualità.

Lo stesso principio vale anche per la mente. Certo per il corpo si analizzano valori concretamente rilevabili, ma anche per l'attività mentale esistono delle soglie problematiche, al di là delle quali si manifestano dapprima il disagio, poi il singolo sintomo, quindi un gruppo di sintomi fino ad arrivare ai disturbi veri e propri.

La perdita di equilibrio è un problema di quantità: un'iperattività o un'ipoattività – psichica, questa volta – rispetto alla condizione definita normale. Naturalmente per fissare il livello di norma si ricorre a una convenzione del tutto particolare variabile a seconda del contesto sociale.

Insomma, sintomi o disturbi mentali sono valutati in modo diverso, in base alle condizioni di vita di una determinata popolazione.

Un breve sguardo alla sola Europa può rendere l'idea. Si è accertato, per esempio, che gli inglesi dichiarano maniacali persone e comportamenti che invece gli italiani considerano normali, e viceversa gli italiani formulano con maggior frequenza diagnosi di depressione rispetto agli anglosassoni.

Ciò sottolinea con ancora maggior forza quanto abbiamo sinora sostenuto, ossia che esiste una continuità tra patologia e normalità, e che la differenza sta nel *quantum* e non nel *quid*; una misura relativa, che varia anche in rapporto a chi la osserva.

In sintesi, dunque, possiamo affermare che il disturbo mentale è un'alterazione quantitativa di una caratteristica propria della mente; una caratteristica rilevabile e in equilibrio con le altre.

Si parla invece di tratti di personalità per indicare modi di percepire, di pensare e di rapportarsi con gli altri molto evidenti. Se queste disposizioni si presentano con grande frequenza, fino a diventare persistenti, significa che si sono trasformate in sintomi, in elementi predominanti.

Quando un sintomo si unisce ad altri, si configura un insieme sintomatologico, tecnicamente definito *cluster*, attraverso cui si manifesta il disturbo (termine che oggi ha sostituito la parola *malattia*).

Il disturbo può a sua volta presentare gradi diversi di gravità. Dal disturbo lieve si passa a quello moderato, fino a raggiungere un'intensità elevata (disturbo grave) o estrema (disturbo gravissimo).

Analogo criterio deve applicarsi alla terapia, che potrà condurre a un miglioramento, a sua volta quantificabile, oppure a una remissione completa dei sintomi, fino alla cosiddetta *restitutio ad integrum* del paziente. Si ritorna cioè alla condizione di normalità e si parla di guarigione.

Sovente tuttavia è necessario considerare come risultato importante anche la gestione della malattia, che deve essere controllata e guidata perché non pesi troppo sulla vita del paziente. Non è guarigione, ma un aiuto importante per contenere la gravità del disturbo.

Il sintomo come difesa

A questo punto diventa molto interessante domandarsi quale significato abbia il sintomo, inteso come modificazione quantitativa e patologica di un comportamento. Dopo cinquant'anni che mi muovo in questo spazio della psiche umana, mi sono convinto che il sintomo sia il tentativo di dare una risposta a condizioni esistenziali difficili.

Insomma, l'imperativo principale è vivere. *Primum vivere, deinde philosophari*, sostenevano gli antichi. E vivere significa adattarsi all'ambiente, secondo la teoria evolutiva darwiniana, un risultato complesso e che, soprattutto, non determina mai un'acquisizione definitiva.

Poiché l'ambiente può modificarsi, è chiaro che per abitarlo sono necessari adattamenti continui. Se le condizioni esterne sono faticose, se dunque l'ambiente – inteso in senso geografico, ma soprattutto sociale – si presenta ostico, i cambiamenti richiesti dall'adattamento sono particolarmente onerosi per il soggetto, il quale, in alcuni casi, si ammala.

Il sintomo non va dunque letto come un evento casuale, persino fatale. Esprime semmai il risultato di un processo adattativo, in cui il soggetto ha saputo trovare soltanto quella risposta.

Non si deve tuttavia cadere nell'errore di considerare il sintomo soltanto come un fattore individuale. Al contrario, è sovente una sorta di adattamento di specie. Sappiamo infatti che il cervello umano presenta delle caratteristiche comuni e che quindi esistono funzioni mentali proprie del genere umano.

Per tutte queste ragioni, è molto importante leggere il sintomo come una risposta al rapporto individuo-mondo, individuo-ambiente; una risposta utile, persino necessaria alla sopravvivenza, poiché è data dall'individuo di fronte a una condizione esistenziale altrimenti ingestibile.

Certo il sintomo ha aspetti negativi, perché induce sofferenza in chi lo sperimenta e nella comunità. Tuttavia, bisogna capire che quella trasformazione – del pensiero, degli affetti, del comportamento – è indispensabile al soggetto per continuare a vivere, anche se in condizioni-limite.

Lo schizofrenico, lo vedremo nei dettagli più avanti, finisce per perdere il rapporto con il mondo esterno, si isola come se vivesse in una torre senza finestre, e anche la comunicazione si frammenta, si rompe.

Una simile lettura del sintomo ha un'importante ricaduta sul valore da attribuire all'intervento terapeutico. Se il sintomo è una strategia di difesa, la terapia dovrà sostituirlo con una strategia alternativa. Solo così il sintomo smetterà di essere necessario.

Un esempio può fare chiarezza. Pensiamo a un tossicodipendente. Privare questo soggetto del consumo di cocaina o di eroina non è sufficiente a guarirlo, poiché la spinta che lo induce al consumo (il bisogno di trasformazione, di metamorfosi chimica) nasce da un'esperienza esistenziale, che cerca una risposta e non sa dove altro indirizzarsi. La sostanza è la risposta a un problema, prima ancora che la causa di un problema. Nella disintossicazione si deve pertanto attivare un processo di analisi che scopra quali bisogni di quell'esistenza, di quella personalità, non hanno trovato risposta nell'adattamento all'ambiente. Spetterà al terapeuta, insieme al paziente, individuare altre risposte possibili e socialmente accettate.

Di questo la terapia deve tenere conto: il sintomo è una fortezza entro cui si fugge, impoverendo la vita, ma per sfuggire alla morte; un gommone di salvataggio, scomodo e a sua volta doloroso, che però assicura la sopravvivenza. Nella terapia il sintomo è lo specchio attraverso cui analizzare le difficoltà che il paziente ha sperimentato. Non serve togliergli il salvagente, se non lo si aiuta a trovare un'altra via di salvezza. Dunque, il sintomo va sostituito.

Con questo insieme di criteri guida, di principi generali che informeranno la descrizione dei diversi sintomi e disturbi, è possibile ora affrontare un altro tema generale: la sequenza che porta dalla normalità, attraverso il disagio e il sintomo, fino al disturbo di mente.

3

Dalla normalità ai disturbi della mente

Al termine del capitolo precedente abbiamo definito la malattia, sulla base del suo significato nella vita dell'individuo, come la risposta a un mancato adattamento al mondo esterno. La genesi dei disturbi mentali va quindi ricercata nell'esperienza esistenziale, nel rapporto con un ambiente, fisico e soprattutto relazionale, a cui cerchiamo di adattarci.

Il termine *adattamento* traduce l'inglese *fitness*, usato da Darwin per sottolineare la partecipazione attiva a un ambiente, un'esperienza capace pertanto di assicurare gratificazione a chi la prova. Se questa partecipazione attiva per svariate ragioni non riesce, inizia un processo che da una sensazione iniziale di disagio può condurre, attraverso tappe successive, fino alla malattia. È dunque nel disadattamento che sorge la patologia, da leggersi come insieme delle modificazioni dell'ideazione, degli affetti e del comportamento messe in atto pur di continuare a vivere.

Darwin ha descritto perfettamente questo meccanismo, parlando di lotta per l'esistenza. Esistere significa conquistare uno spazio per sé, all'inizio all'interno di un territorio geografico dove procurarsi quanto necessario per nutrirsi e proteggersi. Questo spazio si è complicato nel tempo, quando si è organizzato in una società, cioè in una rete sempre più vasta di relazioni. È qui che il soggetto proietta i propri bisogni, che oggi non si fermano più alla sopravvivenza fisica, ma sono spesso bisogni dell'«inutile», espressione di status sociale.

L'imperativo comunque rimane il medesimo: sopravvivere, non solo come individui, ma anche come specie prolungando la propria vita attraverso le generazioni future. Un meccanismo che richiama l'immortalità: in questo caso un'immortalità dei geni.

Questo bisogno di sopravvivenza deve esprimersi nel rapporto io-mondo, in un ambiente dove altri soggetti hanno lo stesso obiettivo. Ecco allora che si determina una lotta. Le armi, oggi, sono sempre meno fisiche e sempre più mentali. Armi connesse al potere, che si esprime sempre più attraverso il possesso di denaro, nuova dimensione della forza.

I meccanismi, che sono parte del soggetto (del suo io), si attivano nel momento in cui è necessario relazionarsi con l'altro, o persino con una moltitudine. Il processo è di tale rilevanza che la psicologia usa una diversa denominazione per definire questo io relazionale: il sé.

Nel momento in cui agisce nell'ambiente, l'io supera la propria identità per diventare parte di una relazione: dalla coppia al piccolo gruppo, fino all'intero insieme sociale. In questo percorso si svolge la storia del singolo, ma anche quella di un popolo o di una specie intera.

Il meccanismo dell'adattamento all'ambiente si fonda sulle pulsioni, meccanismi istintivi in inglese definiti *drives*: guide inconsapevoli alle nostre azioni, direzioni obbligate che ci derivano dalla nostra natura di esseri umani, in lotta per la sopravvivenza.

Le pulsioni sono spinte per continuare a vivere, superando eventuali difficoltà. Devono però essere moderate, per consentire la presenza dell'altro; il singolo deve «piegare» le proprie pulsioni di fronte alle dinamiche del vivere comune. La società è come un'orchestra: ciascun musicista sa suonare il proprio strumento, ma per arrivare alla sinfonia i suoni di tutti gli strumenti si devono integrare. Solo nell'insieme nasce la sinfonia.

Accanto alle pulsioni, esistono in noi anche altri meccanismi che si attivano di fronte alle difficoltà. Già abbiamo parlato della paura, che ci protegge dai rischi e sollecita l'organismo a essere pronto e vigile: in condizione di paura aumenta l'attività cardiaca, si acuiscono i sensi, la vista e l'udito, cresce l'attenzione. Così è per l'ansia: è dimostrato che uno studente che sostiene un esame in stato d'ansia rende in genere di più rispetto a chi, invece, affronta la prova con distacco, con freddezza. Questi meccanismi difensivi ci consentono di affrontare le avversità, uscendone spesso vincitori, dunque gratificati.

È questo un termine che ricorrerà spesso e che gioca un ruolo cruciale nei fenomeni che stiamo descrivendo. Quando l'adattamento riesce, infatti, genera gratificazione, in quantità variabile: si può essere felici, moderatamente soddisfatti, con un bilancio positivo ma tiepido. Dalla situazione opposta nasce invece la frustrazione: si è frustrati quando si avverte di aver fallito l'obiettivo, di essere stati esclusi, di aver perso una battaglia nella grande lotta per l'affermazione sociale. Sono questi i confini entro cui si gioca il grande capitolo dell'adattamento.

Poiché non si conoscono storie di sola gratificazione, adattarsi all'ambiente significa avere un bilancio positivo tra gratificazioni e frustrazioni, nell'insieme delle nostre esperienze. È chiaro che se il bilancio risulta negativo la vita diventa faticosa, perché la frustrazione determina una diminuzione della capacità di adattamento e può così dar inizio a una storia che dal disagio porta al disturbo mentale.

Il vissuto

A questo punto bisogna inserire un nuovo elemento, che agevola la comprensione del possibile percorso dal disagio al disturbo: il vissuto.

Con questo termine si indica la modalità, assolutamente soggettiva, con cui un dato evento colpisce la sfera affettiva ed emotiva di un singolo. Il vissuto si contrappone a ciò che definiamo *obiettivo.*

Occorre sottolineare che nell'ambito delle psicologie e della psichiatria il concetto di obiettivo è poco utilizzato, poiché è di minore rilievo quando si accede a una sfera che appartiene solo al singolo, a quell'unicità su cui si basa anche la sua relazione con gli altri: un danno, obiettivamente quantificabile come irrilevante o secondario, può rivestire un significato tragico per il singolo. Quando si raccolgono le storie degli adolescenti si scopre, per esempio, che una sberla data dal padre ha lasciato, magari a distanza di molto tempo, un vissuto traumatico, con ferite psichiche ancora aperte. Interrogato sullo stesso episodio, il padre nemmeno se lo ricorda, o lo rammenta come un evento di nessuna importanza.

Il vissuto è di estrema importanza per valutare le risposte degli individui alle difficoltà di adattamento. Solo considerando il significato soggettivo delle esperienze, infatti, si può comprendere la dimensione della sofferenza, l'entità della frustrazione o della gratificazione.

La portata di un evento non è quantificabile in sé e per sé, ma solo attraverso la scala del vissuto, che evidenzia i diversi valori e pesi attribuiti da ciascuno alle cose. Alcuni eventi sono simili nella loro manifestazione esteriore, ma non hanno la stessa importanza nelle nostre vite interiori.

Un esempio chiaro lo offre la percezione del tempo. Non quello segnato sul quadrante di un orologio. Penso al tempo psicologico: quello della paura, che non scorre mai, sembra paralizzato; o quello dell'attesa, che si colora in ogni istante di una certezza drammatica.

Il tempo psicologico risente degli stati d'animo, ma anche delle fasi di età. Un minuto di gioco si consuma in fretta, un giorno di malattia è quasi un'eternità.

Le quattro strategie di risposta al disadattamento

A questo punto, è interessante notare che sono quattro le possibili soluzioni strutturali della nostra mente alla percezione di fallimento, alla difficoltà esistenziale. Tracceremo dunque quattro grandi categorie psichiatriche, che si rifanno a queste quattro ristrutturazioni della personalità.

LA DISSOCIAZIONE DAL MONDO

La prima soluzione è la negazione del mondo. Distacco dal mondo e dalla società.

Alla base di questa strategia c'è la constatazione che la relazione tra io e mondo non conduce a nessuna esperienza positiva. Pertanto, ci si sottrae e lo si fa progressivamente. Dapprima si diviene insensibili a quanto accade intorno, quasi che l'attenzione fosse meno vigile. A poco a poco ci si apparta, ci si chiude dentro di sé, alzando delle barriere verso l'esterno. Diminuisce la comunicazione con gli altri, si evita ogni confronto, riducendo così il rischio di imbattersi in un altro fallimento.

Senza accorgersene il soggetto si ripiega su di sé, come una monade isolata, all'interno di un mondo popolato di tante persone, che per lui nemmeno esistono. La metafora più adatta è quella della torre d'avorio: chiusa in sé, senza scambi con il mondo circostante, di cui si finisce per dimenticare l'esistenza.

Questo fenomeno porta a una dissociazione tra io e mondo, a una rottura che è propria della forma più estrema del disturbo di mente: la schizofrenia.

Il nome deriva dal greco *schizo*, che significa «divido», e sottolinea la scissione netta dell'io dal mondo. La schizofrenia infatti esclude la relazione con gli altri, componente fondamentale delle nostre vite, e conduce a un'esistenza isolata, al limite estremo delle possibilità umane.

L'io si separa dal resto del mondo attraverso un allontanamento progressivo, e quando questo processo si stabilizza il soggetto perde persino la capacità di comunicare. Non riconosce più il senso delle parole, usa i sintagmi come fossero soltanto suoni. Il linguaggio perde la sua funzione, perché il mondo non esiste più. C'è una frattura e dentro quella crepa il singolo si perde, viene inghiottito. La schizofrenia è la fuga più radicale, poiché arriva a cancellare il mondo, a negarlo completamente.

Il processo che porta alla schizofrenia parte con il disagio percepito quando si è in mezzo agli altri, con la rinuncia agli inviti: si è attenti a cancellare ogni contatto che possa innescare una relazione.

I passi successivi possono portare a una gestione sempre più formale dei rapporti con gli altri, e al tentativo di evitare anche le relazioni essenziali, con i familiari per esempio, o nell'ambiente di scuola e di lavoro. Si giunge alla negazione completa di ogni contatto, anche solo casuale, con l'esterno.

Lo schizofrenico parla con se stesso e, dopo la scissione dal mondo, finisce persino per frammentarsi dentro: io diviso e persino io frammentato. Sembra abitato da una pluralità di io, come in una piccola società inventata su misura, fatta di entità che non entrano in conflitto l'una con l'altra. Tanti io fasulli, che derivano da un io unico, e dunque non sono in competizione.

Ecco come può procedere la mente in questa prima strategia di difesa: da un'iniziale tendenza solipsistica, con tutte le declinazioni possibili (isolamento, misoginia, misantropia), fino a un'autentica cancellazione del mondo esterno, sostituito dal proprio io frammentato, un io abitato da ombre.

LA FUGA DAL MONDO

La seconda strategia segue una via diversa: se nella dissociazione si era eliminato il mondo esterno, in questa seconda strategia si cancella l'io. Tra i due termini della relazione, io e mondo, è sull'io che si abbatte la scure della negazione.

L'individuo riversa su di sé la responsabilità di ogni fallimento, della stessa incapacità di adattarsi e conseguire gratificazioni e soddisfazioni. In questa condizione, insieme al presente, viene travolta dalla percezione tragica di sé anche ogni proiezione futura. Ne deriva un senso di colpa profondo e pervicace.

La colpa non si lega a un fatto, a un singolo comportamento, ma diviene colpa di esistere, di non saper stare al mondo. Ci si ritiene persino una potenziale minaccia per gli altri, e questo passaggio nel vissuto individuale è di estrema importanza, poiché comporta conseguenze che, talvolta, si esprimono con gesti estremi.

Il percorso che si delinea nella mente è chiaro: al senso di colpa segue la convinzione di essere dannosi, e dunque di poter causare dolore alle persone amate. Così l'io scivola verso una condizione di depressione, da cui c'è una sola via di uscita: cancellarsi.

Un desiderio affiora sempre più insistente alla mente di chi sperimenta questa condizione, il suicidio. L'epilogo estremo.

La fuga dal mondo provoca una progressiva ritirata dalle operazioni quotidiane. Il depresso riduce la propria attività fisica, si apparta, tenta di non pesare su nessuno, mentre cresce la sensazione di soffocare sotto il peso di se stessi.

Si tratta di una condizione umana penosa, che comporta una sofferenza incredibile. È come avvertire una paura incontrollabile per un mostro in agguato, scaltro, imbattibile. Quel mostro però è dentro la mente dell'uomo. Non c'è via di scampo.

La depressione è un male di vivere talmente penetrante che il pensiero della morte diventa un balsamo, una consolazione.

In questa cornice è giusto inserire anche le dipendenze. Definiamo dipendenze le condizioni in cui un soggetto riduce la relazione con il mondo esclusivamente al legame con una sostanza (la cocaina, l'eroina, la marijuana, l'alcol), oppure con un'esperienza (il gioco d'azzardo) o anche con un comportamento sessuale.

Le dipendenze determinano un impoverimento enorme dell'io, che smarrisce la propria identità, la capacità di relazione. Il mondo si riduce solo a polvere di eroina o di cocaina. Si concentra in uno schermo su cui scorrono le carte colorate del videopoker.

Sebbene non in modo rapido, come accade nel suicidio, anche le dipendenze conducono progressivamente allo stesso risultato nichilista. Portano a una morte lenta, ma inesorabile.

LA MANIACALITÀ

Anche nella terza risposta al disadattamento, l'azione si concentra sul rapporto io-mondo, e sul primo termine di relazione: l'io. In questo caso, però, non si scatena la negazione dell'io tipica della depressione, ma un meccanismo opposto. L'io si autoesalta. Nel linguaggio psichiatrico, si dice che l'io diventa ipertrofico, superegoico.

Per affrontare l'esterno, percepito come un pericolo e una fonte di frustrazione, l'io si rafforza. E lo fa colmandosi di *grandeur.*

Questo processo inizia con una sorta di ampliamento dell'io. Il soggetto si attribuisce poteri che in realtà non possiede, ma che dominano la sua immaginazione. È un'autonarrazione continua, che spinge l'io ad agire come se possedesse veramente le facoltà immaginate. Solo così si sente adeguato al mondo esterno, e persino capace di dominarlo.

Se insomma l'io depresso arriva a cancellarsi, l'io maniacale assume al contrario dimensioni talmente sconfinate da credersi capace di ogni impresa.

Anche la maniacalità si sviluppa secondo un percorso progressivo, composto di moltissime fasi intermedie in cui si manifestano comportamenti narcisistici, caratterizzati da un'attenzione prevalente al proprio io e alle interpretazioni positive di sé, con la capacità di selezionare solo gli elogi e cancellare le critiche. Si costruisce, insomma, un io capace di uscire vincitore da qualsiasi situazione.

La *grandeur,* la percezione di sé come superuomo, costella la storia del potere. Anzi, sono convinto che il potere sia sempre meno un incontro tra io e ambiente, secondo la logica del servizio proposta nella *Repubblica* di Platone, e sempre più un'affermazione egoistica e autocentrata. Un «faccio perché posso».

Il mondo esterno è visto come uno spazio da dominare, un grande palcoscenico. Gli altri possono solo stare in platea, fermi ad applaudire.

All'opposto della depressione, che genera un desiderio di morte, la maniacalità sfocia persino nel grande sogno dell'immortalità. La condizione che nella mitologia si attribuisce agli dèi. Il maniacale arriva a ritenersi Dio.

Il fatto che tanto la depressione, quanto la maniacalità, si incentrino sull'io spiega perché esista una patologia di cui parleremo più avanti, il disturbo bipolare, in cui queste modalità coesistono, a fasi alterne, nello stesso soggetto. Fasi depressive e fasi maniacali si avvicendano: a un comportamento autodistruttivo ne segue uno opposto, di autoesaltazione. Dalla polvere all'altare, insomma.

Nel quadro della maniacalità, vorrei ora considerare due figure di grande interesse. La prima è quella dell'eroe, colui che cerca di uscire dalla frustrazione compiendo un'azione eccezionale, che abbia la forza di stupire tutti e fissarsi nell'attenzione generale. La molla che spinge l'eroe è il bisogno di togliersi di dosso l'immagine del perdente.

L'altra grande figura è quella del criminale. Le sue azioni si esprimono contro la legge, dunque in maniera traslata contro il mondo, inteso come gruppo sociale dove si esperisce la relazione con l'altro. La violazione delle norme consolidate e condivise è dunque una strategia per imporsi sugli altri, con una logica simile a quella del potere.

Queste figure, l'eroe e il criminale (e l'uomo di potere), non vengono di solito inserite nell'ambito della patologia, ma a torto. Basti un esempio: l'eroe non solo non si protegge dal rischio, persino lo cerca, al punto da corteggiare la morte come sola sfida davvero in grado di sancire il successo compensativo. E anche nei gesti del criminale si manifesta questa strategia di metamorfosi dell'io, per dominare un mondo esterno da cui altrimenti non può trarre gratificazione.

IL MINIMALISMO

La quarta strategia di difesa dalla frustrazione è il minimalismo. In questo caso la relazione io-mondo permane. Non viene cancellata, bensì ridotta, come dice il termine stesso, al minimo.

La prima caratteristica di questo atteggiamento è la tendenza a evitare le novità. Il soggetto cerca di sfuggire alle esperienze nuove, seguendo una sorta di pensiero sotterraneo che stigmatizza come fonte di possibile fallimento tutto ciò che non sia già conosciuto.

Così progressivamente il rapporto io-mondo si riduce all'essenziale, a quanto serve per sopravvivere. Una misura che si riduce continuamente e che, se il processo si aggrava, conduce all'ossessività.

L'ossessività è la ripetizione rituale, liturgica di gesti che, proprio perché già compiuti e conosciuti, rassicurano il soggetto sul loro esito. Non c'è insomma pericolo di sperimentare fallimento e frustrazione.

Nelle forme estreme, le ossessività possono condurre persino a una riduzione dei movimenti fisici, della camminata per esempio, al punto che compiere un passo può diventare un'operazione talmente complessa da richiedere un tempo infinito. La ripetizione, quanto più minuziosa ed esatta, di ogni minimo movimento serve infatti a tenere i piedi ben saldi nel mondo.

Grazie alla reiterazione, i rischi vengono minimizzati. Per questa ragione, la coazione a ripetere è tipica del disturbo ossessivo: la ripetizione annulla l'ansia della novità, dove può annidarsi un'esperienza dolorosa insostenibile.

È lungo questo percorso che il soggetto può giungere persino ad automatizzare l'intera esistenza, riducendosi a un robot che compie gesti senza consapevolezza. Se tutto diventa meccanico, non c'è modo nemmeno di percepire la sofferenza provocata dalla costante sconfitta nella relazione io-mondo. Si continua a perdere, ma si rimane vivi, ecco il senso profondo di questa strategia.

Nella vita quotidiana è diffusa l'esperienza di liturgie comportamentali. Chiunque di noi ha avvertito il bisogno di controllare un gesto: che si sia stretto bene il rubinetto del gas, che si sia chiusa la porta con il numero necessario di mandate. Comportamenti inutili o comunque eccessivi, che però svolgono un ruolo importante per chi li attua: rassicurano, attenuano l'ansia.

Nell'ossessivo, però, questa ripetitività si fa continua, automatica e irrinunciabile. Senza questa difesa, il soggetto rimarrebbe vittima dell'ansia soffocante che il nuovo scatena dentro di lui.

Le liturgie ossessive sono in genere motorie. Esiste, però, anche il grande capitolo della liturgia del pensiero. In questo caso la ripetitività si accentra su un'idea o una parola espresse ritmicamente, fino a impedire altri pensieri e altre parole. E lo stesso può dirsi per gli affetti, ridotti a pure gestualità e quindi svuotati del loro significato.

Queste strategie presentate in maniera sintetica – al tema ho dedicato un libro, *Istruzioni per essere normali*, Rizzoli 1999 – sono alla base delle quattro grandi categorie diagnostiche utilizzate nell'osservazione clinica. E anche in questo manuale di tipo empirico le terremo presenti, come la linfa da cui trae nutrimento ogni manifestazione di disagio e disturbo mentale.

Domandarsi perché

Quali sono le cause per cui in taluni soggetti l'adattamento è più facile, mentre in altri è talmente difficile da portare al disagio e, progressivamente, alla follia?

Come mai i vissuti individuali interpretano eventi simili in modi così differenti, che la stessa esperienza per uno è gratificante e per un altro frustrante?

Verum scire est scire per causas, sostenevano gli antichi, a indicare che tipico della scienza è procedere alla conoscenza dei fenomeni attraverso le cause che li hanno generati. Così, in queste pagine di considerazioni generali, è giusto chiedersi quali cause sono alla base di sensibilità differenti e, quindi, di una maggiore o minore propensione allo sviluppo di alcuni disturbi mentali.

È un tema che ha condizionato la storia della psichiatria, pervasa di interpretazioni che hanno attribuito la follia alla possessione, al demoniaco, o alla degenerazione fatale del cervello.

In taluni periodi sono stati chiamati in causa gli dèi e la follia con le tutte le sue manifestazioni è stata considerata un mistero da interpretare, come faceva la Pizia con l'oracolo di Delfi. Le pizie di oggi, interpretando comportamenti deviati, andrebbero alla ricerca di un nuovo mistero: i disturbi del cervello che causano la follia.

Un filone di pensiero ha sostenuto che la follia fosse ereditaria, una sorta di destino, scritto nei cromosomi e trasmesso dai genitori ai figli. Opposta a questa visione, se ne è poi affermata un'altra, di stampo sociologico, secondo cui i disturbi mentali sarebbero indotti da patologie sociali, dunque da fattori esterni che si riflettono nel comportamento del singolo. Secondo questa teoria, i malati non esprimono che un male insito nella società, ed è inutile curare i singoli: solo modificando gli assetti politici sociali si può prevenire e persino guarire chi fosse affetto da patologie mentali.

L'idea che abbiamo oggi della malattia è molto diversa. Naturalmente può trattarsi di una lettura provvisoria, anche se al momento è la teoria dominante e quella cui anch'io faccio riferimento. Secondo questa teoria, ogni comportamento umano, sia esso normale o patologico (quindi compresa la follia), è il risultato di tre fattori: biologia, esperienze passate, ambiente.

Con il termine *biologia* intendiamo sia la dotazione genetica che la condizione propria del cervello (che può una volta costituito avere subito delle alterazioni, dei traumi). Poiché, come abbiamo visto, le attività mentali sono espressione diretta della nostra struttura cerebrale, ogni cambiamento che riguarda il cervello determina anche modificazioni dell'agire, fino ai disturbi mentali.

Con il termine *esperienza*, che designa il secondo fattore, ci si riferisce in particolare alle esperienze infantili. Queste avvengono in un momento in cui l'io non è ancora strutturato, è più sguarnito e ha grosse difficoltà a difendersi. Non solo: si imprimono come una sorta di alfabeto primario, un apprendimento iniziale su come osservare il mondo e relazionarsi con gli altri. Di solito l'individuo non ha memoria consapevole di queste esperienze, che pure hanno una profonda influenza sulla sua personalità e condizionano, anche a molti anni di distanza, il suo modo di vivere e di reagire agli stimoli ambientali.

A questi due fattori, biologia ed esperienze, va aggiunto l'*ambiente*. Ogni comportamento, fosse anche folle, si lega all'ambiente, inteso soprattutto come rete di relazioni in cui il soggetto si trova a vivere.

Tre fattori molto complessi che, per la genesi del disagio o dei disturbi mentali, non permettono di parlare di *causa* al singolare, ma di *cause* al plurale: fattori che nel loro insieme concorrono a determinare quel particolare comportamento, quella data personalità.

Nei singoli quadri che andremo ad analizzare, questi tre fattori potranno avere una rilevanza diversa, ma è certo che saranno tutti compresenti. Di questo bisognerà tenere conto in maniera concreta soprattutto sul versante terapeutico. L'intervento infatti si rivelerà tanto più efficace, quanto più sarà in grado di incidere su tutti i tre fattori.

Certo, ci saranno casi in cui il fattore biologico è più rilevante, ed è necessario intervenire sul cervello plastico. In altre situazioni, invece, saranno le esperienze a rivestire un peso maggiore, e allora la terapia si concentrerà sull'analisi degli eventi trascorsi e del loro vissuto, per mostrare la sproporzione tra l'esperienza originaria e il suo valore nella vita attuale. In altri casi infine, per ottenere l'effetto terapeutico sarà la modificazione dell'ambiente il vero punto di forza.

Ecco dunque delineate le cause del mancato adattamento e le strategie messe in atto per correggerlo. È adesso il tempo di passare a una fase più schematica, descrittiva, clinica, in cui ci concentreremo sulle categorie psichiatriche, quindi sui disturbi e i sintomi che le caratterizzano.

Si tratta forse della parte più attesa di questo volume, perché affronta direttamente il disagio e il disturbo mentale, ma non era possibile accedervi senza gli strumenti teorici necessari per non scivolare in un eccesso di empirismo, che rischia di tradursi in superficialità.

Prima di passare all'osservazione clinica vera e propria, dunque a una fenomenologia del disagio e del disturbo mentale, sono d'obbligo due osservazioni.

Innanzitutto le malattie che descriveremo come quadri precisi, attribuendovi nomi e indicandone i sintomi, sono in realtà storie, storie in divenire. Non vanno guardate staticamente, come fossero fotografie. Vorrei che al contrario fossero viste come un film, un movimento, un divenire in cui normalità e follia sono separate solo dal *quantum*, non dal *quid*.

La seconda considerazione riguarda, invece, il versante terapeutico, quell'aspetto che non tratteremo in maniera puntuale e specifica, poiché appartiene alla relazione medico-paziente, a un legame tra due soggetti, che non può essere approfondito in maniera seria all'interno di un manuale. Sul piano generale, si deve tuttavia sottolineare che ogni terapia deve tenere conto dei tre fattori che concorrono a determinare ogni comportamento, e quindi anche il comportamento patologico.

Non ha più alcun senso contrapporre terapie farmacologiche e terapie legate alla parola. L'imperativo è invece l'integrazione di questi metodi di cura: una soluzione necessaria, non un optional, poiché gli studi dimostrano che si può intervenire sul cervello plastico attraverso i farmaci, ma anche grazie al potere della parola; quella parola, pronunciata in una relazione medico-paziente, che può modificare il pensiero e addirittura il vissuto di esperienze passate.

A confutare il detto latino *verba volant* è arrivata la scienza. Oggi sappiamo che *verba non volant*, poiché le parole sono in grado di modificare le strutture del cervello plastico.

Per aumentare l'efficacia dell'intervento medico, il paziente deve difendere, e persino richiedere, l'integrazione di terapie farmacologiche e psicoterapie, fondate entrambe su una vera e propria ricerca clinico-scientifica.

Naturalmente potrà accadere che il farmaco diventi uno strumento di primo impiego nell'insorgere acuto di un disturbo, mentre l'effetto della parola richiede tempi più lunghi. In ogni caso i due sistemi non solo non devono combattersi, non solo possono coesistere, ma devono farlo, poiché è quanto ormai la conoscenza scientifica presuppone e sostiene.

Disagio

Il termine *disagio* è divenuto di uso comune negli ultimi anni e ha corso il rischio di perdere il suo significato specifico per assumere, invece, connotazioni generiche.

Nel nostro intento, il disagio designa una precisa condizione della mente in cui si manifestano vissuti di frustrazione; da qui si innesca il processo che può portare alla patologia.

Il disagio è la prima tappa di questo percorso, il segnale di un mal d'essere, di un non soddisfacente inserimento nell'ambiente. Se, parafrasando Darwin, il raggiungimento della *fitness* si concretizza nell'agio, uno stato di sintonia con il mondo, il disagio esprime una condizione e un vissuto opposti.

Nel nostro tentativo di adattarci al mondo, affrontiamo spesso situazioni transitorie e problematiche, poiché l'ambiente muta continuamente e in certi periodi l'accelerazione del cambiamento sembra addirittura iperbolica. Non solo, anche l'io è soggetto a trasformazioni importanti, al variare dell'età, delle nostre esperienze e del modo in cui le percepiamo. Pensiamo ai sentimenti, agli umori o all'inquietudine che non è sollecitata da stimoli esterni, ma anzi si proietta sull'ambiente; anche l'io è un mondo, al punto che sarebbe utile distinguere tra «mondo fuori di me» e «mondo dentro di me».

A questa seconda dimensione appartiene l'immaginazione, un motore che produce universi senza una dimensione concreta, ma capaci di incidere in profondità sul nostro stato d'animo. L'immaginazione crea paura, felicità, dubbi.

È sempre dal «mondo dentro di me» che scaturiscono i sogni. L'attività onirica, che certo risente anche delle esperienze concrete, mostra in primo luogo il grande potere dell'immaginazione: il sogno può essere fonte di agio, di ben d'essere, ma è talvolta anche causa di disagio.

Spesso per definire questi cambiamenti repentini si parla di umore. Si tratta di un concetto introdotto da Ippocrate, grande personaggio della medicina greca che aveva teorizzato l'esistenza di quattro elementi fondamentali alla base dell'organismo umano: bile gialla, bile nera, sangue e flemma sono secondo Ippocrate i quattro «umori» che si mescolano nel corpo umano determinando, nelle loro diverse combinazioni, le varie forme del nostro sentire e dell'agire. Già questa teoria, quindi, prendeva atto della continua trasformazione della natura umana.

Seguendo Darwin, sappiamo che l'individuo si confronta di continuo con un ambiente a cui deve adattarsi. Questo adattamento richiede continui aggiustamenti e, a fasi alterne, a uno stato di agio potrà quindi seguirne uno di *dis*-agio, dove il prefisso *dis-* sta a indicare che qualcosa non va, analogamente a termini come *dis*-grazia o *dis*-piacere che sottolineano la perdita di una condizione positiva.

Quando prova disagio, l'io tenta di modificare la sua relazione con il mondo esterno; non si è infatti ancora attivato quel meccanismo di blocco, di rifiuto, di fuga tipico del vero e proprio disturbo.

Dobbiamo imparare a leggere il disagio quale prima fase del percorso che può condurre al sintomo, e da questo a un insieme di sintomi (o *cluster*), fino al disturbo di mente. La sequenza è dunque agio, disagio, sintomo, malattia.

Questa prima fase, lo abbiamo accennato, può nascere da cambiamenti del mondo esterno, ma anche da trasformazioni nel nostro mondo interiore, che filtra e trasforma il mondo esterno attraverso la memoria, il vissuto, la singola personalità.

La memoria non è una cronaca, il deposito immobile di eventi oggettivamente esperiti. Memorizzare significa anche modificare i dati, personalizzarli attraverso un'elaborazione del tutto soggettiva. Basta confrontare il racconto di due persone presenti a un medesimo evento: talvolta si ha la sensazione che vengano descritti due episodi differenti. Ogni dato è insomma rielaborato, anche alla luce di quanto si è esperito nel passato; senza che se ne abbia consapevolezza, si associa un evento recente a fatti avvenuti anche molti anni prima, ma capaci di rievocare sensazioni simili. In questo modo un avvenimento attuale si carica di sentimenti, emozioni, vissuti collegati a eventi passati.

La distinzione tra mondo esterno e mondo interno comincia dunque a complicarsi: un'embricatura di cui non è facile vedere in controluce le tracce e gli innesti.

«I ricordi, queste ombre troppo lunghe / del nostro breve corpo, / questo strascico di morte / che noi lasciamo vivendo» ha scritto Vincenzo Cardarelli.

Il richiamo alla morte è particolarmente suggestivo, poiché sottolinea come anche ciò che si consuma nel presente rimane impresso nel nostro vissuto, e lo fa assumendo delle sembianze particolari, dei contorni sfuocati, frastagliati, eppure con una sagoma precisa. Il vissuto, quell'ombra.

Dopo aver chiarito che il mondo interno risente di quello esterno, che filtra attraverso una lettura personale, credo sia utile distinguere i disagi del corpo dai disagi della mente.

Appartiene certamente al primo gruppo il dolore fisico, che può produrre anche uno stato di mal d'essere psicologico, coinvolgendo i pensieri e gli affetti. Tuttavia, in questo caso, l'origine del disagio è fisica: un crampo, una frattura, uno stiramento muscolare; e anche il freddo, la fame, una zoppia che limita la mobilità.

Esistono, invece, altri disagi che hanno un'origine prevalentemente mentale. Mi riferisco alla paura indefinita, la cosiddetta paura senza oggetto, che provoca in chi la sperimenta l'incapacità di prendere decisioni, di agire sul mondo esterno. La paura senza oggetto, che si fa panico, è frutto dell'immaginazione e proviene dal «mondo dentro di me», ma si esercita sull'ambiente esterno ridisegnandolo completamente.

A questa distinzione va aggiunto un terzo elemento, che riguarda la sopportazione della frustrazione. Ciascuno di noi ha un suo livello di sopportazione, superato il quale un'esperienza diventa intollerabile. La misura di questo limite personale dipende da ciò che ognuno, soggettivamente, sperimenta dentro di sé, dunque da una sensibilità che varia da individuo a individuo.

Oltre che dalla sensibilità, questa grandezza è determinata anche dalla capacità di elaborare, cioè di interpretare un evento in una cornice di senso più ampia, attribuendogli un valore piuttosto che un altro. Così il medesimo accadimento potrà essere valutato come una prova a cui rispondere, o una sconfitta già segnata. Un sorriso sarà letto come prova di solidarietà, o invece come gesto di scherno. Penso inoltre alla «provvida sventura», alle cornici religiose entro cui episodi di grande disagio immediato vengono interpretati come prove dagli effetti straordinari, utili magari per la vita eterna.

Per analizzare il disagio della mente, bisogna quindi considerare la variabile della sensibilità, da cui dipendono il vissuto soggettivo e l'interpretazione, benevola o malevola, di quanto accade.

Il termine *sensibilità* semanticamente riporta ai cinque sensi: una lesione a un nervo dolorifico può in effetti mutare la percezione di uno stimolo, cancellandola o aumentandola d'intensità; analogamente un quadro mentale come l'isteria, su cui torneremo più avanti, si esprime con un'indifferenza al mondo esterno tale, da annullare la percezione del dolore.

Ovviamente anche i sentimenti sono influenzati dall'interpretazione del pensiero. Ci sono soggetti in cui la componente soggettiva di lettura degli eventi predomina, e altri che sono più legati al senso concreto, fattuale delle cose. Insomma, la sensibilità alle frustrazioni è soggettiva e questo influisce in maniera molto forte sullo sviluppo di una condizione di disagio.

Sono argomentazioni, queste, che sottolineano con ancora maggior forza come sia sempre l'individuo il metro con cui misurare l'agio o il disagio. Dunque, è assumendo il punto di vista del singolo che sarà possibile comprendere l'origine del disagio e individuare possibili soluzioni.

I DISAGI DEL MONDO ESTERNO

Mi sembra utile richiamare ora alcuni disagi innescati dal mondo esterno. Pensiamo al traffico: trovarsi in fila su un'autostrada, fermi a causa di un incidente accaduto trenta chilometri più avanti, con la prospettiva di non potersi muovere per ore, crea una condizione di disagio. È chiaro che senza l'incidente e il traffico che ne è derivato il disagio non si sarebbe nemmeno presentato. Non si può certo parlare di malattia, né di sintomo, ma certamente c'è una contrarietà, un malessere.

Al traffico possiamo assimilare il viaggio. Se la scoperta di luoghi nuovi è in sé piacevole, un binario ferroviario bloccato, un aeroporto paralizzato dalla neve o da un allarme di sicurezza generano al contrario forte malessere.

Nella nostra società, molto diffusi sono poi i disagi burocratici. Occorre di continuo compilare documenti, certificazioni, autocertificazioni, rispondere a questionari, utilizzare carte bollate, ricordarsi di scadenze improrogabili.

La burocrazia è un esempio di come il mondo esterno possa indirizzare i nostri comportamenti. Possiamo dire lo stesso per la sanità. Anche un semplice percorso di prevenzione si carica di disagio: difficoltà di fissare appuntamenti per un esame, liste di attesa infinite, code per il prelievo del sangue, aggravate magari da uno sciopero del personale sanitario. Se il sistema sanitario funzionasse in modo efficiente, quel malessere sarebbe certamente ridotto.

Esiste del resto anche un disagio da malattia. Al di là delle preoccupazioni per il proprio stato di salute e del fastidio che si può provare per esami e terapie, la malattia – anche lieve – induce spesso un senso di impotenza. È quello che accade, per fare un esempio banale, quando abbiamo una gamba rotta e non riusciamo a rincorrere un autobus che ci scappa davanti agli occhi.

Una causa molto frequente di disagi, che sfociano sovente in sintomi e patologie, è il lavoro. Per esempio, ci si può trovare a ricoprire un ruolo per cui non ci si sente adeguati, e quindi si fatica a fare ciò che altri svolgono in maniera serena. Talora il disagio si lega invece all'orario richiesto. In questi casi il lavoro può essere adeguato, ma se per esempio si svolge di notte provoca un doppio mal d'essere: l'interruzione del sonno e l'impossibilità di vivere insieme alle persone care, costretti come si è a dormire mentre gli altri sono svegli. Il disagio da lavoro genera di conseguenza un vissuto di esclusione, talora persino di abbandono.

Un individuo dedica circa un terzo della sua giornata al lavoro. Ecco perché il lavoro deve essere adeguato, rispettoso dei diritti della salute, fonte almeno di un benessere somatico duraturo.

Sempre più spesso invece ci si confronta con condizioni di precarietà, che sfociano talora persino in un disagio da non-lavoro, per chi ha perso la sua occupazione, o per chi fatica a trovare un impiego nonostante il titolo di studio e le grandi motivazioni.

I casi si moltiplicano, purtroppo anche nella cronaca, con le storie di lavoratori in cassa integrazione che non reggono il senso di inutilità, perdono la speranza e scelgono di suicidarsi.

Anche qui è evidente che, se il mercato del lavoro offrisse garanzie di serenità, il disagio scomparirebbe. Oggi al contrario dilaga, e dal mondo del lavoro arriva alla famiglia.

Dall'instabilità economica nasce la paura: per chi non ha denaro, certamente, ma anche per chi ne possiede e vede in quell'insicurezza il rischio che i propri investimenti perdano valore, che niente di quanto costruito garantisca solidità per il futuro.

Anche le caratteristiche del luogo in cui si vive possono ingenerare disagio. Un quartiere insicuro, degradato, sporco impedisce di svolgere con agio le proprie incombenze quotidiane, anche solo per recarsi alla posta o al supermercato.

In questi esempi il mondo esterno coincide in gran parte con la società, quella *res publica* che andrebbe gestita, come sosteneva Platone, avendo come obiettivo la felicità dei cittadini. Va poi considerato che la felicità, intesa come assenza di disagio, è capace a sua volta di promuovere altra felicità, poiché nell'ambiente sociale il benessere di un individuo influisce anche sul benessere di chi gli vive accanto.

Il cattivo governo rappresenta una fonte esterna di disagio: rivedere la gestione della *res publica*, o sostituire chi detiene il potere, significa quindi eliminare molte fonti di malessere.

Per esempio, la detenzione carceraria apporta una condizione di disagio, che può però variare a seconda delle condizioni di reclusione. Se una struttura è sovraffollata, se non esistono una sala tv, una palestra o altri spazi dedicati ad attività ricreative, il disagio aumenterà. Così come aumenterà in un regime di massima sicurezza come quello previsto dall'art. 41-bis.

È a questo punto che si inseriscono i desideri, le immagini di una società diversa in cui esistono il rispetto per i singoli, la sicurezza lavorativa, la giustizia. Anche le utopie sono talora terapie del disagio.

La società in cui si vive merita attenzione. Se è vero che dal disagio hanno origine malattie molto gravi, migliorare con azioni precise l'ambiente esterno è già dare un contributo importante alla salute e al benessere di tutti.

I DISAGI IMMAGINARI

Appartengono a questa categoria tutte le difficoltà che nascono dalla nostra immaginazione.

La prima fonte di disagio immaginario riguarda la percezione del tempo. Basterebbe pensare alla fretta, al bisogno della puntualità, all'ansia di non arrivare insieme agli altri. Basta un istante a separare la puntualità dal ritardo, eppure una manciata di secondi ha il potere di mutare lo stato d'animo con cui si percorre una strada o si suona a un campanello.

La sensazione, che rende meglio il disagio del tempo, è l'attesa. Aspettare una persona, una lettera, una telefonata, attendere la fortuna, una grazia, un evento che dovrebbe modificare la vita, mentre nulla di tutto ciò arriva. L'attesa comporta una condizione di disagio capace di alterare il ritmo stesso dello scorrere del tempo. D'un tratto tutto sembra farsi immobile, infinito.

L'attesa può riguardare eventi concreti e in qualche modo prevedibili, ma talvolta investe condizioni di tipo affettivo. Nell'opera *Erwartung*, Arnold Schönberg descrive in maniera magistrale lo stato d'animo di una donna che, al limitare di un bosco, cerca ansiosamente il proprio amato. La musica, che segna il passaggio dalla struttura sinfonica al sistema atonale, racconta con un'intensità straordinaria la paura, l'impazienza, la disperazione in cui piomba la vita di colei che attende l'amato e non sa se verrà.

Ed è qui, nel dubbio, che si apre il campo infinito dell'immaginazione.

Ci si chiede se la persona cara sia morta, se ci abbia traditi, o se invece non sia ricoverata in un qualche ospedale. La mente smonta, produce, incalza con ipotesi terribili, mentre l'occhio salta verso quelle lancette che sembrano paralizzate da una lentezza di morte.

Il disagio immaginario sgorga, copioso, anche dai ricordi. Ricordi di gesti che abbiamo subìto senza difenderci, o, peggio, che abbiamo compiuto ingiustamente. Così, mentre affiorano i ricordi di quando siamo stati ingiusti, violenti, ecco che si scatena il disagio. È questo il dramma (e la magia anche) della memoria, che rende presente il passato. Ma ci sono persone che rammentano soprattutto gli aspetti negativi della vita trascorsa, altri che tengono stretti a sé le esperienze positive.

Anche le speranze possono causare disagio. Se certamente sono un motore positivo per l'esistenza, poiché consentono di immaginare nel futuro qualcosa che manca nel presente, tuttavia possono esse stesse generare frustrazione quando la situazione prospettata non si concretizza e resta solo la delusione di un'aspettativa irrealizzata.

Lo stesso vale per la percezione del futuro. È un orizzonte che aiuta, perché apre davanti agli occhi un tempo in cui ci si immagina di riscrivere le cose che non piacciono, di sé o del presente. Al contempo, il futuro è un tempo incerto, con una destinazione inevitabile: la morte.

Il pensiero della morte, questa condizione connaturata all'umano, è una delle cause più forti di disagio poiché, al di là dei credo religiosi o filosofici, la morte contrasta con l'imperativo assoluto *primum vivere*, così ben descritto da Darwin. La morte ne è la negazione invincibile.

È curioso a questo punto notare che esistono sensazioni di mal d'essere scatenate da eventi positivi: dall'amore, per esempio.

Se pensiamo all'amore, l'associamo subito all'agio, allo stare bene, alla convinzione d'aver finalmente trovato qualcuno che ci capisce, che ci accetta come siamo, e che anzi ama anche quelli che noi consideriamo i nostri difetti. Eppure, nell'amore s'insinua il disagio della gelosia. Quanto maggiore è il legame che avvertiamo, tanto più stringente sarà questa morsa, che attanaglia i pensieri, accelera l'immaginazione.

Esiste, certo, una gelosia che ha un ruolo positivo, poiché ci segnala l'importanza di un legame esclusivo per la nostra esistenza e ci spinge a difenderlo. Tuttavia, la gelosia può degenerare, come accade nella paura. In questo caso la gelosia cancella la gioia, ci fa piombare nel terrore della perdita.

C'è poi il dramma dell'invidia, il desiderio di possedere ciò che non si ha, o di essere come non si è, come è un altro. Il disagio che ne deriva assume intensità drammatiche: si lotta, s'imbroglia, si simula, in un percorso massacrante, al termine del quale si scopre di aver inseguito solo ciò che mancava, senza mai godere di ciò che si aveva.

L'immaginazione non è profetica ma, anche se le situazioni temute non accadono, il fatto di pensarle mette in atto difese, dolori, sensazioni che ci costringono a reagire come se le nostre fantasie fossero realtà.

Così ci si sente perseguitati, soli, abbandonati, in balia di minacce, malattie, dolori, si sperimenta il disagio dell'essere vittima, capro espiatorio. E tutto questo scatena altro disagio, come se quello che esisteva solo nella nostra testa fosse accaduto davvero.

Tanto il disagio provocato dal mondo interno quanto quello generato dall'immaginazione testimoniano l'inevitabile presenza di questa sensazione nell'universo umano, come conseguenza di un adattamento necessario, che è conquista e modificazione continua. Ecco perché è impossibile immaginare una vita senza disagio.

Ciò non significa che il disagio vada subìto e accettato. È importante notarne la presenza e rammentarne la pericolosità. L'invito è dunque a essere vigili, non solo analizzando il mondo in cui viviamo, ma anche controllando la nostra immaginazione, che sa creare terribili mostri.

Però, lo ripeto, è inimmaginabile un'esistenza senza disagio. Non si tratta allora di guarire dal disagio. Bisogna invece capire come il disagio si determina, guardando soprattutto alle attese che abbiamo nutrito e sentito deluse.

Ogni individuo deve diventare misura di se stesso, affinando quella sensibilità che lo porta a stabilire cosa è frustrazione e cosa gratificazione. I criteri di giudizio saranno individuali, non dettati da convenzioni sociali estranee alla nostra personalità.

Se il disagio non può essere completamente cancellato dalle nostre vite, è però possibile aumentare le possibilità di gratificazione, indirizzando l'esistenza verso la normalità e non verso vie di fuga patologiche.

In questa nuova strategia rientra il tempo libero, concepito nella cultura degli anni Settanta come uno spazio in cui esprimere i propri desideri, un tempo in cui poter svolgere le attività che danno soddisfazione. È qui che trovano un senso gli hobby, le amicizie, il piacere della vita di coppia, lo scambio sessuale, ma anche il gusto del gioco e dello sport. Un'esistenza di questo tipo è una straordinaria terapia contro il malessere.

Occorre dire a questo punto che esistono due condizioni in cui la frustrazione non viene avvertita. Condizioni, paradossalmente, di vera e propria patologia, anzi di patologia gravissima.

La prima è l'oligofrenia, che letteralmente significa «poco cervello»; ne soffrono soggetti affetti da alterazioni profonde dell'encefalo, cui corrispondono, sul piano della mente, forti limitazioni sia nella comprensione sia nell'espressione dell'affettività. L'altra condizione è la maniacalità, cui si accompagna il delirio, con la cancellazione completa delle esperienza reali.

Sono dunque, com'è evidente, situazioni per nulla desiderabili.

SIGMUND FREUD

Analizzando l'anatomia della psiche, Sigmund Freud definì l'Es come l'insieme delle pulsioni che permettono la sopravvivenza dell'uomo. Si tratta pertanto di un'energia istintuale straordinaria, senza la quale l'uomo non troverebbe le guide che lo spingono, per esempio, ad attaccarsi al seno materno per nutrirsi.

Contrapposto all'Es si afferma il Super-io, ovvero la dimensione degli imperativi, che cercano di frenare le pulsioni. Se l'Es rappresenta una spinta inarrestabile verso la gratificazione di ogni desiderio, il Super-io, altra istanza costitutiva della psiche, ne blocca l'azione, creando insoddisfazione.

Terza componente della psiche è l'Io, risultante che si determina dalla contrapposizione tra Es e Super-io. L'Io è la parte cosciente della psiche, una sorta di compromesso tra le due azioni contrapposte, tra pulsioni che mirano alla soddisfazione e imperativi che le frenano.

Da questi rapidissimi richiami si può dedurre che è connaturata all'anatomia stessa della psiche una condizione di parziale frustrazione dei desideri.

La struttura dell'essere sta in questa bilancia immaginaria tra gratificazione e frustrazione: la pulsione deve essere negata, altrimenti si determina una disobbedienza al Super-io, da cui ha origine il senso di colpa, responsabile di altra frustrazione.

Nel libro *Il disagio della civiltà* Freud arriva a leggere questa lotta consustanziale tra Es e Super-io non come semplice caratteristica del singolo, ma come parte della collettività in cui gli individui convivono. Per il bene comune, si è costretti a rinunciare alle proprie esigenze puramente personali (appunto egoistiche) e a rispettare le necessità dell'altro. Se ciò non avvenisse, il singolo perderebbe alcuni vantaggi che la comunità garantisce, come la difesa e la protezione di chi ne fa parte.

Mi piace molto questo titolo, *Il disagio della civiltà*, perché porta l'attenzione su un termine che prediligo rispetto a quello di società: la parola *civiltà* ricorda un'unione fondata sulla condivisione di principi (e i principi richiamano la Grecia antica e in particolare Platone); al contrario il termine *società* richiama più facilmente la concretezza delle leggi scritte e approvate (e la culla del diritto e delle leggi riporta invece alla Roma antica).

Queste considerazioni vogliono sottolineare di nuovo come il disagio sia indissolubile dalla convivenza civile. Non è possibile separare nettamente agio e disagio, perché la stessa condizione umana ne prevede la compresenza.

D'altra parte si è detto come il desiderio, che è una forza straordinaria per il singolo e funziona quasi come una pulsione acquisita, crea di fatto una condizione di insoddisfazione finché non è realizzato.

Ed è questo un limite-forza, una sorta di energia doppia, ambigua, che ha attraversato da sempre la storia dell'uomo e persino la mitologia.

Esiodo riferisce di un'età dell'oro in cui l'uomo viveva pienamente soddisfatto, senza ostacoli, in un ambiente sicuro, dove ogni desiderio incontrava la soddisfazione. Ma nemmeno questa età poteva essere immune dal disagio. Perché l'uomo, a differenza degli dèi, muore.

La morte, sebbene non dolorosa, diviene dunque un limite, un sonno che non ha nulla di drammatico, certo, ma che sottolinea l'impotenza dell'uomo. Ecco ritornare la condizione di disagio, quell'inquietudine all'origine delle storie che narrano il tentativo dell'uomo di rubare agli dèi il segreto dell'immortalità.

Il disagio è dunque connaturato sia alla psiche del singolo, dove Es e Super-io si combattono, sia alla vita comune all'interno di una civiltà, dove i desideri del singolo si scontrano con i principi a tutela della comunità. E il disagio sconfina persino nell'universo dorato della mitologia, dove l'uomo non si accontenta di essere tale, ma aspira all'immortalità degli dèi.

UN TEMPO DELL'AGIO

Si potrebbe dire che la terapia si snoda lungo un percorso di creazione di un tempo dell'agio, e che sono molte le «voci» su cui proiettare il ben d'essere che è l'antitesi della malattia.

L'esperienza d'amore, certamente, occupa la prima posizione, la più totalizzante. Poi c'è l'amicizia, che segna un'intesa, una disponibilità ad aiutare e, specularmente, di essere aiutati. Ma i legami positivi sono anche alla base della tendenza a creare gruppi, circoli e persino caste.

La spinta è sempre la stessa: vincere il disagio, la frustrazione. Avvicinarsi a qualcuno che esprime affetto e stima, riconoscersi reciprocamente come persone speciali in una massa indistinta di individui, rende il mondo un po' più piccolo, controllabile e familiare.

L'amicizia diventa il luogo entro cui rilassarsi, abbassare la guardia, consapevoli che sono molti gli occhi a proteggerci dai pericoli del mondo esterno.

Il fenomeno dei piccoli gruppi è parte della strategia dell'agio. Anche se poi queste cerchie ristrette possono diventare dei luoghi esclusivi, degenerando fino a trasformarsi in cabine di potere, all'origine esprimono l'esigenza di circoscrivere un ambiente al cui interno sperimentare gratificazione.

Nel nostro processo di adattamento all'ambiente, è dunque tempo utile quello che trascorriamo all'interno di un gruppo. Può trattarsi di un gruppo di gioco, un gruppo sportivo, un gruppo di pensiero, o anche di un gruppo di professionisti, ideologico o politico. Quello trascorso con il gruppo è un tempo utile, per esempio, a stemperare le difficoltà dell'inserimento lavorativo, in circuiti volti solo alla produzione e al denaro; una condizione a cui non si può rimanere estranei, poiché avere uno stipendio è indispensabile per sopravvivere innanzitutto, e poi per garantirsi quella tranquillità che arricchisce le nostre esistenze.

Ci sono persone che invece traggono gratificazione da attività solitarie. Basti pensare ai collezionisti, che amano raccogliere diversi esemplari di oggetti e trascorrono un tempo più o meno esteso a classificarli e riguardarli.

Da giovane per un po' ho collezionato francobolli, e quindi ho potuto conoscere la soddisfazione che si prova quando si sistema finalmente nella serie un esemplare mancante. Successivamente ho spostato il mio interesse verso le penne stilografiche e ormai quest'hobby dura da quasi cinquant'anni.

La collezione può diventare l'occasione per relazioni gratificanti con l'oggetto in sé, ma anche con il circuito di persone che girano attorno a questo mondo particolare. Un circuito di esperti, frequentatori di mercatini, di appassionati, di curiosi.

Eppure, se si analizza questo fenomeno da un punto di vista di stretta utilità sociale, può apparire inutile e per certi aspetti banale. Se una penna stilografica riveste per me un significato persino affettivo, rimane un oggetto neutro, senza valore particolare, per chi non è appassionato a questo tipo di collezionismo.

Insomma l'elemento di utilità degli hobby sta proprio nella loro capacità di creare agio e soddisfazione, di costruire una sorta di micromondo al cui interno si annulla il rischio delle frustrazioni.

Così c'è un tempo dell'agio legato ad attività lontane da quelle professionali. Chi svolge un'attività intellettuale, quando torna a casa, sceglie sovente di zappare il fazzoletto di terra da cui riesce a ottenere delle rose meravigliose. Chi invece occupa il tempo lavorativo in mansioni pratiche, nel tempo libero si dedica alla storia romana o a quella medioevale.

È un piccolo universo in cui ci si rifugia senza bisogno di primeggiare, di sfide con esperti, di esami universitari. Dove invece ci si autopromuove capaci e competenti, sulla base di un'unica importante misura: provare gratificazione. Naturalmente si può aggiungere un'ulteriore valutazione positiva, grazie all'approvazione di coloro che rivolgono domande e ottengono risposte appassionate.

Non c'è competizione, nel tempo dell'agio. In questo mondo, un posto particolare ha, o dovrebbe avere, la musica. Ne accenno perché riveste una grande importanza nella mia personale esistenza. È insomma una strategia che io stesso applico per aggiungere agi ai disagi che incontro ogni giorno.

La musica è un labirinto affascinante e sconfinato. Moltissimi i generi, i compositori, le epoche che si sono succedute, dividendosi in tipologie, linguaggi, sperimentazioni. Classica, operistica, jazz, rock, techno sono etichette per definire incredibili sottomondi di questo universo complesso, animato però da una forza unitaria: far percepire a chi ascolta la potenza di un'evasione dal mondo del lavoro e dalla concretezza.

Oggi poi, grazie alle tecnologie digitali, dai brani registrati si ottengono versioni di buona qualità (impensabili appena pochi anni fa), che possono essere inserite in un iPod da tenere sempre nella tasca.

Si arriva allora a stabilire un legame con la musica di un compositore, di cui si imparano a conoscere le variazioni, le diverse esecuzioni, le interpretazioni particolari. Considerazioni, queste, che nel mio caso portano a Beethoven, a Mahler, che amo in modo particolare, ma anche a Mozart, di cui apprezzo specialmente le composizioni sacre.

La musica diventa così una via di fuga: arrivare a casa dopo una giornata di frustrazione (e ritengo che le frustrazioni perpetrate dai colleghi psichiatri siano le più terribili, perché si fondano su un sapere di psicologia profonda, dunque sono calibrate con precisione) e ascoltare la *Messa in do minore* (KV 427) di Mozart mi fa partire per un viaggio straordinario.

Quello che a me dona la musica, ad altri lo regala un libro di filosofia classica, o di matematica pura.

È anzi curioso che in questo momento storico, in cui il disagio è fortemente aumentato, a causa della maggiore complessità sociale, la filosofia, da materia ostica, sia divenuta per molti tema di evasione. I nomi di Platone, sant'Agostino, Hegel, quelli di Socrate e di Seneca hanno fatto la loro comparsa su scrivanie affollate di conti e bilanci, per accedere a una visione del mondo più vicina ai desideri che all'accumulo. Ci si rinfranca con il *De tranquillitate animi* di Seneca, ci si consola con *Le Confessioni* di sant'Agostino, ci si lega ad autori del passato, come fossero amici da cui ci si sente compresi.

Ci stiamo così avvicinando a un'altra importante fonte di agio, a una dimensione che da sempre aiuta l'uomo a esistere: il sacro.

La definizione più suggestiva l'ha offerta Rudolf Otto, che nel saggio *Il sacro*, pubblicato nel 1917, lo descrive come una categoria della mente umana rivolta a percepire il *numinosum*, cioè quanto ci affascina e ci spaventa insieme.

Il sacro mette dunque in contatto con le questioni ontologiche: la morte, la vita intesa come nascita, dunque il passaggio dal nulla all'essere, ma anche il senso dell'uomo all'interno del mondo. Temi che riportano tutti alla divinità, a Dio.

Insomma, il sacro pone le questioni, a cui poi le religioni cercano di trovare una risposta.

È facile immaginare che il mondo del sacro si contrapponga a quello abituale, del concreto. Così spetta da sempre alle religioni il compito di descrivere all'uomo dimensioni altre, rette da principi di amore, di giustizia e bontà che esulano dalla lotta per l'esistenza temporale. Ogni visione religiosa parla di divinità e di una vita dopo l'esistenza, delineando un campo in cui le gratificazioni sono molto più facili da ottenere, perché l'interlocutore è un dio che è bontà e generosità.

Anche se si occupano di mistero – e al mistero si associa la paura – le religioni stimolano la gratificazione, poiché descrivono una relazione di comprensione. Dio diventa una sorta di padre desiderato, un grande Padre, assai diverso da quello in carne e ossa, con la *p* minuscola, verso cui si avverte distanza, conflitto.

La religione può diventare un'alternativa al mondo concreto e al suo disagio, una prospettiva capace di trasformare l'incomprensione in comprensione, la fatica in gioia e il futuro persino in eternità, un'eternità che si colora di cielo.

Il tempo dell'agio è una necessità e ognuno di noi deve cercare di costruirsi il proprio tempo dell'agio. Così smettiamo di prendere dal mondo del concreto tutte le attenzioni, la comprensione e la gratificazione che non potrà mai darci, perché si fonda su ritmi produttivi piuttosto che su istanze educative, su esigenze di efficienza e non di affettività.

Nel costruire una dimensione alternativa e necessaria, però dobbiamo verificare costantemente che la sensazione di ben d'essere attesa si realizzi davvero. Se questo non accade, o smette di accadere, dobbiamo intervenire per rivedere gli assetti della nostra alternativa e ristabilire l'armonia.

Ciascuno è, e sarà sempre, il metro di questa creazione. Non la si può disegnare imitando altri, prendendo a prestito modelli socialmente apprezzati.

È un rischio che si può osservare oggi soprattutto nel mondo dei bambini, dove anche il tempo libero è «amministrato» da genitori onniscienti. Non ci si domanda neppure se al figlio piaccia trascorrere i pomeriggi tra lezioni di scherma, di violino o pianoforte, semplicemente perché la madre sogna di avere un futuro Maurizio Pollini, meraviglioso interprete dei concerti per pianoforte e orchestra di Beethoven.

Così facendo, anche il tempo libero, che dovrebbe essere dedicato all'agio, diventa un tempo di frustrazione. Lo si nota nel comportamento dei più piccoli, soffocati dallo stress.

TERMINOLOGIA SCELTA

Si sarà notato che la scelta è caduta sulle parole *agio* e *disagio*, piuttosto che *piacere* e *dolore*.

Piacere appare oggi un termine abusato nel linguaggio comune, impiegato soprattutto per descrivere sensazioni che appartengono specificamente al corpo. Espressioni come piacere della tavola o piacere del sesso, nel senso di orgasmo fisico, hanno il difetto di far dimenticare che esiste invece anche una dimensione mentale di queste sensazioni.

Sappiamo ora che corpo e mente esprimono, seppure con linguaggi differenti, una medesima realtà. Pertanto, il fatto che si siano identificate nel cervello zone specifiche per l'appagamento sessuale o per quello alimentare, e sostanze capaci di sollecitare queste aree, non cambia la realtà: ideazione e biologia si muovono insieme. Questo viaggio nel disagio ci riconduce dunque alla necessità di un equilibrio.

Il termine *equilibrio* ci seguirà sempre, anche quando parleremo di sintomi. In questi casi lo trasformeremo nella parola *cura*, con il preciso significato di intervento volto a togliere ciò che si è costituito a difesa, dunque un sintomo reiterato o l'insieme dei sintomi che costituiscono la malattia.

Nel farlo dovremo però rammentare che anche il sintomo ha un significato positivo. Se lo eliminiamo, dobbiamo quindi trovargli un sostituto per migliorare la capacità del paziente di adattarsi all'ambiente in cui vive.

Sintomo

Il termine deriva dalla parola greca *symptoma*, che significa «evenienza», «circostanza» e indica espressamente un avvenimento fortuito, una sorta di accadimento accidentale e inatteso, che richiama l'attenzione. Come tutte le novità, anche il sintomo può allarmare, soprattutto poiché ci sfugge il suo senso.

All'interno di questa categoria è possibile operare varie distinzioni.

La prima separa l'accadimento obiettivo, rilevabile anche da un osservatore esterno, e l'evento che è solo soggettivamente esperito. È un sintomo del primo tipo un gonfiore improvviso: che sia il segno di un piccolo trauma o che si trasformi in un edema di grosse dimensioni, è pur sempre evidente anche agli occhi degli altri.

Una seconda distinzione riguarda i sintomi cosiddetti patognomonici e i sintomi generici. Se i sintomi generici possono ricondurre a più ipotesi di malattia, quelli patognomonici sono propri di un quadro clinico specifico e, quando si manifestano, segnalano la presenza di una particolare condizione patologica. Un esempio aiuterà a comprendere meglio. La febbre è certamente un sintomo, poiché è un meccanismo di difesa del nostro organismo. Di per sé, però, non è patognomonica, poiché può accompagnarsi a moltissime situazioni: da semplici influenze virali a malattie infettive, a complesse infezioni delle vie respiratorie o di un tratto addominale.

Una terza distinzione interessante contrappone i sintomi spontanei ai sintomi provocati. Spontaneo è un evento che compare senza che vi sia stata alcuna azione atta a indurlo: un ascesso a un molare, per esempio. Provocato, invece, è il dolore che si esprime solo se la parte viene sollecitata, mossa, premuta: si può fare l'esempio di un'infrazione ossea, che non provoca fastidio in stato di quiete, ma è dolorosa se si posa il piede e si cerca di camminare.

Ancora è utile differenziare il sintomo primario da quello secondario. È primario il sintomo che manifesta direttamente la patologia e riguarda la parte del corpo interessata dal disturbo. Secondario, invece, è il sintomo che subentra a seguito di quel primo segnale. Si forma, quindi, una sorta di catena, di cui il sintomo secondario rappresenta un anello successivo: in un ascesso a un dente, per esempio, l'infezione riguarda il nervo, ma determina anche un gonfiore diffuso alla gengiva, a sua volta doloroso; si dirà allora che l'apparato gengivale risponde secondariamente al disturbo dentale. Senza il disturbo che provoca dolore al dente, non si manifesterebbe nemmeno il gonfiore alla gengiva.

Un'altra differenza si pone tra sintomi somatici o fisici, e i sintomi psichici o mentali, legati al vissuto individuale.

Il problema clinico principale, oltre al riconoscimento dei sintomi, è la loro organizzazione in categorie che consentano di capirne il significato. Le descriverò ora brevemente.

CATEGORIE SINTOMATOLOGICHE

La prima categoria si riferisce alla quantità: il sintomo si esprime in questo caso come una variazione quantitativa.

All'inizio faremo ancora riferimento a dati fisici, di più immediata comprensione, ma nel corso della trattazione prenderemo in esame anche elementi più specifici del comportamento mentale. L'esempio è ancora quello della febbre: al di sopra di un dato valore ritenuto nella norma (fino a 36,5-37 gradi) la temperatura corporea diventa un sintomo la cui gravità è funzione del valore raggiunto.

Un'altra categoria sintomatologica comprende quei fenomeni normali nel nostro organismo, che però si manifestano al di fuori del loro contesto tipico.

È il caso per esempio della lacrimazione. Se una persona prova dolore o commozione, il suo stato d'animo può esternarsi nel pianto; il dolore, infatti, attiva una risposta specifica delle ghiandole lacrimali, con conseguente fuoriuscita di una secrezione, le lacrime appunto. Quando però la lacrimazione compare senza che via sia un dolore, semplicemente al battito delle ciglia, si tratta di un'evenienza anomala, dovuta forse a un'infiammazione delle congiuntive, le membrane che coprono l'occhio. La lacrimazione, che in sé non è un sintomo, lo diventa se si esprime in condizioni atipiche.

Altro sintomo di questa natura è la tosse. Normalmente funziona come difesa positiva e naturale, che scatta per espellere dall'albero respiratorio eventuali elementi estranei, o per impedire che vi entrino. Se però la tosse si fa persistente senza che un evento la scateni, rappresenta un sintomo patologico.

Lo stesso si può dire per la vertigine, la sensazione di perdita di equilibrio che si prova guardando da un'altura giù nella valle. Se però questa sensazione si manifesta mentre si è seduti sul divano di casa propria, dunque in un contesto affatto diverso da quello abituale, la vertigine acquista il significato di sintomo.

La terza categoria cui prestare attenzione comprende gli eventi che non compaiono mai in una condizione di salute. A questo gruppo appartiene la maggior parte dei sintomi di cui ci occuperemo.

È il caso del dolore. Ci sono dolori provocati da traumi e lesioni: una ferita stimola la rete nervosa che copre tutto il corpo e il segnale, dapprima periferico, raggiunge la corteccia sensitiva nel cervello. Ma esistono anche dolori non traumatici che hanno particolare valore come sintomi. Un esempio è l'emicrania, dolore che colpisce metà della testa, l'area di destra o quella di sinistra, quella anteriore o quella posteriore. Si tratta di un segno che va analizzato e di cui si deve comprendere l'origine, il significato.

Altro esempio è il dolore addominale, il cosiddetto mal di pancia, che può manifestare un semplice problema di digestione, ma anche un'infiammazione importante, come un'ulcera duodenale.

Il dolore funziona come un segnale difensivo e ascoltandolo si possono diagnosticare e curare patologie altrimenti difficili da individuare.

I SINTOMI PSICHICI

È ora importante passare all'analisi dei sintomi più propriamente psichici. Partiamo dall'ansia, che non costituisce un sintomo in sé, ma lo può diventare. In sé è un meccanismo di difesa che, di fronte a condizioni ambientali nuove, rende più attiva ogni funzione: aumenta l'attenzione e sollecita la memoria, pronta ad aiutare nella soluzione di un problema nuovo. Dal punto di vista somatico, il cuore accelera il battito, aumenta l'ossigenazione, i sensi sono in allerta. Tutto l'organismo è pronto a scattare, se si manifesta il pericolo.

L'ansia serve ad affrontare la novità ed è pertanto un meccanismo connaturato all'uomo. Non la si può insomma, di per sé, definire sintomo. Tuttavia, se questa risposta difensiva diventa eccessiva e si attiva anche quando le condizioni esterne non lo richiedono, diventa sintomo: da strumento di aiuto si trasforma essa stessa in difficoltà.

Quando questo accade, l'ansia diventa angoscia.

È importante insistere sulla distinzione tra i due termini, che, erroneamente, nel linguaggio comune vengono utilizzati come sinonimi, mentre rispondono a due condizioni profondamente diverse, l'una funzionale all'adattamento, l'altra già di per sé sintomatica.

L'angoscia provoca la sensazione di soffocare, di fronteggiare la morte. E davanti alla morte ogni tentativo di difesa diventa persino ridicolo.

La differenza tra i due fenomeni, ancora una volta, è quantitativa. Se tuttavia l'angoscia si fa persistente, determina una sorta di metamorfosi. La quantità comporta quindi una trasformazione e il fenomeno si manifesta in una forma diversa.

Succede sovente che, dopo una fase di crescita continua, l'angoscia a un certo momento si attenui, sembri persino scomparire. È frequente il caso di pazienti che, dopo aver interpellato uno psichiatra per uno stato di angoscia, gli riferiscano di sentirsi d'un tratto meglio: il sintomo prima è diminuito in modo progressivo, poi è scomparso. Il paziente lo racconta con un senso di sollievo, anche se subito aggiunge che, contemporaneamente, si è manifestata una cefalea improvvisa, un dolore fisico del tutto diverso. Se questo accade, è perché l'angoscia si è trasformata, è divenuta sintomo somatico. Nonostante la sensazione di sollievo apparente, si tratta in realtà di un peggioramento, perché il linguaggio dell'angoscia si è somatizzato e produce danno agli organi. Il dolore allo stomaco o nella zona del duodeno può essere all'origine di un'ulcera ma la somatizzazione può diventare un'ipertensione.

Esistono anche condizioni opposte in cui l'ansia si presenta a livelli molto bassi, tanto da non attivarsi nemmeno di fronte a una situazione di pericolo. Si parla di apatia, di mancanza di *pathos*, cioè di forza e di partecipazione.

L'ansia può quindi passare, attraverso una variazione quantitativa, da una condizione normale a una patologica, sia in eccesso (angoscia) sia in difetto (apatia). Nel primo caso anche l'attenzione risulta eccessiva e non giustificata dalle condizioni esterne: il soggetto è in uno stato di ipervigilanza, perennemente teso e in allerta, come se dovesse sempre accadere un evento straordinario. All'opposto può invece verificarsi un deficit attentivo: l'attenzione manca anche nei momenti in cui sarebbe necessaria.

Un altro meccanismo di grande importanza per l'adattamento, e suscettibile di quelle alterazioni quantitative che ne stravolgono la funzione, è la paura. Di fronte alla paura le strategie di reazione sono abitualmente due: la fuga o l'aggressione. La gazzella vede in lontananza il leone e scappa. Se però il leone è molto vicino, si può osservare che la sua piccola preda gli si scaglia contro, nonostante sia una lotta impossibile. È un ultimo tentativo di salvarsi la vita, il gesto estremo di chi lotta per la sopravvivenza. Senza quella paura, la gazzella rimarrebbe immobile.

Come l'ansia, però, anche la paura smette i suoi «abiti» di difesa e si trasforma in patologia, in sintomo. Accade quando diventa panico: la paura è così grande che paralizza. Ma anche l'assenza di paura è un sintomo: l'indifferenza di fronte al pericolo è il sovvertimento di un naturale meccanismo di difesa, che per qualche ragione si è inceppato.

È interessante a questo punto introdurre un altro fenomeno assolutamente naturale che può trasformarsi in sintomo: la percezione.

Se la sensazione attiene, come dice il termine, ai cinque sensi, la percezione invece riguarda l'io, e per questo si parla di percezione dell'io. Non deriva dalla stimolazione di qualche fibra nervosa, ma sembra appartenere all'intero corpo. Questa funzione sovrasensoriale permette di parlare del proprio io bambino, di quello adulto o vecchio, rilevando una continuità, un'identità, nonostante i cambiamenti che si sono verificati nel corso degli anni.

Guardando un album fotografico, che contenga le nostre immagini a cominciare dalla nascita, per continuare con compleanni e ricorrenze varie, è possibile dire sempre: «Quello sono io». Eppure, se si dovessero misurare le caratteristiche fisiche, la capacità della memoria o il sapere, sarebbe impossibile sostenere che un bambino e un vecchio sono lo stesso soggetto. Ciò dimostra come la percezione dell'io trascenda i cinque sensi.

Un esempio simile può riferirsi anche ai sogni. «Io ho sognato» è espressione che introduce un universo affatto diverso da quello della nostra esperienza concreta. L'io si trova proiettato in situazioni sovente incoerenti ed estranee alle coordinate spazio-temporali abituali. Eppure, quando ne parliamo, siamo certi che il sogno è un'attività del nostro io.

Lo stesso accade con i pensieri. Quando diciamo «io penso», la nostra mente riconosce come parte di sé le considerazioni nuove da cui è colpita.

Questi esempi riportano tutti alla percezione, capace di riconoscere un io unitario in una variabilità impressionante e addirittura paradossale, se teniamo conto che tutte le cellule del nostro organismo hanno un proprio catabolismo, cioè non sono perenni, ma nascono e muoiono continuamente.

Le piastrine del sangue, che pure bloccano le emorragie e hanno una funzione importante nel nostro organismo, vivono in media solo dieci giorni. Allo stesso modo è possibile stabilire la vita dei globuli rossi e così delle cellule della cute, dei capelli, delle unghie. In un tempo nemmeno troppo lungo l'organismo si ricrea e le cellule vengono rigenerate. Anche se ciò accade sotto la regia del codice genetico, che porta alla creazione di cellule identiche a quelle sostituite, nel confronto tra bambino e adulto non c'è nulla di concreto che permanga invariato. Eppure, l'affermazione netta è: «Sono io».

La percezione dell'io è altresì necessaria per distinguere l'altro da me. Senza, verrebbe a mancare una delle qualità fondamentali per vivere: la capacità di creare relazioni.

Se non mi riconoscessi, non potrei relazionarmi con l'altro. Se non mi sentissi diverso da lei, non potrei innamorarmi. Persino Narciso, che nel mito si innamora della propria immagine riflessa in uno specchio d'acqua, è convinto di avere davanti agli occhi un altro.

La percezione dell'io è una funzione primaria e indispensabile per costruire l'identità, un *quid* coerente, in mezzo a tutte le trasformazioni e variazioni possibili. Spesso, infatti, la percezione è definita anche autocoscienza, coscienza di sé.

Esistono delle percezioni dell'io così eccessive e manifeste da trasformarsi in egocentrismo: una condizione che, se esasperata («esisto solo io»), conduce al narcisismo, l'atteggiamento tipico di chi percepisce unicamente il proprio io. Si verifica in questi casi un eccesso di autocoscienza.

Quando questo accade, il soggetto si chiude sempre di più in se stesso. Clinicamente si può rilevare un'attenzione eccessiva per il proprio corpo. Il paziente si convince persino di percepire gli organi interni, il proprio intestino. Oppure ha un'immagine straordinaria di sé, si ritiene un Adone, una Venere in cui ogni dettaglio è sublime.

Può però anche nutrire la convinzione opposta e ritenere il proprio corpo non solo sgradevole, ma anche incapace di funzionare. Sovente estetica e funzionalità sono aspetti coincidenti. Così, a un corpo giudicato mostruoso si attribuiscono anche organi alterati, con dimensioni o caratteristiche che non corrispondono all'idea che ci si è fatta di corpo sano. Gli arti non si muovono bene, non funziona la digestione, la testa non riesce a gestire il comportamento: la memoria vacilla, l'attenzione è faticosa e la concentrazione assente.

Siamo così passati alla descrizione dell'ipocondria, la percezione anomala della propria salute: si ritiene malato il corpo, mentre tutti i possibili esami clinici escludono la presenza di patologie. Qui, ancora una volta, una funzione mentale si proietta sul soma.

Valutazioni per eccesso o per difetto possono riguardare anche le capacità mentali. Chi le sopravvaluta può arrivare a ritenersi geniale, dotato di una memoria straordinaria, un'intelligenza irraggiungibile, un'intuizione profetica. Chi li sottovaluta invece ritiene contro ogni evidenza di non valere nulla, e ha quello che si chiama un io debole.

In questa scala, si può persino arrivare all'incoscienza, intesa come assenza di identità. L'io scivola verso una condizione di non esistenza, di mancata relazione sia con se stesso sia con gli altri. Ci si perde nel sonno come forma di deprivazione dell'esistenza.

Un'altra caratteristica importante dei sintomi, eventi straordinari rispetto a una vita ordinaria, è la loro durata. Possono, infatti, durare o mantenersi a lungo.

Pensiamo a uno spavento: la persona che lo subisce avverte un'accelerazione del battito cardiaco ed è terrorizzata. Però tutto cessa rapidamente, a poca distanza dalla scomparsa dello stimolo. È solo una risposta eccessiva a uno stimolo, che però rientra subito nell'ordinario, mentre altri sintomi permangono a lungo, anche quando lo stimolo cessa.

Si parla allora di stimoli *sine materia*, che persistono anche senza una causa che li giustifichi. Potrebbero dipendere da quel nostro mondo interiore, un poco enigmatico, che Freud ha chiamato inconscio.

Una funzione mentale che negli ultimi decenni ha perduto di significato è la volontà. In passato si distinguevano i soggetti dotati di una volontà forte, gli ipervolitivi, persone determinate che non mollavano un percorso finché l'obiettivo non era raggiunto, mentre chi cambiava sovente decisione o si impegnava poco era definito «soggetto con volontà debole». Questa caratteristica psicologica aveva un ruolo di particolare significato nell'ambito educativo, dove le espressioni «rinforzare la volontà» o «allenarla» erano usate frequentemente da insegnanti e genitori.

Credo che le teorie psicologiche debbano ridare importanza alla volontà, anche se questa caratteristica non dipende esclusivamente dal soggetto. Se la volontà non esistesse, infatti, anche la libertà risulterebbe inutile. Viene subito alla mente il caso della tossicodipendenza. La persona che consuma eroina o cocaina può anche dire di voler smettere, ma spesso lo fa mentre assume droga, magari con la giustificazione che sarà l'ultima volta.

La volontà va considerata come una caratteristica della personalità, uno di quegli elementi che possono creare problemi se presenti in eccesso o in difetto: nel primo caso porta a una rigidità estrema nel perseguire gli obiettivi, nel secondo a una passività che si fa sintomo.

Il problema della volontà si inserisce, di riflesso, nella teoria di Freud sulla lotta tra le pulsioni, l'Es, e gli imperativi del Super-io. È in questo ambito che la volontà ha ancora un significato importante, anche se privo di quelle caratteristiche delineate dalle psicologie del passato, in cui tutto si riteneva legato al capire e al volere, dimenticando che esiste un inconscio capace di condizionarci notevolmente.

Nessuno crede oggi che si possa ridurre il comportamento a queste due dimensioni, poiché esistono forze dentro di noi che non conosciamo e che non riusciamo nemmeno a controllare con la volontà. Si parla insomma di volontà parziale, molto diversa dalla «volontà di ferro» che era in auge quando le conoscenze della psicologia non avevano ancora incontrato le forze oscure dell'inconscio.

Questo concetto è particolarmente interessante in una società che appare sempre più pulsionale, e quindi caratterizzata da comportamenti primari, persino primitivi. Spetta infatti alla volontà, così come è stata delineata, un compito straordinario: controllare le pulsioni, calibrarle, frenarle.

IL RUOLO DEL VISSUTO NEL SINTOMO PSICHICO

Se, come abbiamo visto, il sintomo nasce dalla valutazione quantitativa di un comportamento rispetto alla media, è altrettanto vero che la percezione del mondo e del proprio mondo interno variano moltissimo. E allora il disagio psichico, i sintomi mentali sembrano legarsi in maniera precipua alle dimensioni dell'individuo. Come a dire che il singolo diventa la misura di tutte le cose.

L'anoressia è esemplare. Una ragazza di diciassette-diciotto anni, alta un metro e settanta, non arriva a trentasei chili e si sente grassa. La disparità tra dato oggettivo e vissuto appare in maniera estrema, davanti a braccia e gambe ridotte a esili tubi, rivestiti di una cute talmente svuotata da cadere. Eppure, l'anoressica rifiuta caparbiamente il cibo, perché si percepisce «troppo grassa». Parla di sé esattamente con questo linguaggio e si oppone con tutta la forza che le resta perché nemmeno una briciola di cibo entri dentro di lei.

La percezione che la ragazza ha del proprio corpo è l'antitesi di quanto vedono la madre e il terapeuta. Non c'è verso di farle cambiare opinione, di portarla a «ragionare», a fare valutazioni che riguardano i numeri, dati non opinabili. Nel vissuto di quella sintomatologia, anche la bilancia diventa opinabile.

Ancora più evidente è il ruolo del vissuto nelle valutazioni estetiche relative al proprio corpo. Accade così di incontrare degli adolescenti, ma anche degli adulti, che sono considerati belli e certamente non sfigurano nella comunità, e che però si nascondono, si negano alla vista. Spesso si mascherano, si truccano, usano strategie d'abito per seppellire parti del proprio corpo che ritengono assolutamente mostruose.

A niente serve appellarsi a criteri obiettivi. Il vissuto ha una forza travolgente.

Talvolta questa lettura del tutto soggettiva serve a negare la specificità del sintomo. Accade quando non si è consapevoli che si sta vivendo un'esperienza negativa e si giunge a casi in cui il sintomo è valutato positivamente, come una qualità eccezionale. L'esempio che si impone è quello del soggetto ipereccitato, convinto della propria *grandeur.*

Alla base dei comportamenti maniacali c'è un pesante errore di valutazione, una difformità di giudizio rispetto al contesto sociale e quindi alla norma, ma anche rispetto alla condizione precedente dello stesso individuo. Eppure, chi sperimenta questa condizione la vive con uno straordinario ben d'essere, con vitalità ed è spesso in grado di farsi rispettare e notare.

Questa incapacità di riconoscere il sintomo, o persino la malattia, complica molto la situazione, poiché il soggetto non domanderà aiuto, non si rivolgerà a un medico. Se lo farà un familiare al posto suo, il paziente non crederà alla diagnosi, né accetterà le cure. Anzi, vedrà ogni terapia come un attacco al suo benessere e alla sua forza.

È il problema della coscienza di malattia, una delle condizioni tipiche di alcuni disturbi mentali, da cui nella storia hanno preso le mosse le strategie di cura coattiva, cioè contro la volontà del malato.

Una condizione estrema, certo. Tuttavia, nell'ambito della sintomatologia mentale, le valutazioni soggettive hanno un peso straordinario sull'efficacia dell'intervento curativo. L'interpretazione sia di chi ne è affetto, sia di coloro che condividono con lui l'esistenza, può giungere a conclusioni e a scelte diverse, a consigli completamente differenti e questo rende il campo ancora più difficile.

Ecco perché è importante che ciascuno acquisti una conoscenza quanto più possibile specifica della mente umana: certo non una competenza medica, ma una sensibilità acuta e consapevole.

LEGGERE IL SINTOMO

Abbiamo mostrato l'importanza del sintomo, manifestazione esasperata di un meccanismo che risente dell'esperienza e quindi dell'essere nel mondo o, come dicono i filosofi, il *Dasein.*

Abbiamo inoltre imparato che occorre riportare quella sfasatura entro livelli considerati normali, per impedire che si insinui come automatismo, legandosi ad altri sintomi, fino ad arrivare alla malattia. Insomma, è emerso un principio importantissimo: il sintomo è ancora una situazione reversibile, purché lo si riconosca e si chieda l'aiuto necessario a comprendere quale problema manifesti. Con il sintomo siamo solo in presenza di un'alterazione quantitativa, di una perdita di equilibrio. Non è ancora avvenuta una vera trasformazione, una metamorfosi. Non si è rotto nulla. Questo è quanto avviene nella malattia mentale.

Sarebbe impossibile parlare di tutti i sintomi mentali. Finiremmo per fare un racconto di tanti frammenti, che a loro volta si parcellizzano nello specchio di ciascuna individualità. Un mondo di infiniti altri mondi dunque, come nella storia di Alice, un viaggio, o un sogno, dentro l'immaginario.

Anche dentro la ragione però, in quel territorio chiamato cognitività, è possibile compiere un viaggio straordinario. Esistono pensieri che ci convincono, altri che invece ci sembrano assurdi. Ci sono sentenze che affascinano e altre che spaventano, conclusioni che ci sentiamo di accettare e altre che rifiutiamo nettamente. Pensieri adeguati e pensieri completamente inadeguati. Pensieri normali e pensieri deliranti. Ed è sempre la ragione a produrli.

Da un interrogativo sul pensiero, precisamente sulla quantità di energia impiegata per formulare un ragionamento delirante, sono nate le neuroscienze.

A porsi questa domanda fu Seymour Kety, che lavorava a Harvard e che fu uno dei miei maestri. Kety volle stabilire se la quantità di energia che occorre per formare un pensiero logico, razionale – possiamo dire normale – è identica a quella consumata da un malato per un pensiero delirante.

Come rilevare una simile misura? In un percorso di scoperta affascinante, si giunse alla conclusione che la quantità di glucosio consumata nel formulare un delirio o un pensiero razionale è la medesima. Non ci si deve in fondo stupire: sono entrambi pensieri che appartengono all'uomo, alla sua mente.

Come forse si è già compreso, amo particolarmente inserire la patologia dentro l'antropologia. Anche la follia diventa così un'espressione della mente, anomala certo, estrema, ma pur sempre legata all'esistere.

È utile allora, per concludere questo capitolo sul sintomo, indicare schematicamente i campi principali in cui si possono dividere le attività e le funzioni della mente; una distinzione che si riflette sulla classificazione dei sintomi e delle malattie.

Le funzioni elementari della mente sono l'attenzione, la vigilanza e l'autocoscienza (o percezione dell'io).

Le funzioni superiori o complesse sono invece l'immaginazione, la creatività, le memorie, la razionalità (al cui interno si pone anche il linguaggio).

Ci sono poi le funzioni affettive e quelle relazionali, che sono alla base dell'incontro tra l'io e il mondo.

All'interno di questa classificazione, procederemo ora ad affrontare il tema dei disturbi o malattie della mente.

Disturbo (malattia)

Prima di entrare nella parte principale di questo volume, occorre riprendere una precisazione terminologica cui si è già fatto cenno nell'introduzione.

Oggi non si parla più di *malattia*, parola la cui etimologia racchiude la medesima radice di *male*. La suggestione che ne emerge riporta a una concezione sorpassata, a una lettura in termini di possessione e di demoniaco. Un pensiero che si giustifica soltanto nella storia dell'antropologia, in quel percorso dell'ominazione che ha visto sovente il compenetrarsi di discipline mediche e religiose, di attività scientifiche e magiche.

Preferiremo dunque il termine *disturbo*, secondo una tendenza accolta anche dal DSM, testo cui faremo riferimento sovente.

Deve però essere chiaro sin d'ora che di questo termine accogliamo il significato specifico. Sarebbe un errore usarlo in senso generico. «Ho un disturbo alla testa», «ho un disturbo all'addome» sono espressioni prive di qualunque pregnanza clinico-scientifica.

Disturbo è qui sinonimo di *patologia*, dove l'accento è posto sul significato di *pathos*, dunque sofferenza, dolore. Perché così si presenta il disturbo mentale: una maschera del dolore.

Credo sia utile rimarcare questo aspetto, dimenticato per secoli nella letteratura medica, come se la malattia di mente cancellasse l'identità del malato, trasformato in un quasi-uomo di cui poco conta il dolore. Noi siamo convinti che ci sia un dolore esistenziale enorme dentro il disagio psichico, anche quando si manifesta in un modo che può apparire stolido (penso agli oligofrenici). Al fondo è sempre presente una grande sofferenza da cui si cerca una difesa, cancellandola o mascherandola.

A questa precisazione, aggiungiamo ora altri due chiarimenti.

DISTINZIONE TRA SINTOMO E DISTURBO

Perché si configuri un disturbo, è necessaria la presenza di una serie di sintomi detta *cluster*. Non si tratta di un insieme casuale, ma di una costellazione strutturata secondo precise configurazioni. Possono esserci sintomi differenti, ma uniti a coppie; oppure un sintomo primario che genera sintomi secondari.

Questa è dunque la prima indicazione fondamentale per ravvisare un disturbo. Non basta un sintomo. Ce ne vogliono di più e questi devono essere tra loro collegati. Dal punto di vista clinico, quando il medico ne intravvede uno, pone al paziente una serie di domande anamnestiche, che riguardano cioè la sua storia personale, ma anche il vissuto che ha esperito; oppure dispone esami di laboratorio per rilevare se non esista anche un altro sintomo, che si aspetta correlato a quello già rilevato.

C'è una seconda caratteristica che distingue nettamente il sintomo dal disturbo e riguarda, questa volta, la causa. Di molte patologie non conosciamo ancora la causa oppure pensiamo che la loro origine dipenda da molti fattori; in questo caso si parla di concause.

Non è certamente questa la sede per approfondire un discorso sul significato della malattia, e di conseguenza sul significato dell'esistenza. Una riflessione che ci porterebbe a domandarci come inizia la vita e dove conduce quando termina. Al tema della morte, dunque. Le domande si moltiplicherebbero: la morte è una malattia? Oppure la malattia genera la morte? E la vecchiaia, dunque, è malattia, come sosteneva Terenzio, quando scriveva: «Senectus ipsa est morbus»? Non si tratterà piuttosto di una fase di decadenza naturale, di consunzione legata allo scadere del tempo biologico?

Discussioni che animano persino le aule dei parlamenti, come i pulpiti delle chiese di ogni confessione, perché coinvolgono il senso stesso dell'esistenza umana. Il problema della malattia, infatti, ha riflessi profondi sul piano dell'esistenza e del suo significato.

Voglio raccontare un episodio accadutomi qualche tempo fa, mentre mi trovavo in Mauritania. Ero ospite in una missione dove si trovavano due suore vicentine, infermiere volontarie in diversi villaggi circostanti.

Una mattina mi invitarono ad accompagnarle per una delle loro visite periodiche. Quando giungemmo al villaggio, un uomo venne a chiamarle per condurle in una capanna. All'interno si trovava una donna molto malata, distesa, muta. In Africa non ho mai sentito il lamento del dolore, come se il dolore ammutolisse non solo chi vi assiste, ma anche chi soffre. Una delle suore mi chiese se fossi disponibile, in quanto medico, a visitare la donna. Accettai.

Valutandone le condizioni, rilevai una fibrillazione cardiaca piuttosto grave. Lo riferii alle sorelle aggiungendo:

«Non c'è niente da fare, questa paziente sta per morire e non ci sono né strumenti, né ospedali per poter intervenire».

Una di loro tradusse le mie parole nel dialetto locale all'uomo che aspettava fuori della capanna. In quell'istante egli mutò il proprio atteggiamento, una trasformazione così evidente che gliela si leggeva sul volto.

La sorella mi domandò di nuovo, su richiesta dell'uomo, se fossi sicuro di quanto avevo affermato. Confermai una seconda volta: la donna versava in una condizione premortale, agonica.

A quel punto l'uomo ci chiese di andarcene. Se come avevo detto, la parente stava per morire, non servivano né medici né infermiere. Si dovevano invece iniziare cerimonie di un significato del tutto diverso, riti religiosi a cui avrebbe partecipato tutto il villaggio.

Ho voluto riportare quest'episodio, perché rivela la dimensione antropologica della malattia. Aspetto che qui non tratteremo, poiché ci proponiamo uno scopo di estrema utilità pratica. Ma è una cornice di significato che non va dimenticata.

STRUTTURA DESCRITTIVA

Così è organizzato questo trattato: dentro a ciascun capitolo, che si riferisce a una specifica categoria di disturbi psichici, si troveranno tanti *file* quanti sono i disturbi appartenenti a quella «famiglia» che si è scelto di descrivere.

Per ciascuno di questi disturbi sono tre gli aspetti trattati, cui corrispondono altrettante sezioni.

La prima contiene una succinta descrizione dei segnali iniziali con cui il disturbo si manifesta a chi osserva (può essere un familiare, un amico o il medico). Questa sezione è di particolare utilità, poiché si propone di contrastare la tendenza alla minimizzazione che accompagna sovente la nascita dei disturbi mentali. Cercheremo di operare una descrizione puntuale degli inizi di queste patologie.

La seconda sezione conterrà l'elenco dei sintomi che si manifestano, riportati dal più importante a quelli secondari.

Tenteremo, insomma, di ricostruire lo stesso percorso che compete al medico in fase di diagnosi e sovente ci riferiremo al DSM-IV. Naturalmente non ne ripeteremo l'intera descrizione, che in quel manuale è pensata per il personale medico e sanitario. La patologia verrà «fotografata» nella sua fase florida, quindi già in uno stato di sviluppo maturo.

In molti casi comparirà anche una terza sezione in cui presenteremo la storia di un malato per illustrare il disturbo nel suo dispiegarsi. In questi casi potremo aggiungere un richiamo ai personaggi famosi che ne hanno sofferto; non per fare sfoggio di sapere, ma per dimostrare che nessun disturbo mentale deve essere vissuto come una vergogna, uno stigma. Al contrario, anche il più grande dei malati è un uomo. Un uomo che può fare cose straordinarie.

Il disturbo dunque non toglie al malato la sua dimensione umana, semmai la cambia. Nessuno di noi tuttavia può ritenersi il modello aureo di uomo. Un modello che non esiste. Mentre esiste il sacrosanto diritto di cercare sempre l'uomo dentro l'uomo, anche quando soffre, è angosciato, pieno di paura.

Parte seconda

1

Disturbi del corpo di origine prevalentemente mentale

La prima categoria di cui ci occupiamo, dunque la prima cartella (per richiamare il linguaggio tecnico del computer, cui abbiamo fatto riferimento come modello sistematico), comprende i disturbi del corpo di origine prevalentemente mentale.

L'uso di questo avverbio – *prevalentemente* – è doveroso. L'unità corpo-mente, dimostrata nelle pagine precedenti, rende infatti difficile trovare un disturbo che non coinvolga entrambi questi linguaggi, quello più propriamente corporeo e quello psichico. Tuttavia, come si vedrà, esistono anche disturbi cosiddetti *sine materia*. In questi casi, per quanto il paziente riferisca specifici sintomi corporei, a un esame clinico dettagliato, il medico rileva l'assenza di qualsiasi patologia fisica.

Procederemo ora ad analizzare i differenti disturbi, i *file* che rientrano in questa categoria, alcuni dei quali si articolano, a loro volta, in forme differenti, riferibili però al medesimo disturbo.

Ipocondria

L'ipocondria è un disturbo che si può manifestare in tutte le età, anche se nelle varie fasi dell'esistenza si presenta in forme diverse. Agli occhi dell'osservatore chi ne soffre modifica il proprio modo di essere, il proprio stile di vita, concentrandosi soltanto sul proprio corpo. Scemano così le attenzioni verso il mondo esterno e le occupazioni per cui prima si nutriva interesse.

A seguito di ciò, si osserva un certo ritiro dalle relazioni, una disattenzione anche affettiva verso le persone prima considerate care. Progressivamente l'umore muta, si fa cupo e sul volto è difficile scorgere un sorriso. Se si rivolge qualche domanda, se si invita la persona a raccontare che cosa le stia capitando, la risposta è sempre la medesima: «Sto male». E specifica dove si trova il male in quel momento.

PRIME MANIFESTAZIONI

Nell'ipocondria il dolore si fa protagonista. Dapprima viene descritto in una certa zona del corpo. Spesso è un dolore alla schiena, o a un braccio, al ginocchio, ma può essere anche mal di pancia o di testa. A questa sensazione l'ipocondriaco dedica un'attenzione esagerata poiché – ecco il pensiero negativo – teme (ne ha persino la certezza!) che il dolore sia il segnale di una patologia molto grave, addirittura mortale. Da qui il tono drammatico con cui racconta la sua condizione.

In seguito l'ipocondriaco decide di rivolgersi a un medico per avere chiarimenti. In attesa della visita, parla continuamente del male e si sofferma con minuzia su ogni dettaglio. Non c'è più bisogno di domandargli come sta perché, mentre travolge l'interlocutore con un fiume di parole, manifesta con gesti visibili il dolore. Se la zona colpita è il ginocchio, zoppica; se è il ventre, tiene le mani schiacciate sulla pancia. Si manifesta, insomma, una certa platealità.

Avviene quindi l'incontro con il medico il quale, dopo gli esami di rito – una radiografia per il ginocchio, un'ecografia nel caso del ventre –, accerta che non c'è nulla di alterato.

Tuttavia, il paziente non è persuaso, insiste. Rivolge al medico la domanda esplicita: «Di che cosa potrebbe trattarsi allora?».

A questo punto entrano naturalmente in gioco anche le «regole» della medicina e le abitudini professionali. L'ortopedico potrà limitare la diagnosi al suo campo di specializzazione, e dunque dirà che non c'è frattura, ma magari aggiungerà che non si occupa di articolazioni. Forse il dolore ha questa fonte diversa.

Così il paziente continuerà a sottoporsi a visite ed esami specialistici, che escluderanno di volta in volta l'esistenza di una qualche patologia. In questo percorso spesso l'ipocondriaco cambia specialista, poco convinto del medico che lo sta seguendo. «Forse ha sbagliato» dice tra sé.

Questa fase di accertamento può dunque durare a lungo. Il paziente, intanto, si fa sempre più attento al suo dolore, affronta con spirito attivo le trafile burocratiche e non si spaventa nemmeno di fronte alle spese da sostenere per ridurre i lunghi tempi di attesa.

Tuttavia, dopo visite su visite, il responso è sempre lo stesso: il ginocchio, il ventre, la schiena non hanno nulla.

All'improvviso il paziente sembra convinto. Per qualche giorno garantisce di sentirsi meglio, dice anzi di star bene. Ma...

C'è un *ma* che irrompe nella storia. Un *ma* che riporta alla preoccupazione, al silenzio iniziale, al ripiegamento. Il dolore è ricominciato, anche se ora ha colpito un'altra parte del corpo. «Forse è il fegato», dice il paziente, lievemente incurvato, per attenuare le fitte che lo attraversano.

«A chi è meglio rivolgersi?» si interroga. Al chirurgo, o invece all'internista? Potrebbero essere calcoli alla cistifellea, o persino peggio.

La trafila riparte: visite, telefonate, esami, liste d'attesa, il denaro che non è mai abbastanza. Al termine, però, l'esito è analogo a quello precedente: nulla di rilevabile, nulla di patologico.

Anche questo secondo dolore scompare, all'improvviso, come il primo. Per riaccendersi, poco tempo dopo, ancora e ancora. Altrove, certo.

Sarà la volta della testa, con un'emicrania spaventosa. E la preoccupazione aumenta, perché la testa è, con il cuore, l'organo principe, il motore della vita.

La sequenza si fa progressivamente drammatica, poiché l'ipocondriaco è convinto di avere un corpo malatissimo, anche se la medicina non trova nulla di patologico. A questo punto, il dubbio sul valore professionale dei medici interpellati si fa sempre più grande, l'ipocondriaco preferisce chiedere ancora pareri e arriva persino a contrarre debiti pesanti per consultare un nuovo luminare, il quale tuttavia negherà, al pari degli altri, qualsiasi patologia e perderà così di colpo la stima del paziente.

L'ipocondriaco arriva al paradosso di desiderare una diagnosi di malattia per porre fine a questo peregrinare e acquisire la dimensione di malato vero.

Il quadro delle malattie immaginarie è stato affrescato magistralmente dalla penna di Molière, che su questo tema ha scritto una commedia dal titolo, appunto, *Il malato immaginario.* Ciò che affascina sulla scena, però, nella vita reale innesca pesanti conseguenze anche per la famiglia.

Se, infatti, all'inizio la famiglia circonda l'ipocondriaco di attenzioni e si attiva sollecita per aiutarlo, nel susseguirsi degli eventi comincia a provare fastidio, non se ne cura più, manifesta intolleranza. Da una parte assiste ai bollettini di «quasi-morte» emessi dal paziente; dall'altra trova i medici e gli esami, che provano la totale assenza di patologia.

Inoltre, con il tempo, l'attenzione dell'ipocondriaco è ormai solo concentrata su di sé. Non fa che parlare del proprio corpo e della parte interessata, che espone per mostrare il suo dolore. Se all'inizio questo agevola la partecipazione delle persone attorno a lui, alla lunga le allontana.

L'ipocondriaco non viene più creduto, dunque: né dai medici, né dai familiari. Rimane così, da solo, a credere a se stesso e si sente sempre più abbandonato. Oltre che sempre più malato.

STRUTTURA CLINICA

1. Il soggetto è convinto di avere una malattia grave, che fatalmente lo porterà alla morte.

2. Localizza la patologia in una zona precisa del corpo, e descrive in modo esatto e minuzioso le sensazioni provate.

3. La certezza di trovarsi in una condizione grave persiste nonostante le rassicurazioni del medico. Anzi quanto più il medico nega la malattia, tanto più il paziente ne avverte la gravità. Di conseguenza, nel suo vissuto l'esperienza è quella di un abbandono, anche da parte dei medici che non lo capiscono.

4. A causa di questo suo star male, non svolge più le attività abituali, e quindi manifesta forti limiti, tanto dal punto di vista relazionale, quanto dal punto di vista sociale.

5. Perché si possa parlare di ipocondria questo comportamento non deve essere transitorio. Non basta che perduri qualche giorno, ma deve mostrarsi come caratteristica preminente e persistente per mesi, e può persino prolungarsi per tutta la vita.

STORIA

La storia riguarda il signor I (utilizzo, ovviamente, iniziali del tutto slegate da ogni riferimento a persone reali; I significa «ipocondriaco», dunque il signor I è il signor Ipocondriaco; si procederà in questo modo anche per tutte le storie successive, indicando con l'iniziale del disturbo la persona).

Una mattina, mentre sta guidando, egli si trova coinvolto in un piccolo incidente automobilistico. Sbatte contro un altro veicolo e riporta il cosiddetto colpo di frusta. Avverte subito un dolore acuto al collo, ma ciò che sperimenta soprattutto è una grande paura.

Scendendo dalla macchina, non si preoccupa di ciò che è successo, non cerca di difendersi, non si interessa delle pratiche assicurative e non compila nessuna constatazione amichevole.

Rimane in piedi tenendosi una mano al collo, con atteggiamento di assenza, come se tutto quanto avviene intorno a lui non avesse nessuna importanza.

Da questo momento, il primo segno che si manifesta è la paura. Una paura concentrata tutta sul collo, che il signor I mantiene rigido e rifiuta di muovere. Si fa condurre al pronto soccorso per una radiografia, che esclude qualsiasi danno. Pretende comunque di indossare il collare, anche se i sanitari non lo ritengono necessario.

Torna a casa con una diagnosi che nega qualsiasi lesione, ma non si sente rassicurato. Anzi, con il passare del tempo, il signor I mostra di non essere per nulla certo di quanto gli è stato detto. Avverte un dolore forte, continuo, che lo spinge a consultare un ortopedico, poi un altro, poi un altro ancora.

La diagnosi non cambia. «Non c'è nulla di anomalo.»

Gli stessi medici non mancano di rimarcare in questo suo atteggiamento un'insistenza eccessiva. A loro parere, l'entità dell'incidente, ma soprattutto le evidenze cliniche negative emerse anche attraverso gli esami strumentali, non giustificano in alcun modo le sensazioni descritte dal paziente.

A un certo punto, il dolore al collo passa, ma il signor I riporta dolori acuti alla testa.

Inizia dunque una trafila che lo porta dal neurologo. Quest'ultimo però fatica a formulare una diagnosi. Le cefalee possono essere di molti tipi, ma il caso del signor I sfugge a ogni classificazione. Semmai si tratta di un mal di testa piuttosto generico.

Alle domande dello specialista, che ne indaga la natura, elencando differenti situazioni e sintomi, il signor I finisce per rispondere che li avverte tutti. Viene sottoposto a molti esami: elettroencefalogramma, Tac, risonanza magnetica. Il risultato è sempre negativo.

Occorre precisare che oggi la paura che i medici hanno di poter essere accusati per un'inadeguata azione clinica li spinge ad abbondare in esami. Il signor I si ritrova dunque con un dossier su collo e testa, che diventa sempre più voluminoso.

Al dolore alla testa, che tuttavia non smette, si aggiunge d'un tratto un particolare aumento del ritmo cardiaco.

Il signor I lo analizza, lo «studia» e rileva uno strano collegamento: quanto più intensa è la cefalea, tanto più si acuisce la tachicardia. La paura ora si fa insostenibile. Il dolore dalla testa sembra essere dilagato verso il cuore, organo della vita.

Comincia così un altro capitolo della sua storia. Il signor I consulta un cardiologo, che non trova nulla, poi un altro, che conferma quanto detto dal primo. Intanto si sottopone a una serie di esami e prove sotto sforzo. E mentre attraversa questo nuovo percorso, ogni sintomo si intensifica.

Insomma, progredendo, la storia si fa sempre più grave, poiché porta a un accumulo progressivo di tutti i capitoli della patologia.

Nel frattempo la vita gli pesa enormemente e quotidianamente si trova davanti a prove di morte. Invoca senza sosta l'aiuto dei familiari, i quali però manifestano ormai distacco e insofferenza.

Il signor I sperimenta il senso di abbandono. Nessuno più lo accompagna alle visite specialistiche, lo stesso medico di medicina generale, cui spetta la prescrizione degli esami, glieli nega. Il paziente s'infiamma, minaccia di denunciarlo, perché non gli permette di essere curato adeguatamente.

Così la vita di quest'uomo scivola inesorabilmente verso una strana prigione, la prigione del proprio corpo, mentre sempre di più si allontana dalla realtà. A questo punto, viene indirizzato da uno psichiatra, forse l'unico medico che ritiene di non dover visitare, ma la richiesta della famiglia è perentoria. Accetta.

Durante il colloquio, lo psichiatra comincia a spiegargli che si può soffrire agli organi pur non avendo nulla, perché l'ansia si somatizza, perché esistono canali che legano la mente al corpo.

Il signor I è perplesso, continua ad avvertire il bisogno di una cura fisica per zittire il dolore. Però frequenta lo studio di quello psichiatra, con cui comincia una storia diversa, di analisi psicologica. Dopo diverse sedute, il signor I risulta per ciò che è: un malato psichico. Non guarito, certamente, ma adesso consapevole di ciò che lo ammala.

Lo psichiatra riesce a spostare l'attenzione per i disagi del corpo ai problemi della mente, poiché è lì il motore della malattia, dell'ipocondria.

Reazione di conversione (isteria)

L'isteria è una malattia che occupa un grande spazio nella storia della psichiatria. È stata considerata a lungo la forma tipica di nevrosi, categoria patologica che nella seconda metà dell'Ottocento dominva l'attenzione degli psichiatri insieme alla psicosi (la cui forma più rappresentativa era la schizofrenia).

Dall'isteria è cominciata l'analisi clinica di Sigmund Freud. Nel 1895, insieme a Joseph Breuer, Freud pubblica *Studi sull'isteria*, in cui elabora un nuovo metodo di trattamento della patologia, che condurrà dall'ipnosi alla tecnica psicoanalitica. L'isteria compare come grande tema anche nella pittura e nelle descrizioni letterarie dell'epoca.

Occorre sottolineare che l'attenzione per l'isteria ha risentito particolarmente dei periodi storici. La diagnosi era molto più frequente a cavallo tra Ottocento e Novecento. Oggi invece il termine *isteria* – che deriva dal greco *ystera* («utero») a identificare la presunta origine della malattia – è stato abbandonato e non si ritiene nemmeno quel tipo di disturbo prettamente femminile: oggi sappiamo che il dieci-quindici per cento dei soggetti colpiti sono di sesso maschile. Nel DSM-IV, del resto, non si trova più traccia neanche dei termini *nevrosi* e *psicosi*; una distinzione che invece era fondamentale per Freud, che riteneva adeguata la tecnica psicoanalitica solo alle nevrosi, escludendone l'applicazione nei casi di psicosi.

Il termine *isteria* è stato oggi sostituito da due diverse espressioni. La prima, di cui ci occupiamo in questa sezione, è *reazione di conversione.* L'altra, che verrà affrontata più avanti, è *reazione dissociativa.*

L'espressione *reazione di conversione* sottolinea in maniera straordinaria l'influenza della mente sul corpo. Significa, infatti, che una patologia mentale viene tradotta in un disturbo di tipo somatico.

La manifestazione estrema di questa trasformazione è la cosiddetta paralisi isterica, con l'impossibilità totale di usare gli arti, senza che esista nessun problema di innervazione motoria né articolare. L'origine del disturbo è mentale. Lo dimostra il fatto che la paralisi totale è transitoria o fasica; in alcuni periodi scompare e in altri torna a manifestarsi.

Proprio questa reversibilità ha indotto, in passato, a parlare di «miracoli». Tipico il caso di persone bloccate sulla carrozzella che, in circostanze di grande riflesso emotivo o affettivo, d'un tratto si alzano e camminano.

PRIME MANIFESTAZIONI

Le prime manifestazioni riguardano esclusivamente la vita mentale. Qualche volta compaiono durante l'età adolescenziale, ma spesso si evidenziano nelle giovani adulte (o nei giovani adulti), che colpiscono per la loro stranezza, poiché la loro personalità appare in dissintonia con tutto ciò che accade attorno.

Così, per esempio, di fronte a un lutto, che attiva abitualmente un senso di dolore e di angoscia, l'isterica risponde addirittura con emozioni o sentimenti di gioia, di serenità, quella che i vecchi clinici chiamavano la *belle indifférence*, come se non fosse avvenuto nulla o l'evento rivestisse un significato opposto a quello reale.

Dunque, elemento fondamentale è questa asimmetria affettiva, che si rileva non tanto nelle espressioni verbali, quanto nella mimica. Una mimica statica, di pietra, di sfinge, che non lascia spazio all'interpretazione.

Da questo atteggiamento che colpisce potentemente, si giunge all'assunzione di un vero e proprio stile di vita che si contrappone alla normalità ma che, al contempo, si fa notare in maniera eclatante.

Il comportamento dell'isterico è improntato all'eccesso: un modo per richiamare l'attenzione su di sé. E, infatti, tutto il mondo familiare, tutti i conoscenti, finiscono per ruotare attorno all'isterico o all'isterica, come fosse una calamita che muove la limatura di ferro. Ordina, mette in riga, tira le fila del grande palcoscenico che domina. E se il «pubblico» manca, quando nessuno guarda, subentrano spesso (anche se non sempre nelle manifestazioni iniziali) le crisi isteriche, vere e proprie convulsioni, con cadute a terra e divincolamenti.

STRUTTURA CLINICA

1. La *belle indifférence.* L'espressione sottolinea l'assenza di significato attribuita dal paziente a ciò che non lo riguarda specificamente. Dopo le prime manifestazioni l'atteggiamento diventa persistente, in completa antitesi con i comportamenti ritenuti normali.

2. Resistenza al dolore fisico. Questo elemento esprime una sorta di eroismo del paziente. Un eroismo plateale, che può persino indurre anestesie, come se certe parti del corpo, se non il corpo intero, fossero sottoposte a narcosi. Se anche vengono pizzicate, punte o tagliate, il paziente non avverte nulla. Il corpo sembra fatto di legno.

3. Crisi di conversione acuta. Se ne possono rilevare diverse espressioni: la paralisi, di cui si è detto, ma soprattutto un'insensibilità sessuale, fino ad arrivare alla frigidità. Nell'area genitale si verificano varie disfunzioni: il blocco mestruale, l'impossibilità di consumare il rapporto sessuale, a cui fa da contralto, dal punto di vista affettivo, una grande richiesta di coccole. Ciò testimonia un desiderio di regressione alla condizione infantile.

4. Alterazioni del regime alimentare. Diventano anomale sia la scelta dei cibi sia le quantità consumate, molto limitate oppure eccessive. Sovente quindi si manifestano sintomi anoressici.

5. Straordinaria capacità di autosuggestione. Si può giungere alla cosiddetta gravidanza isterica: la paziente si convince di essere incinta senza che sia avvenuto il concepimento. In alcuni casi l'addome si dilata al punto che, a prima vista, la gravidanza sembra veramente in atto.

6. Crisi isterica. Appare all'improvviso e si manifesta con una perdita di consapevolezza, con contrazioni muscolari toniche e cloniche, cioè con irrigidimenti e tremori. La paziente cade per terra, generalmente si inarca, non risponde più alle sollecitazioni. In passato questi fenomeni venivano

associati alle crisi epilettiche. Così fece, per esempio, Jean-Martin Charcot, che studiò a lungo l'isteria considerandola un disturbo affine all'epilessia. Oggi, grazie alla elettroencefalografia, sappiamo che la causa della patologia è completamente diversa. L'epilessia si riconduce a una lesione cerebrale, mentre nell'isteria, non si rileva alcun danno somatico.

7. Tutti le parti del corpo possono essere interessate dal disturbo. Oltre alla paralisi e alle difficoltà nell'uso degli arti, si rilevano con frequenza blocco della masticazione e rigidità muscolare; il corpo dell'isterica sembra assumere le sembianze di una statua, capace di restare immobile in posizioni innaturali, quasi a sfidare la forza di gravità.

STORIA

La signorina IS è particolarmente intelligente, parla in maniera appropriata, un po' affettata, ricercata. Si distingue nell'ambito della famiglia per una sorta di perfezionismo e una cura straordinaria della propria persona, aspetti che si manifestano nonostante non abbia una cultura o una formazione più elevata rispetto ai parenti.

È molto religiosa o, meglio, dà grande importanza a ciò che non si vede, a ciò che gli altri non percepiscono, e talora i suoi atteggiamenti fanno pensare che sia in rapporto con qualche cosa che agli altri sfugge, un mondo del sacro.

Non riesce a inserirsi in nessun ambiente, in nessun lavoro.

L'attenzione che la signorina IS richiede di continuo assomiglia alla pretesa di un'attrice. Ha bisogno di una grande platea, per un monologo che tutti devono seguire e applaudire. Rimane chiusa in se stessa, non esce di casa, ma all'interno della famiglia avviene la grande rappresentazione del suo teatro. Certamente un teatro strano, dell'assurdo, agli occhi di chi ha una percezione ordinaria della vita.

A un certo punto perviene all'attenzione dei medici per un blocco mandibolare, che le impedisce di aprire la bocca più di un paio di centimetri, consentendole così di alimentarsi solo attraverso una cannuccia.

Viene quindi consultato un odontoiatra, il quale, dopo aver effettuato ogni possibile esame, nega che vi siano disturbi all'articolazione della mandibola o problemi ai denti. Prova a forzare comunque l'apertura per vedere se si riesce a indurre qualche leggero miglioramento, affinché la paziente possa almeno parlare con minor difficoltà. Tuttavia, non ottiene risultati.

Contemporaneamente la signorina IS incontra uno psichiatra. Dapprima neppure da questi incontri riceve beneficio, fino a un giorno in cui, all'improvviso, accade una specie di miracolo. Quel giorno va alla seduta dallo psichiatra con il movimento della bocca perfettamente normale. Non leggermente migliorato, ma assolutamente perfetto, tanto da far ritenere incredibile che potesse avere una mandibola bloccata fino a pochi istanti prima.

È quella l'occasione per procedere a un più accurato esame dell'apparato orale, al termine del quale l'odontoiatra conferma l'assenza di qualsiasi patologia organica. Dunque il problema della paziente risulta appartenere solo all'ambito psichiatrico.

Proprio nel momento in cui lo psichiatra riferisce che il professore della clinica di odontoiatria ha ritenuto concluso il suo lavoro, la signorina IS avverte di nuovo il blocco alla mandibola, persino aggravato, tale questa volta da impedirle anche di mangiare con la cannuccia. La paziente viene sottoposta quindi ad alimentazione per via endovenosa.

Si verifica, a questo punto, un episodio molto significativo. La signorina IS riesce a comunicare allo psichiatra la sua totale resistenza al dolore. Per dimostrare questa sua straordinaria «dote», la paziente ha portato con sé un ago da lana (è bravissima a lavorare a maglia) ed esponendo il proprio seno lo infilza con la punta, trapassandosi il capezzolo senza lasciar trasparire alcun segno di dolore, nemmeno nella mimica del volto, pur difficile da controllare.

La storia clinica della signorina IS dura molto a lungo. È anche ricoverata in ospedale per alcuni periodi. In questi casi, con lo psichiatra che l'ha in cura stabilisce una relazione terapeutica particolare.

Ogni mattino, quando il medico arriva in ospedale, la signorina IS lo attende davanti alla porta dello studio per salutarlo. Scambiano un breve dialogo, in cui sempre il clinico domanda alla paziente come sta. Ma un giorno lo psichiatra è piuttosto frettoloso, preoccupato per qualche questione che deve risolvere con estrema sollecitudine. Giunto così dinanzi alla porta dello studio, dove la signorina IS come sempre lo attende, le rivolge appena un cenno di saluto ed entra.

Dopo alcuni minuti viene chiamato d'urgenza. La paziente è in preda a una crisi gravissima. Cadendo ha sbattuto la testa, che sanguina copiosamente. Gli occhi appaiono ribaltati, non dà segno di risposta a nessuno stimolo. Il reparto è in fermento, serpeggia una grave preoccupazione.

Lo psichiatra accorre, rinviando qualunque altro compito, anche quella preoccupazione che, pochi istanti prima, lo aveva reso frettoloso nel saluto.

Dal punto di vista psichiatrico la diagnosi di reazione di conversione è abbastanza semplice, perché è evidente il bisogno della paziente di polarizzare l'attenzione generale e soprattutto quella dello psichiatra, che è anche il direttore della clinica.

Durante il periodo di ricovero, se non si sente tenuta nella giusta considerazione, se avverte di non essere accudita come altri pazienti, la signorina IS richiama l'attenzione trasformandosi d'un tratto nel caso più grave.

Con quel comportamento traduce la carenza di personalità, il bisogno di essere accudita, come se fosse regredita all'infanzia nonostante un'età di trentacinque-quarant'anni. Non si manifestano mai però richieste verbali in tal senso. Le richieste avvengono in silenzio, attraverso il corpo. La patologia della mente è, dunque, «convertita» in sintomi somatici, nel linguaggio dei muscoli, dell'arcata dentaria, delle articolazioni mandibolari. Ma si tratta invece di bisogni psichici.

LE GRANDI ISTERICHE

Si è parlato a lungo di «santa Isteria» per indicare personalità di grandissimo impegno sul piano storico o religioso.

Basti pensare ai nomi di santa Teresa d'Ávila e santa Caterina da Siena.

Leggere la storia di queste sante come isteria non significa affatto negarne il valore, a dimostrazione che la santità non è legata a una concezione di normalità, ma alla vita. Attraverso le loro testimonianze conosciamo episodi di estasi, in cui sembra accadere un autentico distacco dal mondo circostante per vivere una realtà differente. Eppure, in entrambe queste due sante si nota anche una grande razionalità, una speciale intelligenza. Sono state capaci di intrattenere rapporti con principi, re e pontefici, intervenendo con senso storico e realistico, su eventi di grande impatto concreto.

I disturbi sessuali dentro la mente

Il sesso è nella testa. Prima di tutto appartiene alla mente. Quest'affermazione, che può sembrare un paradosso per una cultura da tempo incentrata sull'organo riproduttore, trova particolare conferma nella descrizione di questo capitolo (*file*), che si segmenta a sua volta in varie sottosezioni.

La maggior parte dei disturbi della sessualità vanno riportati dunque a un'origine mentale, anche se non mancano cause somatiche. Basterebbe ricordare che esistono alterazioni ormonali, legate alla produzione di testosterone nell'uomo e di estrogeni nella donna, capaci di influenzare la funzione sessuale.

Del resto al ciclo femminile, ritmato dagli ormoni, corrispondono variazioni considerevoli del desiderio sessuale a distanza di pochi giorni. Ma la sessualità cambia anche nelle differenti età della vita e, a questo proposito, occorre riferire la totale mancanza di senso delle affermazioni secondo cui la vecchiaia (che inizia convenzionalmente al sessantacinquesimo anno di età) rappresenta la morte del sesso. Visto che stiamo parlando di un fenomeno prima di tutto mentale, anche quando manca l'erezione, il comportamento sessuale permane, pur se modificato nelle sue manifestazioni esteriori.

Schematicamente, è utile distinguere la sessualità in due momenti o fasi, l'una conseguente all'altra. Dapprima, esiste una sessualità immaginativa, propria della fantasia; è questo il motore che innesca il desiderio, come progetto di raggiungere il piacere immaginato. La seconda fase è quella che concretizza il progetto, l'atto in sé della consumazione sessuale. Qui il corpo occupa una parte considerevole, attivato da rituali che sono in parte dettati dalla pulsione (e quindi dagli istinti, tra cui quello a generare), ma in parte anche dalla volontà, dalla decisione della coppia che persegue il piacere. La separazione tra piacere e procreazione è divenuta più concreta a partire dal 1960, anno di entrata in commercio della famosa pillola di Pincus, la pillola anticoncezionale che deve il nome al suo inventore, il fisiologo statunitense Gregory Goodwin Pincus.

Così inquadrata, anche sul piano somatico la sessualità non attiene più (solo) all'organo, ma coinvolge l'intero corpo, e si libera dell'imperativo del procreare.

La persona diviene tout court l'oggetto della sessualità. Al contempo, perde di significato una sessualità cosiddetta «naturale», poiché il rito della comunicazione dei corpi è prima di tutto un atto immaginato. Ed è proprio partendo da qui che si possono individuare alcune patologie.

Non pare inutile chiarire, però, che nella distinzione tra un desiderio del tutto particolare e una patologia esiste un confine molto labile, indefinito, tant'è vero che una certa corrente tende a negare la patologia della sessualità, come se in fondo tutto fosse possibile, a patto che la «liturgia» prescelta sia condivisa dalla coppia, o comunque dai soggetti che la praticano.

Vale anche la pena di affermare che la sessualità agita sul proprio corpo, la masturbazione, è da molti considerata parte di un processo di presa di coscienza delle capacità espressive e del piacere del proprio corpo, tappa fondamentale per accedere quindi a una sessualità di coppia consapevole.

Si apre così il tema della sincronia e dello scambio di un piacere che deve riguardare il proprio io, ma anche l'altro.

È in questo contesto che si notano delle difficoltà. Basterebbe citare l'*eiaculatio praecox*, quella condizione in cui il maschio ha una reazione molto rapida, che lo porta a consumare l'orgasmo individualmente, prima ancora che la partner abbia raggiunto l'eccitazione. Specularmente si può ricordare il vaginismo, che comporta dolore durante la penetrazione, o persino all'idea della penetrazione, così da inibire il piacere.

Va avvertito sin d'ora che, per la complessità degli aspetti coinvolti, tanto soggettivi che sociali, la sessualità rappresenta un campo difficilmente riportabile alla sola dimensione clinica. Anche la religione la influenza notevolmente.

Si schierano fazioni contrapposte: l'una che vorrebbe definire come naturale soltanto un certo rito volto alla procreazione, l'altra invece che ammette tutto ciò che viene accettato, condiviso, nella coppia. Emblematico è il caso già ricordato dell'omosessualità, ritenuta dall'Oms una malattia del comportamento fino al 1990 e oggi considerata una caratteristica della personalità. Naturalmente a capovolgere la valutazione non è stata la scomparsa o la modificazione del comportamento, ma una diversa sensibilità sociale.

Descriviamo ora le prime manifestazioni che corrispondono alla fase in cui il disturbo riguarda l'immaginazione.

PRIME MANIFESTAZIONI

Un disturbo sessuale conduce a comportamenti anomali, ma parte dall'immaginazione. La fantasia è dunque il grande teatro delle prime manifestazioni e nell'osservazione di questi sintomi incide ampiamente il punto di vista di chi vive in relazione con la persona che li manifesta.

È l'occasione per sottolineare, a proposito del mondo giovanile, l'importanza che un padre e una madre si mostrino interessati verso i desideri dei figli, poiché è da qui che nasce il comportamento. L'analisi del desiderio è essenziale, così come una terapia dei desideri che si indirizzi a modificarli e incanalarli, evitando comportamenti non accettabili.

Vorrei a questo proposito ritornare al tema dell'omosessualità nell'adolescenza, una fase in cui l'aspetto della scoperta, dell'immaginazione e anche dell'assunzione di un'identità di genere più definita, tende a nascondere la pulsione.

Quanto più c'è comunicazione, tanto più franco e sincero si mostra il rapporto educativo, e meno arduo sarà parlare del desiderio sessuale, nelle sue due fasi, immaginazione-desiderio e azione.

Anche nel rapporto di coppia, il ruolo della sessualità va sottolineato come funzione importante, come parte essenziale. Le relazioni cosiddette affettive senza sessualità rappresentano delle anomalie di per sé, a meno che non siano presenti delle sublimazioni così forti da veicolare quella carica libidica, pulsionale, che appartiene ai bisogni primari dell'esistenza, tra cui l'istinto di generare.

Per questo è insita nella specie umana una forza, un *élan* potente, che non si può sottovalutare o annullare. E ne devono tenere conto istituzioni come la Chiesa quando chiedono l'astensione piena dalle attività sessuali. Si richiede la rinuncia a un tipo di relazione umana per spostare l'amore verso il cielo, verso Dio, verso i santi. Non c'è dubbio che sarebbe impossibile ottenere questa rinuncia se tutto si limitasse a una proibizione, senza che si attivano delle vie di sublimazione capaci di veicolare altrove, con soddisfazione, l'energia sessuale.

Le persone che scelgono questo stile di vita, qualora manchino di «sfoghi» simili (equivalenti), possono cadere in forti anomalie di tipo sessuale, attraverso esercizi perversi e percezioni di colpe che, infine, interferiscono con il significato stesso della loro missione.

A) DISTURBI DEL DESIDERIO SESSUALE

Rientrano in questa tipologia i casi in cui fantasia e desiderio sessuale sono carenti o sovrabbondanti. Questi disturbi si manifestano subito dopo la pubertà, ma l'età adulta è quella che ne viene più attraversata.

Prime manifestazioni

I sintomi si rivelano dapprima al singolo, ma diventano chiari anche per il partner, e possono essere molto diversi a seconda dell'età, dell'appartenenza di genere e delle caratteristiche proprie della personalità.

Non prendiamo in considerazione in questo schema la sessualità infantile che, a partire dagli studi di Freud, è stata situata in un'epoca dello sviluppo ben anteriore alla maturità degli organi riproduttivi. Freud distinse nell'infanzia una sessualità orale e anale e solo più tardi, con la pubertà, una sessualità genitale o d'organo. Tutto questo esula dalla valutazione clinica, che prende in considerazione sempre un comportamento ben preciso e non forme immature, né azioni collegate alla sublimazione della pulsione sessuale.

Quando si evidenziano carenze di desiderio sessuale, occorre cercare subito aiuto, soprattutto aprendosi con persone fidate. Chiusi dentro se stessi, si rischia di sperimentare una condizione – che magari è solo transitoria – come una sorta di anomalia mostruosa, da nascondere.

L'attenzione deve essere vigile soprattutto nei confronti di chi attraversa l'adolescenza, fase che si apre con un evento biologico, la pubertà, ma si evolve come un processo talora più rapido, altre più lento.

L'evento iniziale è rappresentato da una vera e propria metamorfosi di apparati ghiandolari deputati alla produzione di ormoni, come il testosterone o gli estrogeni, cui si ricollega la libido, o carica erotica. Dunque entrano in gioco anche fattori biologici nuovi.

La sessualità non deve essere avvolta da tabù o da misteri, come è accaduto nel passato, ma va affrontata come un elemento naturale, una delle nostre risorse corporee. Va guardata anzi con entusiasmo, poiché si apre un capitolo importante dell'esistenza: il piacere. È non soltanto lecito, bensì auspicabile che attorno al sesso nasca un desiderio, poiché rappresenta una grande spinta a stare con l'altro, a sperimentare il bisogno di legame. La presenza del desiderio sessuale conferma dunque la ricerca di quell'adattamento su cui ci siamo molto soffermati: un desiderio di relazione, che aumenta la gratificazione.

Un osservatorio importante è dunque dato dall'adolescenza, età in cui si instaurano con i coetanei – dell'uno e dell'altro sesso – desideri, liturgie e comportamenti che veicolano la pulsione sessuale, anche se spesso la sublimano e sembrano non avere nulla a che fare con l'interesse erotico.

Il termine *sublimazione* è stato particolarmente sottolineato dalla psicoanalisi, che lo ha inserito tra i meccanismi difensivi, come equivalenti sessuali.[1] Un esempio lo offre l'amore platonico, trasformazione di una pulsione erotica istintuale in un'amicizia quieta, senza perdere la vicinanza con l'oggetto desiderato.

Struttura clinica

1. Riduzione o assenza delle fantasie sessuali e del desiderio, per breve o lunga durata. Si parla di freddezza, come se il sesso non fosse nemmeno una funzione avvertita. Questa sensazione diventa particolarmente significativa dopo che si sono considerati gli indici biologici dell'attività sessuale trovandoli entro i *range* normali.

2. Si può giungere alla vera avversione, al rifiuto dell'attività sessuale.

3. Si verifica talvolta l'esatto contrario, dunque una sovrabbondanza di fantasie e di desiderio, con la costante ricerca di soddisfazioni sessuali. Il desiderio diventa una specie di idea fissa, al punto che il pensiero può essere completamente assorbito dalla voglia di sessualità.

4. Quando la ricerca dell'atto sessuale avviene in età senile, possono insorgere comportamenti maniacali. Questi si accompagnano al senso di frustrazione provocato dall'impossibilità di erezione nell'uomo, o di soddisfazione nella donna.

B) DISTURBI DELL'AZIONE SESSUALE

Rientrano in questa tipologia i casi in cui fantasia e desiderio sessuale sono, per intensità e conformazione, dentro la

[1] La sublimazione è cioè un meccanismo difensivo inconscio, che serve a incanalare le pulsioni sessuali verso fini socialmente accettabili.

norma. Ciò che presenta delle alterazioni è l'attualizzazione del desiderio, dunque il passaggio all'atto sessuale.

Prime manifestazioni

Tutti i disturbi di questo tipo si segnalano da subito per la difficoltà a ottenere nell'atto sessuale quanto immaginato e desiderato. Per esempio, ci si può aspettare un grande piacere nella penetrazione sessuale, ma non si riesce poi a provare godimento durante l'esecuzione.

Nel passaggio dal desiderio all'atto, si distinguono tre fasi in progressione: l'eccitazione sessuale prima e l'orgasmo poi, a cui può aggiungersene una terza fase, la latenza tra l'orgasmo e il ritorno dell'eccitazione.

L'eccitazione sessuale è una sensazione che si accompagna ad alcune espressioni corporee: nell'uomo l'erezione; nella donna la tumescenza dei genitali esterni e la lubrificazione delle vie vaginali.

L'orgasmo è un'acme, un'espressione acuta, il picco di un *crescendo* che determina la conclusione del gioco sessuale.

A questo segue una fase di silenzio dell'eccitazione, in cui è impossibile ripetere il piacere orgasmico.

Il disturbo può riguardare tutte queste fasi, ostacolando l'eccitazione oppure il raggiungimento del piacere; terza possibilità, una latenza così lunga da impedire la continuazione del gioco erotico.

Tipologie cliniche

1. Disturbo dell'eccitazione sessuale maschile o femminile, che comporta l'impossibilità dell'erezione, o della tumefazione delle piccole e grandi labbra vaginali.

2. Disturbo dell'orgasmo, impossibile da raggiungere, oppure ottenuto soltanto dopo un tempo molto lungo. Si può verificare anche il caso opposto, con una facilità estrema nel raggiungere l'orgasmo: è quanto succede con l'eiaculazione precoce, chiamata un tempo anche *eiaculatio ante portas*, perché già avvicinandosi alla vagina, semplicemente toccan-

dola con il pene, esplode l'espressione somatica dell'orgasmo maschile.

3. Un'altra disfunzione si lega al dolore. Può verificarsi durante l'incontro sessuale una forte sensazione di dolore, a volte talmente insopportabile da costringere l'uomo a interrompere l'erezione. Nel caso della donna, il dolore si esprime nel vaginismo, spasmo della muscolatura della parte esterna della vagina; la contrazione e l'irrigidimento dei muscoli impediscono la penetrazione. È evidente che questo tipo di esperienze finiscono per condizionare il desiderio, facendo percepire la relazione sessuale come spiacevole, o come una prova di cui si teme il fallimento.

4. Tra i disturbi dell'azione sessuale vanno inseriti anche i casi in cui l'atto è apparentemente nella norma, ma non si avverte la sensazione di piacere. L'atto sessuale perde allora di significato, come se fosse un'azione che non prevede alcuna gratificazione. Si determina in questo caso una dissociazione tra il processo fisico e la risposta gratificante, l'esperienza del piacere, che non viene raggiunta.

Come si è ampiamente sottolineato, il piacere non riguarda solo gli organi sessuali, ma investe tutto il corpo e soprattutto la mente, e per questo la relazione con il partner è un elemento fondamentale. Sovente si nota che l'incapacità di provare piacere scompare con un partner differente. Questa situazione esprime con grande chiarezza l'importanza della disposizione psichica, cornice irrinunciabile dell'attività sessuale.

5. Sono molte le storie di omosessualità negata, soprattutto nel passato – anche recente – quando il giudizio sociale su questa forma di desiderio e di attività sessuale era molto severo, tanto da produrre una discriminazione, uno stigma. Così ci si forzava verso un'eterosessualità del tutto fallimentare e insoddisfacente. Se la sessualità invece poteva esprimersi nel modo sentito, i disturbi del desiderio o dell'attività sessuale scomparivano. La storia ci ricorda anche che i tentativi di «curare» l'omosessualità non portavano mai al piacere. Qualche volta si poteva ottenere l'erezione, l'eiaculazione *intra crura*, persino la possibilità di procreare, ma non il piacere sessuale.

6. I disturbi da eccesso di attività sessuale (satiriasi nell'uomo, ninfomania nella donna) comportano la ricerca continua, spasmodica dell'atto sessuale, con l'esigenza incessante di far seguire a un orgasmo un altro orgasmo.

7. I tempi di un rapporto sessuale sono variabili e si deve stare attenti a indicare dei tempi patologici o normali: questi cambiano a seconda dell'esperienza e delle abitudini della coppia. E certamente mutano con l'età. Non vi è dubbio che il tempo di un incontro sessuale nelle persone anziane, quando è diminuito il vigore fisico, ma non il desiderio, assume un'estensione che apparirebbe patologica nell'età adulta o addirittura nell'adolescente. Su questo argomento, però, troppo spesso si arriva a semplificazioni, a categorizzazioni che hanno poco significato, poiché si basano su considerazioni statistiche, dimenticando la dimensione mentale della sessualità con le sue variabili individuali. Nel periodo in cui nel nostro Paese erano ammesse le case di tolleranza, poi chiuse nel 1958 con la famosa legge Merlin, le prestazioni erano pagate a seconda della durata. Si poteva domandare una prestazione che durasse solo il tempo dell'orgasmo (tre-quattro minuti), si poteva pagare per una «marchetta» doppia, in modo da ricercare un secondo orgasmo, oppure si poteva chiedere un servizio di un quarto d'ora, mezz'ora, un'ora. Questa regola di mercato mal si attaglia, tuttavia, alla dinamica dell'immaginazione, del desiderio e dell'azione stessa, nel quadro in cui è stata da noi inserita.

Il vero tema è la sincronia di coppia. Il rischio è insomma che il raggiungimento dell'orgasmo e l'inizio della latenza in un partner corrispondano ancora al persistere dell'eccitazione nell'altro partner. In questa sincronia, si giocano i successi o i fallimenti sessuali di una coppia.

C) PARAFILIE

Le parafilie raggruppano una serie di fantasie, impulsi o comportamenti in cui l'eccitazione è provocata da oggetti o pratiche abitualmente estranee alla funzione sessuale.

Prime manifestazioni

Anche per le parafilie i primi segni sono esclusivamente mentali, con fantasie totalmente concentrate sull'oggetto o la pratica per cui si prova attrazione.

Fondamentale è il ruolo dell'educazione sessuale, capace di ascoltare le fantasie e condurre un'analisi dei desideri. Spetta alla scuola, alla famiglia, anche agli ambienti religiosi, rilevare i primi segnali di desideri ancora incompiuti, bloccando sul nascere le parafilie più pericolose per la società. Quando ormai si è passati all'azione, è tardi per intervenire; il comportamento è infatti diventato impellente, la pulsione sessuale ha assunto concretezza e si esprimerà con la determinazione e talora la violenza tipiche delle pulsioni.

Di solito l'individuo è ben inserito nell'ambiente sociale e quindi appare una persona normale, magari affermata e stimata. Certamente il suo modo di raggiungere il piacere gli comporta alcune difficoltà, poiché la società è strutturata in modo da rendere difficili le parafilie, anche quando restano confinate in una stanza, come nel caso del feticismo. Altre pratiche (l'esibizionismo, il voyeurismo e soprattutto la pedofilia) hanno un più forte impatto sociale e i comportamenti che ne derivano sono considerati reati.

Le parafilie si possono ricondurre in primo luogo a una lettura antropologica. Una visione certamente molto terrena, ma più concreta ai fini che qui stiamo perseguendo. Presentiamo di seguito alcune delle parafilie più comuni e rilevanti.

Tipologie cliniche

1. Il primo caso è quello dell'esibizionismo, che il DSM-IV così definisce: «Durante un periodo di almeno sei mesi, fantasie, impulsi sessuali, o comportamenti ricorrenti, e intensamente eccitanti sessualmente, che comportano l'esposizione dei propri genitali a un estraneo che non se lo aspetta». Questa condizione è tale da sconvolgere il tipo di relazione e anche il comportamento e lo stile di vita esistenziale.

2. La seconda parafilia, il feticismo, si esprime attraverso l'uso di oggetti come eccitanti sessuali. Tra gli oggetti tipici, la biancheria intima femminile, o altro che evochi un comportamento femminile ricercato.

3. Un'altra forma di parafilia è il frotteurismo. Il piacere è ottenuto toccando un'altra persona non consenziente, oppure strofinandosi contro il suo corpo; comportamento che in genere avviene in luoghi molto affollati, sugli autobus o nelle metropolitane, per esempio.

4. Un'altra parafilia, oggi all'attenzione dell'opinione pubblica per la sua frequenza, è la pedofilia. In questo caso, l'attrazione sessuale riguarda bambine o bambini prepuberi, che cioè non hanno ancora raggiunto la maturazione sessuale. Anche la pedofilia nasce come attrazione mentale, sotto forma di desideri e fantasie sessuali, per poi trasformarsi in atto, fino a dominare totalmente l'esistenza.

5. Tra le parafilie rientra anche il masochismo sessuale. Il godimento si raggiunge attraverso il maltrattamento subito, un'umiliazione che può spingersi fino ad atti molto violenti, come la fustigazione o la privazione della libertà di movimento. Questa parafilia deve il suo nome a Leopold von Sacher-Masoch, che ne descrisse le pratiche all'interno dei suoi romanzi; secondo i racconti della moglie, lo scrittore la pregava di legarlo e frustarlo fino a farlo sanguinare, istante in cui egli raggiungeva il godimento pieno e assoluto.

6. Si parla invece di sadismo sessuale per indicare il disturbo di chi ottiene piacere usando nei confronti del partner o della partner una violenza, che nei casi estremi arriva fino all'omicidio. Questa parafilia venne così chiamata dallo psichiatra tedesco Richard von Krafft-Ebing, che studiò con attenzione la storia del marchese de Sade, che a queste pratiche si dedicava fino agli epiloghi estremi.

7. Nel travestitismo, l'eccitazione e il godimento sono raggiunti indossando abiti del sesso opposto a quello cui si appartiene biologicamente. Questa trasformazione si distingue dalla transessualità, che implica anche la modificazione delle proprie caratteristiche anatomiche e fisiologiche attra-

verso interventi chirurgici, fino alla trasformazione degli stessi organi genitali.

8. Anche il voyeurismo è una parafilia. Se nell'esibizionismo si prova piacere mostrando i propri organi sessuali, nel voyeurismo lo si ottiene invece spiando una persona mentre è nuda, si spoglia, o sta compiendo attività sessuali, da sola oppure in coppia.

9. La meccanizzazione del sesso. In questi casi si raggiunge l'orgasmo usando strumenti meccanici (per esempio vibratori) che sostituiscono il rapporto con la persona in carne e ossa.

Disturbi alimentari

Quando si rileva qualche anomalia nel processo di nutrizione, si è abitualmente portati a credere che il problema riguardi l'apparato digerente, la cui attività comincia nella cavità orale dove si inseriscono i cibi, prosegue con un'elaborazione complessa da cui l'organismo trae l'energia necessaria, e si conclude con l'eliminazione delle scorie attraverso le feci.

Sarebbe, però, più corretto partire da un po' più su, cioè dal contenuto della cavità cranica: dal cervello.

Al di là del principio generale secondo cui attività mentale e funzioni somatiche sono in comunicazione, in questo caso la mente finisce per avere una funzione ancora più importante e direttiva. In alcuni casi, anzi, le cause del disturbo alimentare vanno interamente ricondotte all'interno della mente, mentre da un punto di vista somatico tutto è perfettamente nella normalità.

Sono principalmente due questi disturbi: l'anoressia e la bulimia. Per sottolineare puntualmente la loro origine, le definiremo «anoressia mentale» e «bulimia mentale».

Apparentemente si tratta di due condizioni opposte, poiché l'anoressia porta al rifiuto del cibo, controllando e persino negando la sensazione di fame, mentre la bulimia si esprime come assunzione incontrollata, automatica di cibo, anche in assenza dello stimolo della fame. In realtà, questi due disturbi compaiono molto di frequente nello stesso individuo, anche se con un andamento fasico: a un periodo anoressico ne segue uno bulimico; dopo un periodo di latenza, che coincide con il ritorno a un'alimentazione regolare, si ripresentano poi le caratteristiche dell'anoressia.

A) ANORESSIA MENTALE

Prime manifestazioni

È un disturbo che inizia abitualmente durante l'adolescenza, sebbene si conoscano anoressie infantili, che si manifestano prima della pubertà, e altre che compaiono in età postadolescenziale. Al di là del momento in cui inizia, è certo che l'anoressia può continuare anche in età adulta e, in alcuni casi, permanere per tutta la vita.

Come per i disturbi sessuali, anche in questo caso bisogna rintracciare fantasie e desideri, senza fermarsi alle sole azioni visibili e agli effetti che queste producono sul corpo.

Non c'è dubbio che l'effetto più evidente è la magrezza, la vera protagonista di questo disturbo. Una magrezza paradossale, perché appare evidente all'osservatore, ma non a chi soffre di anoressia e si giudica in sovrappeso, o addirittura ritiene il proprio corpo di dimensioni gigantesche.

Le prime manifestazioni, tuttavia, non appaiono ancora nel corpo, su cui il disturbo poi lascerà tracce impietose. Nascono invece nella mente, sotto forma di fantasie in cui il soggetto – l'adolescente – si immagina magrissimo, con un corpo filiforme. Una libellula, insomma, rispetto alla quale il proprio corpo pare ingombrante, inaccettabile.

Il disturbo è ancora prevalentemente femminile, anche se oggi una percentuale compresa tra il dieci e il quindici per cento della popolazione anoressica appartiene al genere maschile. Nella femmina si lega a un particolare momento dello sviluppo, e precisamente alla pubertà, fase che inizia con il menarca, o prima mestruazione: un evento spesso vissuto come sgradevole, che segna l'inizio di un periodo difficile da accettare. Ecco allora che uno dei primi segnali, questa volta somatici, con cui il disturbo si manifesta riguarda il ciclo mestruale: l'inizio dell'anoressia coincide con una forte irregolarità del ciclo, che non rientra nella variazione tipica della fase puberale.

Le persone che soffrono di anoressia sono intelligenti e hanno una grande sensibilità, acuita da un'iperattività che contrasta con il disinteresse che sembrano dimostrare per il loro corpo. In realtà, il loro ideale estetico non corrisponde ai modelli dei coetanei. In questo l'anoressica è un'eretica: aspira ad avere un corpo che non rispetta per nulla i canoni dominanti.

Questa indicazione diventa uno strumento molto utile per indagare le fantasie nascoste. Parlare del corpo, scoprire gusti e pensieri segreti dietro i modelli estetici: questa è una strada da perseguire; facendo attenzione anche al confronto che l'adolescente fa tra il proprio corpo e quello materno. Da questa analisi, per esempio, si potrà notare se esistono sentimenti di concorrenza o di proiezione verso il corpo materno, tali da indurre l'adolescente a dimenticare il proprio.

Un altro indizio, strettamente mentale, dell'anoressia è la grande attenzione che l'adolescente riserva al cibo. Chiede informazione su come preparare i vari piatti e spesso li cucina, ma li offre agli altri, senza nemmeno assaggiarli.

È importante sapere che l'anoressia comincia sempre in modo altalenante. Ci sono dei giorni in cui il rifiuto del cibo è mascherato dal giudizio di non gradevolezza, o di difficile digeribilità (pesantezza), mentre in altri giorni l'alimentazione avviene in modo normale.

Progressivamente, però, si impone un modello ideale e persino utopistico: quello della magrezza. La soddisfazione di dimagrire e il controllo frequente della bilancia, con il timore angosciante di vedere un aumento di peso, sono comportamenti costanti.

Generalmente la famiglia considera questi segni come stranezze, comprensibili in un'adolescente che, di solito, per tutto il resto è quasi «perfetta»: molto brava a scuola, capace di presentarsi, estroversa; un comportamento orientato persino all'eccellenza. L'idea insomma è che l'attenzione esagerata per il peso sia un'eccentricità di poco rilievo e destinata a passare da sola.

Del resto la mancanza di alimentazione non si accompagna al sopore e all'ipoattività mentale tipiche delle persone ipoalimentate. Anzi, chi soffre di anoressia è ipereccitabile, iperattivo, pieno di energia.

Vi è un altro aspetto però cui prestare attenzione, perché può costituire manifestazione iniziale del disturbo: nel disturbo anoressico si assiste generalmente a un disinteresse, e persino a una percezione di sgradevolezza, nei confronti della sfera sessuale.

Struttura clinica

1. Il primo sintomo a manifestarsi è il vomito, indotto volontariamente, subito dopo l'introduzione di cibo: all'inizio, in genere, dopo pasti regolari; successivamente, anche dopo l'ingestione di quantità minime di cibo, anche una sola briciola o qualche goccia d'acqua. Questa pratica può reiterarsi fino a venticinque, trenta volte, nell'arco di una giornata. Nelle forme più gravi, può essere indotto anche a stomaco vuoto; in questi casi spesso si ha l'impressione di aver ingerito il cibo involontariamente, per distrazione o in modo quasi misterioso.

2. Oltre al vomito ha valore di sintomo anche un uso esagerato di diuretici e lassativi, strumenti usati per «pulire» un corpo vissuto come impuro, dilagante.

3. Si distinguono abitualmente dei gradi di anoressia. Per convenzione, si rileva la presenza del disturbo già quando una persona ha un peso inferiore all'ottantacinque per cento di quello previsto per la sua età e la sua altezza.

4. Nella nostra cultura il sovrappeso è considerato una disgrazia, mentre la magrezza, in particolare femminile, è un elemento di successo. Non bisogna però confondere quest'opinione diffusa e il disturbo di cui stiamo parlando. Nell'anoressica, infatti, l'eventuale aumento di peso scatena un vero terrore e provoca uno stato di allarme, come si trattasse di un pericolo mortale.

5. Il problema del peso rientra in una vera e propria alterazione della percezione corporea, che rende sempre più distante la valutazione del corpo dell'anoressica rispetto a quella di chi la osserva. È una sorta di distorsione: chi vede e chi vive quel corpo sperimentano due realtà completamente diverse, come si trattasse di due corpi differenti.

6. Amenorrea. L'alterazione del ciclo mestruale è un segno premonitore. Durante la malattia si manifesta poi l'amenorrea, cioè la scomparsa delle mestruazioni per almeno tre cicli di seguito.

7. Oltre all'amenorrea si rilevano molte altre disfunzioni, poiché il corpo dell'anoressica perde tutti i sostegni necessari: dall'apporto vitaminico, a quello di proteine, glucidi, lipidi, fondamentali per la meccanica invisibile che presiede alla produzione degli ormoni, sostanze che attivano la moltiplicazione cellulare e regolano i processi biologici dell'organismo. L'anoressia è dunque una vera e propria dichiarazione di agonia per il corpo, che lentamente muore, anche se sostenuto da un'attività mentale persino esagerata. Con il passare del tempo, tutti i parametri che indicano la funzionalità del corpo sono alterati, tanto che l'anoressica o l'anoressico è sempre stato considerato un caso da curare in medicina interna, prima ancora che in psichiatria.

B) BULIMIA MENTALE

Prime manifestazioni

Tutto incomincia con una pronunciata irregolarità alimentare, che si caratterizza soprattutto per le abbuffate, assunzioni di cibo in maniera rapida e furtiva, quasi si stesse riempiendo un sacco, senza curarsi né del senso di fame, né tanto meno del gusto.

A seguito di queste crisi di ipernutrizione si manifesta poi il senso di colpa. Si tenta quindi di riparare, imponendosi salti di pasto o addirittura digiuni di qualche giorno. Da questo comportamento si comprende come l'alimentazione stia diventando un problema su cui si accentra tutta l'attenzione del bulimico. Il cibo è la preoccupazione dominante e cancella ogni altro interesse.

Anche la bulimia si manifesta di solito durante l'adolescenza ma, come nel caso dell'anoressia, occupa tutte le fasi della vita. Rispetto all'anoressia, il tratto caratterizzante è la sensazione di aver commesso un peccato. Mentre l'anoressica (o l'anoressico), nel vomitare e nel digiunare avvertono una gratificazione, la bulimica (o il bulimico), seguendo l'impulso dell'abbuffata, provano un insopportabile senso di colpa. A queste sensazioni contribuiscono senza dubbio i giudizi sociali opposti riservati alla magrezza (in genere considerata una qualità estetica) e al sovrappeso (un problema): se l'anoressica si espone e mostra il proprio corpo magro, la bulimica tende a coprirlo, a nasconderlo.

Nonostante queste differenze però, come si è già ricordato, talora i due disturbi sono presenti a fasi alterne nello stesso individuo.

Struttura clinica

1. Aumento rilevante del peso, rispetto a quello normale per le persone della stessa età e della stessa altezza.

2. Ricorrenti abbuffate. Con questo termine si descrive l'assunzione, in un periodo di tempo breve, di una quantità di cibo sproporzionata rispetto a quella che si consuma in un pranzo normale, o comunque sbilanciata rispetto al fabbisogno calorico del soggetto. L'abbuffata non si contraddistingue solo per l'enorme quantità di cibo ingerita, anche a più riprese (in un tempo massimo che il DSM-IV fissa convenzionalmente in due ore). Il bulimico, che mangia in genere con grande rapidità, ha la precisa sensazione di non saper mettere freno al suo comportamento, come se fosse guidato da una volontà esterna. Si sente, in qualche modo, un esecutore automatico. In alcuni casi finisce per abbuffarsi di qualsiasi alimento, in altri casi si concentra solo su alcuni cibi. C'è per esempio chi predilige i dolci e si procura in pasticceria grandi quantità di bignè o di altre

leccornie. Ma esistono anche abbuffate di frutta, di carne, di pasta.

3. Come nell'anoressia si cerca di vomitare e si ricorre a lassativi, diuretici o altri farmaci. Si tenta anche di consumare le calorie in eccesso attraverso un esercizio fisico che spesso finisce per essere faticosissimo ed eccessivo.

4. Una singola abbuffata non è certamente segno di bulimia. Occorre, invece, che il fenomeno divenga una caratteristica abituale. In particolare bisogna che gli episodi si ripetano con frequenza nell'ambito di una settimana e che occupino almeno tre, quattro settimane continuativamente. Solo così si passa da abbuffate occasionali a un vero e proprio regime consolidato, da cui è difficile allontanarsi con la volontà. La frequenza degli episodi è inoltre un segnale importante della gravità del disturbo; un indice molto più attendibile dell'aumento di peso, che può essere contenuto attraverso il vomito e le altre pratiche compensatorie.

5. Un problema centrale anche nei casi di bulimia è la percezione del proprio corpo. Il bulimico lo odia e ne prova persino vergogna. Tenta quindi di nasconderlo e di nascondersi.

Storia della signorina A

La signorina A ha quindici anni. È la migliore della classe, ha un'intelligenza fervida, è molto creativa, ama disegnare e ha un viso espressivo, due occhi lucidi che sembrano sprizzare dalle orbite per poter vedere meglio.

Interessata al mondo, è contenta di tutto, non ha recriminazioni con la famiglia, mostra un legame particolare con la madre, una signora che si è dedicata molto alla sua unica figlia, rinunciando all'insegnamento della matematica, a cui si era dedicata dopo la laurea. Il padre è un ingegnere con incarichi dirigenziali.

Dunque la famiglia è di un buon livello sociale, apparentemente unita, con un *modus vivendi* standardizzato: la sera, la cena viene consumata puntualmente insieme, con qualche uscita al ristorante tutti e tre. La protagonista è sempre la signorina A, che ha molte cose da raccontare e molte questioni da sollevare per conoscere qual è il parere dei propri genitori.

Il rapporto della signorina A con la madre è di tipo infantile. Le domanda spesso di essere abbracciata, di venire presa in braccio, di ricevere dei baci che finiscono talora per mettere in imbarazzo la madre, consapevole che la figlia non è più una bambina.

Questa tendenza ad avere atteggiamenti infantili si manifesta anche nel modo di vestire. La signorina A indossa abiti che le permettono di nascondere un po' il seno, già evidente, e di camuffare quelle forme che le ragazze, soprattutto nella prima adolescenza, tendono invece a sottolineare, a esibire con orgoglio.

Tra le richieste che avanza c'è anche quella di indossare gli abiti della madre, che è indubbiamente una bella signora: una donna piuttosto magra, che non rinuncia però alla propria femminilità come strumento di seduzione.

Dopo la scuola, la signorina A chiede spesso alla madre di insegnarle a cucinare. Impara bene e ottiene l'approvazione entusiastica della donna, che riferisce di risultati eccellenti raggiunti con grande rapidità.

La sera si ripete così di frequente la stessa scena: i due genitori seduti a tavola e a prendersi cura di loro questa giovane cuoca, di giorno in giorno più straordinaria. La signorina A è così indaffarata che non prende nemmeno posto a tavola, rimane in piedi, spostandosi di continuo dalla sala alla cucina. È diventata una sorta di governante, occupazione che la distoglie persino dal mangiare. Non cena in modo regolare, ma si limita ad assaggiare ciò che ha cucinato.

Mentre affina la propria arte culinaria, incomincia a digiunare. La madre se ne accorge, sia perché la figlia dimagrisce a vista d'occhio, sia perché mostra molto interesse a cucinare per gli altri, ma nessuno ad alimentare se stessa. Sembra anzi che non avverta neppure la sensazione della fame.

Eppure, con gran sorpresa della madre, l'attività della figlia non sembra risentire di un'alimentazione sempre più scarsa. Anzi, le occupazioni aumentano, tanto che la signorina A sembra iperattiva e ipereccitabile. Dorme poco la notte, si muove di continuo, disegna, ma tende a non vedere più le amiche e richiede solo la compagnia della madre, che diventa anche un'amica: lo specchio della figlia.

Intanto scompaiono le mestruazioni e la signorina A nota questo cambiamento con un grande senso di sollievo, di gioia. Un segnale che manifesta il desiderio, consapevole o inconscio, di regredire a uno stadio infantile, rifiutando il corpo adolescenziale.

Il problema si aggrava: la signorina A dimagrisce a vista d'occhio, ma ne è sempre più soddisfatta. Lo dimostra con atteggiamenti esibizionisti, talora facendosi notare dalla madre, talaltra fissandosi nuda di fronte allo specchio.

Là dove la madre vede uno scheletro con attaccata della cute, la signorina A indica curve troppo accentuate, intaccate dal grasso, dall'obesità.

La bilancia diviene così un'ossessione per entrambe: per la figlia, che spera di leggere ogni volta un peso inferiore; e per la madre, che assiste alla progressiva distruzione del corpo che ha generato.

Per quanto la patologia sia grave, non si è ancora giunti a interventi di tipo terapeutico. L'attenzione si ferma solo su alcune disfunzioni isolate: vengono svolti esami per l'amenorrea, dai quali risulta un'ipoattività del sistema ormonale che sovrintende al ciclo mestruale; c'è una visita dal dermatologo, a causa delle fessurazioni cutanee e della cute screpolata; ci si preoccupa per la dentatura, che mostra la caduta di un premolare e una gengivite diffusa.

Accade però un evento che dà una svolta alla situazione. È una perdita di coscienza, una lipotimia in seguito a cui la signorina A cade e si frattura l'omero del braccio sinistro. Le cure del caso evidenziano un'enorme fragilità ossea.

Nel momento in cui viene condotta in ospedale, dopo la perdita di coscienza, la signorina A pesa 37 chili. Viene immediatamente consigliato il ricovero per un'alimentazione forzata. Il quadro non lascia dubbi: la signorina A si procura di continuo il vomito.

È da notare che, nel suo rapporto di grande apertura con la madre, l'unico aspetto che la signorina A tiene nascosto è il rituale del vomito, un rituale che pratica da sola, chiudendosi nel bagno.

In ospedale entra nella sezione di medicina interna, poiché l'attenzione dei medici si concentra ancora sul soma. In reparto, nasce una lotta estenuante tra rifiuto del cibo e alimentazione forzata, per via endovenosa. Ogni tentativo di alimentazione per via orale è risultato inutile. Al contatto con il cibo, anzi alla sola idea del cibo, il suo viso si contorce in una smorfia di dolore, come se stesse per bere la cicuta.

Si ricorre allo psichiatra solo quando ogni strategia per riportare il corpo alla normalità fallisce e l'internista teme ormai l'avvicinarsi dell'*exitus*: la pressione sanguigna è molto bassa, il cuore mostra delle asistolie preoccupanti e lo stato di debilitazione è estremo. Lo psichiatra arriva e prende una decisione che sembra addirittura folle: chiede di interrompere l'alimentazione forzata e inizia una serie di colloqui molto ravvicinati con la paziente, inizialmente due volte al giorno. Corre un grosso rischio, con l'unico vantaggio di poter analizzare la personalità della paziente e capire che ha spostato sulla negazione del proprio corpo un conflitto fortissimo nei riguardi della madre. Si identifica totalmente con lei, al punto di voler essere la madre e negare la propria identità.

Lo psichiatra riesce a far scatenare questo conflitto spaventoso, fa emergere l'odio nei confronti della madre, vissuta come una concorrente dominatrice. Nel momento in cui la signorina A riesce a sentire la madre come nemica, comincia un'alimentazione lenta, che però le permette di riprendersi.

Pur nella sua necessaria sinteticità, la storia mostra la grande sofferenza che si vive nell'anoressia. Dietro la maschera dei problemi fisici si nasconde il problema vero, quello di un'identificazione malata e conflittuale con il corpo della madre.

Storia del signor AB

Raccontiamo ora la storia del signor AB (anoressico-bulimico), una storia che inizia durante l'adolescenza. Per costituzione fisica, il protagonista è un «brachitipo», tende cioè a restare basso e tozzo. Del resto, è definito un ragazzo di gran appetito, poiché ama la tavola e soprattutto i dolci, in particolare la cioccolata.

Il signor AB comincia presto a vivere il conflitto tra la voglia di mangiare e tutti gli insegnamenti che gli vengono rivolti: non esagerare con il cibo, contieniti, cerca di non ingrassare ancora o finirai per imbruttirti. È questa l'occasione per indicare un'abitudine sempre più diffusa tra i genitori: per inseguire modelli estetici socialmente affermati, terrorizzano i figli che tendono ad accumulare peso proibendo il consumo di alimenti particolarmente energetici.

La vita di AB è ritmata da questa specie di litania, che finisce per interferire pesantemente con le tendenze tipiche dell'adolescenza.

Il ragazzo ha comportamenti alimentari altalenanti: strenui tentativi di autocontrollo sono subito contraddetti da mangiate pantagrueliche. La Nutella è la sua passione. Una crema che, soprattutto tra i più giovani, ha anche il fascino di un marchio conosciuto in tutto il mondo; una specie di «fata buona», sostenuta dal successo e dalla pubblicità.

A scorpacciate ipercaloriche seguono periodi compensatori, con digiuni che non fanno altro che annunciare la prossima abbuffata.

Il ragazzo è sempre in sovrappeso e la cosa certamente non piace alla madre, che lo vorrebbe alto e smilzo. Così il peso diventa oggetto di attenzione sia della madre sia del giovane signor AB, che arriva persino a provare disgusto per il proprio corpo.

Anche la vita sociale lo frustra: non riesce a concentrarsi sugli studi, a scuola riceve sistematicamente giudizi negativi e viene persino bocciato.

L'immagine che il ragazzo ha del proprio corpo è mostruosa. Finisce così per appartarsi e, quantomeno, allontana dalla propria percezione l'ossessiva attenzione materna. Progressivamente però sprofonda nella solitudine e manifesta un comportamento a sfondo depressivo, anche se clinicamente non è ancora giunto allo stadio della patologia.

Riesce a dimenticarsi del suo corpo solo quando si mette davanti a un video o a internet, quando osserva un fuori di sé. Anche il mondo esterno però gli ricorda il suo corpo: se vede un protagonista giovane, prima ancora di conoscerne il ruolo, ne studia le caratteristiche fisiche e le paragona alle proprie, uscendo sempre perdente dal confronto.

È durante un episodio simil-depressivo che interrompe l'assunzione del cibo. Si fa mutacico, si apparta, rifiuta di andare a scuola, adducendo problemi fisici, in particolare dolori all'addome, con difficoltà di evacuare alternata a presunti disturbi diarroici.

Si chiude insomma in un vero e proprio isolamento. In questa specie di «morte», il signor AB non sente più nulla.

Riesce a ridurre progressivamente lo stimolo della fame, fino a un rifiuto totale del cibo, ancora accompagnato però da quell'abitudine a vomitare che seguiva le sue abbuffate. Non ricerca più nemmeno la Nutella, un tempo sostituto di un amico ideale o addirittura di un gruppo di amici.

Il peso diminuisce. La madre esulta, sebbene non nasconda qualche preoccupazione per quella chiusura, per la mancanza totale di comunicazione. Vederlo magro la gratifica, quasi quel corpo fosse il suo. Ma quella magrezza estrema – che in realtà lei nota meno, perché ha sempre desiderato che il figlio perdesse peso – finisce per raggiungere livelli inaccettabili ed evidenzia chiaramente un problema di anoressia. È a questo punto che ci si stupisce: il ragazzo che si abbuffava è lo stesso che adesso non tollera nemmeno un goccio d'acqua.

Nella sequenza fasica di bulimia-anoressia, il corpo assume un'immagine sgradevole, poiché ha ancora i segni del gonfiore precedente, con festonamenti della cute e residui di aree grasse, che paiono placche separate dal resto del corpo.

Il signor AB passa dunque a una fase di evidente anoressia, tanto che persino la madre cerca di convincerlo a nutrirsi. Le tentazioni, ovviamente, passano attraverso la Nutella.

In questa alternanza di fasi, emerge l'atteggiamento ambivalente della madre, che ora farebbe di tutto per introdurre cibo nel corpo del figlio, mentre prima gli avrebbe sottratto ogni alimento. Bulimia e anoressia si dimostrano facce contrapposte dello stesso fenomeno: sogno e incubo, a seconda dei momenti.

Questa alternanza è molto importante dal punto di vista clinico, poiché presenta analogie con altre patologie, che saranno considerate più avanti: la prima è l'alternanza tra depressione e maniacalità, per cui si può passare da una fase di apparente non-esistenza a una fase di iperattività, anche in tempi molto rapidi; la seconda patologia è l'ossessività, che si caratterizza per un'idea fissa da cui deriva la ripetizione rituale di gesti attivati poi compulsivamente; il terzo disturbo è la dipendenza. La stessa bulimia può essere considerata come una dipendenza: non da una droga, ma dal cibo in generale o da qualche alimento in particolare.

Queste analogie e sovrapposizioni creano talora difficoltà nella sistematizzazione dei disturbi alimentari.

In conclusione sento la necessità di ricordare che i disturbi alimentari possono essere causati anche da patologie del tratto intestinale: ulcera gastrica, esofagea, malassorbimento. In questi casi ovviamente non si usa l'aggettivo *mentale*, che va usato solo per i quadri clinici descritti.

Disturbi da tic: sindrome di Tourette

Abbiamo già mostrato come la mente possa influenzare i muscoli motori. In particolare abbiamo citato il caso della paralisi provocata dalla reazione di conversione.

Un altro esempio interessante riguarda i tic, movimenti automatici che non possono essere controllati dalla volontà e generalmente si ripetono con sequenze identiche. Talvolta questi condizionamenti investono l'apparato vocale, causando suoni improvvisi e reiterati.

Tra i disturbi da tic, il più celebre è senz'altro la sindrome di Tourette, disturbo che per secoli è stato al centro di una forte contrapposizione tra gli specialisti: alcuni lo consideravano una malattia neurologica e negavano la possibilità di ogni intervento psicoterapeutico; altri, all'opposto, lo reputavano un disturbo psichico e contestavano i trattamenti di tipo neurologico. La discussione si radicò soprattutto a Parigi, dove trovò un teatro d'elezione all'ospedale della Salpêtrière. Qui, tra gli allievi di Charcot, compì le sue ricerche Georges Gilles de la Tourette, lo studioso da cui prende il nome la sindrome.

PRIME MANIFESTAZIONI

I sintomi iniziali sono facili da notare, poiché si manifestano prima dei diciotto anni con contrazioni muscolari, localizzate o più ampie, che si ripetono automaticamente e persistono per qualche tempo, a volte coinvolgendo anche l'apparato vocale. Possono quindi scomparire, per ripresentarsi con una certa periodicità ed evidenza. All'inizio vi si presta generalmente poca attenzione, ma quando diventano cronici finiscono per rappresentare un problema clinico serio.

Di regola è facile riscontrare una corrispondenza tra intensità (o frequenza) del tic e stato emotivo. I sintomi, infatti, si acuiscono in concomitanza con una situazione ansiosa, mentre si attenuano, fino a scomparire, negli stati di calma.

I tic interferiscono inoltre con le relazioni interpersonali e sociali, soprattutto quando investono la funzione vocale. In qualche caso, sembra quasi che il soggetto si serva del tic per schermirsi da situazioni che lo imbarazzano.

Le manifestazioni possono concentrarsi in particolari momenti della giornata, al mattino oppure durante la notte, e questo ha generato nei secoli mitologie strane, fino a paragonare i tic verbali più gravi a latrati animaleschi. Ma i soggetti che soffrono della sindrome di Tourette, per i loro movimenti scomposti, sono stati chiamati anche «tarantolati»: personaggi bizzarri e spaventosi, tra il dionisiaco e il demoniaco.

Valutare l'origine, neurologica o psichica, della sindrome di Tourette è difficile, anche perché può essere confusa con disturbi di altro tipo. I tic, infatti, possono comparire anche come sintomi secondari di encefaliti virali o di malattie di tipo degenerativo. Esistono inoltre tic che si presentano come effetti collaterali, in seguito all'assunzione di alcuni farmaci.

STRUTTURA CLINICA

1. Tic motori multipli e ripetuti.
2. È importante che i tic, sia pure con andamento irregolare, durino per almeno un anno. Solo in questo caso si configura la patologia.
3. Il disturbo comincia prima dei diciotto anni.
4. Non devono essere presenti altre affezioni, che possano indurre il tic come sintomo correlato.
5. A seconda della durata dei sintomi, si può parlare di disturbo cronico oppure transitorio.

STORIA

Il signor T è professore di matematica in un importante ateneo. Si occupa di calcolo infinitesimale e tiene lezioni considerate particolarmente efficaci. L'aula è sempre gremita di studenti.

Ciò cui si assiste, però, è un vero e proprio spettacolo, un teatro mimico di cui il professore è protagonista inconsapevole. Il suo viso è infatti percorso da infiniti movimenti automatici di gran parte della muscolatura facciale, spesso animata da contrazioni non coordinate. Si possono così attivare solo alcuni gruppi di muscoli e, a seconda della concomitanza o della successione delle contrazioni, la mimica si modifica ampiamente. Talora a muoversi in modo frenetico è il muscolo orbicolare dell'occhio, che sembra inviare messaggi in codice, come quando un giocatore di carte vuol segnalare al compagno la presenza di un asso. Sembra un comico del cinema muto.

Siamo quindi in presenza di una dismorfia della mimica, come se il sistema che coordina tutti i muscoli facciali fosse andato in tilt. Non solo: il professor T emette strani suoni che accompagnano le sue chiare, razionali conferenze. Alcune volte sembra gridare, altre volte scompone le sillabe secondo una fantasia degna dell'improvvisatore più fantasioso.

Il professor T convive con questa sintomatologia dai tempi dell'adolescenza. Nonostante abbia tentato diverse forme di terapia, alcune di tipo puramente neurologico, altre di tipo relazionale, non ha ottenuto alcun risultato. Il persistere dei sintomi ha ormai cancellato, in lui, la consapevolezza del disturbo. Durante le lezioni, riesce a concentrarsi sui propri teoremi e sui passaggi dimostrativi senza avvertire, almeno apparentemente, le contrazioni.

In alcuni casi però quella strana mimica scompare. Per esempio non c'è, o è meno frequente, quando si trova nel suo studio e si dedica alla lettura oppure allo sviluppo delle sue teorie matematiche. Al contrario, i tic si manifestano sempre nel contatto con altre persone, nelle esperienze di tipo sociale, come le lezioni universitarie.

L'associazione tra tic e ansia è evidente, ma bisogna prestare attenzione anche al contesto sociale.

Nel caso del signor T, il disturbo non pone grandi limiti al suo successo sociale, ma potrebbe diventare molto limitante in una situazione diversa. Per esempio, sarebbe incompatibile con un mestiere in cui si debbano utilizzare presse o macchinari da taglio, perché i movimenti automatici potrebbero procurare al lavoratore gravi lesioni.

I tic della sindrome di Tourette spesso accompagnano tutta l'esistenza, ma sono a volte transitori, e scompaiono per non ripresentarsi più. Esistono però anche casi in cui i tic riprendono dopo molti anni, sovente nella stessa parte del corpo e con caratteristiche analoghe alle prime manifestazioni. In questi ultimi esempi è chiara l'importanza dell'inconscio, motore inconsapevole del nostro comportamento.

L'associazione tra automatismi muscolari e funzioni inconsce è stata ritenuta uno dei paradigmi con cui studiare la sindrome di Tourette, soprattutto quando si possono escludere patologie cerebrali. È forse inutile sottolineare che l'esclusione non è mai del tutto certa. Strumenti clinici più precisi potrebbero infatti evidenziare microlesioni o lesioni biochimiche anche nei casi in cui oggi si escludono problemi di questo tipo.

Chiusa la trattazione dei disturbi del corpo di origine prevalentemente mentale, passiamo con il prossimo capitolo a una nuova «cartella», quella dei disturbi dei meccanismi di difesa. Li potremmo anche chiamare meccanismi di difesa ammalati.

2

Disturbi dei meccanismi di difesa

Abbiamo più volte ricordato che, per affrontare l'adattamento, l'uomo ha meccanismi di percezione del rischio (paura) e di potenziamento delle risorse (ansia). Sono strumenti utilissimi per garantire l'imperativo primario, la sopravvivenza. Eppure, anche questi meccanismi possono ammalarsi: la patologia che li investe non ne annulla solo la funzione adattativa, ma li rende fonte di disagio.

Ansia e paura si esprimono anche con espressioni somatiche. Si parla così d'ansia somatizzata o di paura paralizzante, capace di bloccare l'attività motoria. In questi casi la mente non si esprime più in modo diretto, attraverso il linguaggio, ma in maniera mediata, attraverso i sintomi del corpo.

È certamente da segnalare che i disturbi compresi in questa categoria sono i più frequenti. Tentando una quantificazione approssimativa, possiamo affermare che il venti per cento della popolazione soffre o ha sofferto di almeno un episodio di disturbo dei meccanismi di difesa.

Disturbo d'ansia (generalizzato)

PRIME MANIFESTAZIONI

Il disturbo può insorgere a qualsiasi età, persino nell'infanzia. L'ansia si lega a situazioni attuali, ma sovente a eventi non ancora accaduti e soltanto anticipati con la fantasia.

Il disturbo si manifesta con il perdurare di un'ansia continua, che persiste anche dopo la conclusione dell'evento che l'ha determinata; oppure con la presenza di un'ansia, contenuta nel tempo, ma eccessiva e capace di incrementare fino a trasformarsi in angoscia.

Nella fase inziale, molto spesso, chi soffre di questo disturbo aumenta le richieste di aiuto rivolte ai familiari e agli amici, per tentare di arginare la sensazione di non farcela. In occasioni specifiche, come esami, concorsi o gare, questa sensazione può essere così fastidiosa da indurre il soggetto ad abbandonare la prova.

Quando il disturbo è strutturato, si evidenziano particolari segni somatici: agitazione, movimento continuo, manipolazione di ciocche di capelli e gesti rituali, che non hanno una giustificazione concreta, se non come sfogo di uno stato di tensione. Il corpo può essere percorso da tremori o avvampato da rossori.

STRUTTURA CLINICA

1. L'ansia – molto forte – non si presenta più episodicamente, ma persiste a lungo, almeno per sei mesi.

2. Le preoccupazioni non passano nemmeno quando l'evento atteso accade, e con esito positivo.

3. Si evidenziano: irrequietezza, difficoltà a concentrarsi, irritabilità che porta a reazioni sproporzionate, irrigidimento della muscolatura e alterazione del ritmo sonno-veglia.

4. L'ansia è così intensa da interferire con le attività abituali; diventa difficile individuare interventi che portino serenità e siano capaci di generare piacere.

Attacco d'ansia

Il disturbo d'ansia generalizzato si distingue nettamente dal semplice attacco d'ansia, che si segnala per la sua intensità molto elevata, sproporzionata rispetto all'evento che l'ha generato. In questo caso, infatti, c'è sempre una causa concreta all'origine del fastidio. Pertanto l'anomalia non è la presenza di una reazione, quanto la sua intensità spropositata.

Disturbo d'ansia somatizzato (disturbo somatoforme)

Si caratterizza per anomalie somatiche, come dolori gastrici, cefalea, perdita dell'appetito, disfunzioni urinarie, che non hanno alcuna giustificazione di natura organica, ma sono da associare a uno stato d'ansia. Questo meccanismo può riguardare tutti gli organi.

Questi fenomeni possono associarsi alle manifestazioni abituali primarie dell'ansia, ma talora sono i soli sintomi visibili. Avviene, cioè, una trasformazione completa da linguaggio psichico a linguaggio fisico. Presentiamo di seguito i due più tipici esempi di disturbi d'ansia somatizzati.

A) DISTURBO ALGICO

Si caratterizza per il dolore acuto o persistente, che coinvolge una parte del corpo con intensità tale da interferire con l'attività mentale, la concentrazione oppure con l'attività lavorativa abituale.

Anche in questo caso il dolore è un linguaggio indiretto, la manifestazione fisica di una difficoltà psichica. Perché si possa parlare di disturbo algico, è necessario che il dolore persista a lungo e si manifesti quotidianamente, come presenza costante che limita la vita di tutti i giorni.

B) DISTURBO DA AFFATICAMENTO PROLUNGATO O CRONICO

È la condizione in cui ci si sente stanchi per tutta la giornata, indipendentemente da quello che si è fatto. La stanchezza può essere presente anche senza che si svolga alcuna attività.

In questi casi, gli esami clinici (per esempio la ricerca di forme tumorali o di alterazioni della produzione ormonale, in particolare dell'asse ipofisi-surrene) escludono cause somatiche. È, invece, possibile rilevare un'angoscia che ha preceduto il senso di affaticamento e che, raggiunta una certa intensità, ha attenuato le sue manifestazioni dirette, trasferendo sul corpo il problema psicologico. È nato così un fastidio fisico che ha finito per colpire tutto il corpo, e non singole parti. Chi ne soffre abita un corpo non solo incapace di svolgere un lavoro, ma persino di muoversi: ha assunto ormai le caratteristiche di un cadavere.

Disturbo da stress

Prima di descrivere questa categoria è necessario analizzare una parola che ha largo uso nel linguaggio comune: *stress*. Con questo termine si descrive una situazione esistenziale in cui il soggetto è sottoposto a grave sforzo, sia fisico sia psicologico. Spesso lo sforzo è associato a una situazione di grave pericolo.

Questa condizione può essere acuta, come accade dopo un incidente stradale in cui si è rischiata la vita; oppure persistente, con un progressivo accumulo dello sforzo. Rientrano in questa seconda tipologia gli stress da lavoro, e i fenomeni del mobbing e dello stalking.

Il mobbing è una sorta di persecuzione che si subisce durante il periodo del lavoro, non necessariamente attraverso comportamenti attivi, ma anche per negazione della propria individualità e del proprio ruolo. Chi lo subisce, per esempio, non viene considerato, non ottiene incarichi, vive relegato in un angolo dell'ufficio dove non passa nessuno, senza svolgere alcuna mansione. Dunque, è di fatto cancellato dal proprio ambiente di lavoro.

Lo stalking deriva il proprio nome da una tecnica di caccia in cui ci si apposta in agguato e ci si avvicina furtivamente alla preda per ucciderla. Nel mondo anglosassone, gli stalker sono anche cacciatori professionisti che seguono in maniera continuativa i branchi di cervi, riferendone la posizione ai cacciatori del fine settimana. In senso traslato, secondo l'uso che se ne fa oggi, lo stalking è la persecuzione di una persona, attuata con insistenza, con intrusioni e violazioni della privacy, al punto che la persona braccata si sente sotto costante minaccia.

La caratteristica principale della condizione stressante è la percezione di vivere l'evento continuamente. Nei casi di trauma, per esempio, l'incidente si è concluso, ma rimane fissato nella memoria e riportato incessantemente al presente, come se accadesse ancora. Questa condizione genera ansia, fino a creare la sensazione di una morte imminente. Che sia provocata da un trauma o da una minaccia incombente, questa sensazione può riguardare, oltre che se stessi, anche persone vicine e amate.

Passando alla struttura clinica dobbiamo ricordare due forme tipiche: il disturbo acuto da stress e il disturbo post-traumatico da stress.

A) DISTURBO ACUTO DA STRESS

1. Dopo un'esperienza traumatica di particolare gravità, che ha provocato – o poteva provocare – la morte o una menomazione tale da cambiare per sempre l'esistenza, il soggetto avverte un senso di impotenza e di distacco dal mondo circostante, come se avesse perso le capacità di reazione emotiva. Questo vissuto si chiama senso di derealizzazione.

2. Percezione di aver smarrito la propria identità (depersonalizzazione).

3. Ricordo confuso dell'evento con vuoti di memoria, che frammentano la rappresentazione del fatto.

4. L'evento ritorna nei sogni e in flashback persistenti che lo rendono ancora attuale.

5. Tutto ricorda l'evento e ogni tentativo di conversazione verte sul trauma.

6. Irritabilità, difficoltà a dormire, ipervigilanza, risposte di allarme al più piccolo movimento, come se dovesse riaccadere qualcosa di grave.

7. Questa condizione provoca una grande difficoltà a eseguire compiti abituali e quindi provoca un forte limite sociale.

8. Il disturbo permane dai due giorni alle quattro settimane. È in base a questa durata che si può distinguere il disturbo acuto da stress dal disturbo post-traumatico da stress.

B) DISTURBO POST-TRAUMATICO DA STRESS

1. I sintomi sono analoghi a quelli del disturbo acuto da stress, ma durano più di un mese, a volte anche anni. Il disturbo assume le caratteristiche di una condizione invalidante.

2. È però un'altra la caratteristica principale: chi soffre di questo disturbo riporta di continuo il trauma passato al tempo presente e, di conseguenza, vi reagisce come se fosse veramente in atto. Il paziente cerca quindi di evitare ogni situazione che possa richiamare l'evento, ma il solo fatto di immaginarlo lo rende attuale e concreto. Così, non ci si limita a evitare il luogo in cui è accaduto l'evento traumatico, ma ci si sforza di controllare persino i propri pensieri, allontanando ricordi spiacevoli.

3. Si riduce l'interesse per ogni altra attività e si prova un senso di distacco nei confronti degli altri. È come se l'evento avesse trasformato per sempre l'identità del soggetto o gli avesse tolto la vita.

4. Le espressioni affettive sono quasi annullate, come se si fosse diventati insensibili ai legami e ai sentimenti d'amore.

5. Un pervasivo senso di pessimismo porta a escludere dall'orizzonte di riferimento il futuro. Se anche si pensa al domani, lo si associa in modo ossessivo al trauma passato.

6. Anche in questo quadro, si notano difficoltà ad addormentarsi e concentrarsi, con esagerate risposte di allarme agli stimoli esterni.

Storia

Un signore (lo chiameremo S) di quarant'anni ha perduto la moglie, ricoverata nell'ospedale della sua città per un intervento all'addome di natura semplice, una colecistectomia.

Durante l'intervento è avvenuto però un errore, che ha causato la sezione di un condotto funzionale all'attività epatica. È iniziato così un pellegrinaggio in diversi ospedali, rivelatosi però inutile: la donna è morta, lasciando solo il marito con i due figli piccoli.

L'uomo non riesce più nemmeno a passare davanti all'ospedale. Anche solo a scorgerlo da fuori, si riattiva una condizione di stress impossibile da scacciare.

Il signor S è un piccolo-medio imprenditore attivo nel settore dell'informatica, dove si è distinto per la sua capacità innovativa, registrando un brevetto che ha a lungo commercializzato in prima persona. Tuttavia, dopo la morte della moglie e la comparsa dello stress, ha perso completamente interesse per la sua attività ed è stato costretto a delegare la gestione dell'impresa a un socio. I profitti però sono calati bruscamente ora che non c'è più una mente vivace a condurre l'azienda.

Il signor S si è chiuso in casa, ma non riesce nemmeno ad accudire i figli, perché gli rievocano la moglie e quell'immagine da cui non sa staccarsi: la donna portata in quella sala operatoria che, anziché la guarigione, le procurerà la morte.

Si evidenzia in lui un'apatia, accompagnata da sensazioni depressive e dalla preoccupazione di poter diventare anch'egli oggetto di una sorte simile: la morte improvvisa, ancora in giovane età.

La storia evidenzia come il disturbo post-traumatico da stress invada tutta l'esistenza, poiché la mente finisce per essere dominata esclusivamente da un ricordo incancellabile, invalidante. Al fondo di ogni pensiero c'è sempre la morte, un'ossessione tiranna.

Così, dopo la scomparsa della moglie, per il signor S il mondo circostante si è progressivamente cancellato: i suoi interessi si sono spenti e ha perduto lo status economico che consentiva a lui e ai figli una certa tranquillità. I bambini ora stanno dalla madre del signor S. Egli non è in grado di occuparsene.

La vita di quest'uomo si spopola di legami reali per farsi invadere da quel ricordo che sembra iperconcreto, quasi accadesse di continuo, più forte di qualsiasi presente.

La situazione si prolunga per tre anni. Quindi, comincia per il signor S una sorta di risveglio. La causa del cambiamento ha un nome e un aspetto piacevole. È una donna, su cui il signor S comincia a proiettare l'immagine della propria moglie. Ne rileva persino una somiglianza fisica.

In una parte di sé, il signor S si convince che la moglie sia ritornata da lui, per cancellare l'evento passato.

È chiaro che questa ripresa di attività, in sé positiva, testimonia contemporaneamente un fenomeno di depersonalizzazione e derealizzazione: l'identità del signor S ha perso definizione, si è sfocata al punto da fargli ritenere possibile l'incontro con una persona morta. Per annullare il trauma, insomma, si è creato una relazione concreta, fondata però su uno stimolo immaginario.

Il signor S racconta che nella camera da letto ha lasciato inalterato l'arredamento, anche se ora convive con una nuova donna, come se continuasse la passata esperienza matrimoniale. È una situazione che mostra come i segni del trauma non si siano allentati. Hanno semplicemente conosciuto una diversa configurazione concreta.

Dunque, dopo tre anni è cambiato lo stato del paziente, che comincia a muoversi e mostrare interesse per una nuova relazione. Tuttavia, permangono ancora i segni di depersonalizzazione e derealizzazione. I sintomi si sono trasformati, mentre è rimasta inalterata la condizione di stress post-traumatico.

Disturbi del sonno

Il sonno è un sistema regolatore dell'intero organismo: soma e psiche. È dunque indispensabile anche per condurre una vita di relazione, sociale. Quando questo processo conosce alterazioni, si evidenziano, con diversa progressione, disturbi sia dell'attività sensoriale, sia di quella percettiva, fino alla difficoltà di mantenere un'esistenza integrata nell'ambiente.

Si distinguono disturbi del sonno primari e secondari.

I secondari sono dovuti a una precisa causa che si ripercuote sulla funzione del sonno, rendendo impossibile l'addormentamento oppure provocando continui risvegli. Basterebbe pensare a un dolore, in una qualsiasi parte del corpo, così forte da impedirci di dormire. Così è un disturbo secondario l'insonnia causata da una frattura, o come postumo di un intervento chirurgico.

I disturbi primari, invece, derivano direttamente da un'alterazione del meccanismo del sonno. Il sonno è, infatti, un vero e proprio processo, con fasi differenti e una progressione che dall'una conduce all'altra. All'addormentamento segue il sonno lieve, quindi il sonno di media profondità, poi il sonno profondo. Entro questo spazio si manifesta anche il sonno cosiddetto Rem (Rapid Eye Movement), la fase che conosce un'attività mentale molto ampia e coincide con la comparsa dei sogni: esperienze che avvengono nel mondo immaginifico dentro di noi, e non in quello concreto fuori di noi, accompagnate da un movimento degli occhi, a palpebre chiuse, come si scorgesse qualcosa.

Il sonno può essere osservato attraverso una registrazione elettroencefalografica continuata. Si intravedono così le diverse fasi, che si ripetono circa ogni ora e mezza con caratteristiche ben distinguibili. Questa ritmicità è regolata da un meccanismo biologico, che si può alterare. «Dormire male», quindi, non è soltanto un'espressione del linguaggio popolare, ma una condizione rilevabile scientificamente, in cui le fasi possono ridursi di durata o mancare.

Chi è insonne o dorme un sonno irregolare (patologico) sperimenta sintomi derivati. Per esempio, al mattino è stanco e ha minore capacità di applicarsi. Le sue funzioni attentive appaiono rallentate, domina la stanchezza. Anche le sensazioni possono modificarsi e compare un senso di ottundimento.

Scegliamo di trattare i disturbi del sonno dentro la grande categoria dell'ansia perché l'ansia è certamente la causa principale di questi disturbi: se persiste in maniera continuativa, può impedire di addormentarsi, o provocare continui risvegli; d'altro canto, un sonno irregolare accresce la condizione d'ansia in maniera esponenziale. Va ricordato però che il sonno è disturbato anche da altre patologie della mente. Come vedremo, questo accade per esempio nella depressione.

A) INSONNIA

L'insonnia (letteralmente «mancanza di sonno») altera soprattutto la fase dell'addormentamento.

Se la causa scatenante è l'ansia, l'insonnia prolungata la accresce progressivamente. Dopo cinque o sei giorni l'ansia diventa irrefrenabile, l'insonne non è più capace di valutare la propria condizione e fatica a interpretare ciò che avviene nel mondo esterno. Tutta la personalità è messa a soqquadro e scatta una vera e propria percezione alterata della coscienza.

B) IPERSONNIA

Il soggetto avverte un'enorme difficoltà di risveglio. Se l'insonnia è la difficoltà di cadere nel sonno, l'ipersonnia è la difficoltà, o l'impossibilità, di uscirne.

Non vanno considerate come patologie dirette le ipersonnie che seguono a un'insonnia, poiché funzionano come recupero del sonno mancato. Non vengono qui prese in esame nemmeno le ipersonnie che seguono a traumi o a perdita di coscienza da lesioni cerebrali. In questi casi, infatti, il quadro ha una dimensione completamente diversa.

C) NARCOLESSIA

In questo disturbo sono caratteristici gli attacchi di sonno, che si presentano come irresistibili, incontrastabili e si impongono in maniera improvvisa. Chi ne soffre viene colto da sonno, mentre sta svolgendo le funzioni più diverse, o semplicemente mentre è seduto.

Per poter parlare di narcolessia occorre che il sonno divenga improvviso e impellente ogni giorno, e che il comportamento duri almeno tre mesi. Queste precisazioni, schematiche e forse troppo rigide, servono a distinguere la narcolessia dal colpo di sonno, che svolge una funzione di recupero in circostanze di particolare impegno, o in condizioni in cui il ritmo sonno-veglia è disturbato. Tra gli elementi disturbatori certamente si devono indicare alcuni problemi respiratori, anche molto frequenti: russando, per esempio, il sonno si interrompe per ristabilirsi e interrompersi di nuovo, a breve distanza di tempo. Altri elementi disturbatori sono il fuso orario nei viaggi intercontinentali, o i turni lavorativi notturni, che costringono a dormire durante il giorno in mezzo al rumore.

In tutti i casi è rilevante la qualità del sonno, non quanto tempo si è rimasti nel letto e si è dormito. Oggi sono diffusi i laboratori del sonno, che permettono di valutare la qualità del sonno, sia tramite elettroencefalografia, sia attraverso il rilievo di parametri fisiologici come la respirazione, il rilassamento muscolare, la circolazione.

Alcune condizioni fisiche turbano profondamente la regolarità del ritmo sonno-veglia. È quanto avviene con la sindrome delle gambe senza riposo, in cui è necessario muovere in continuazione le gambe – o in genere gli arti – per trovare la posizione giusta e dormire. I muscoli sono così contratti che sovente ci si alza dal letto per camminare e tentare di scioglierli. Anche quando ci si addormenta seguono rapidissimi risvegli, o comunque il sonno si mantiene leggero, non soddisfacente. Poiché sappiamo che l'ansia può somatizzarsi, possiamo pensare che sia all'origine anche di questa sindrome.

Naturalmente, tra gli aspetti che interferiscono con la regolarità del sonno, un ruolo particolare è rivestito dalla vita interiore e, in particolare, dai sogni.

Il sogno disegna un mondo specifico: quello dell'immaginazione. Pur se non concreta, questa dimensione svolge un'importanza straordinaria nella vita del singolo. Durante il sonno si possono vivere esperienze che hanno tutte le caratteristiche, anche somatiche, di una situazione reale. Un sogno erotico, per esempio, può provocare l'orgasmo. Esistono poi i cosiddetti sogni-incubi, in cui si sperimenta il panico: il risveglio è terribile e si avverte subito un'attenzione pronunciata, come se l'organismo fosse pronto a difendersi da un rischio mortale, scappando o attaccando un nemico.

Ancora una volta bisogna considerare un possibile legame con l'ansia. Alcuni sogni, infatti, generano ansia, e questa a sua volta provoca il risveglio innescando così un circolo vizioso.

D) SONNAMBULISMO

Il disturbo è caratterizzato da episodi frequenti, in cui ci si alza durante il sonno e si compiono delle azioni, che poi terminano con il ritorno a letto. Al risveglio la persona non ricorda nulla. Si tratta, dunque, di un comportamento inconsapevole, che presenta talora alcuni pericoli, come nel caso in cui ci si rechi in luoghi dove è facile cadere.

E) FARMACI E SONNO

Alterazioni del meccanismo biologico del sonno sono provocate anche da alcuni farmaci specifici. Tra questi ci sono i cosiddetti sonniferi, che sarebbe bene distinguere in due categorie: i farmaci che permettono all'insonne di addormentarsi e quelli che favoriscono la continuazione del sonno. Entrambi appartengono alla famiglia delle benzodiazepine.

Vi sono però farmaci che agiscono esattamente nel modo opposto, impedendo l'addormentamento e riducendo il bisogno di sonno: effetti di sostanze stimolanti, come l'anfetamina e la cocaina. Il loro impatto sull'organismo varia a seconda del tempo di somministrazione: dopo un certo numero di giorni in assenza di sonno, le funzioni fisiche e mentali si alterano fino a rendere difficile persino l'interpretazione del mondo esterno. Si assiste così a veri e propri deliri.

Disturbi della paura

Come l'ansia può diventare patologica, così anche la paura può perdere la sua funzione difensiva. La paura concreta spinge all'azione e i comportamenti che provoca possono prendere due direzioni, e due soltanto. Una è la fuga, l'altra è l'aggressione; in un caso si scappa, nell'altro si attacca il nemico per neutralizzarne la pericolosità. Quando però il meccanismo difensivo si altera, queste due reazioni naturali assumono forme esasperate.

Si distingue l'aggressività dalla violenza ed entrambe dalla distruttività.

Si tende a leggere l'aggressività come una caratteristica naturale, quasi automatica, che scatta in forma di autodifesa. Una sorta di reazione istintiva a una causa esterna, allo stesso modo per cui la mano si allontana dalla fiamma se la tocca inavvertitamente. Non passa attraverso una decisione volontaria. È una risposta sottocorticale, non organizzata dall'intelligenza, ma precostituita, come tutela dinanzi al pericolo.

La violenza si esprime allo stesso modo dell'aggressività, ma è sempre diretta contro un obiettivo specifico. Pensiamo alla violenza che può accompagnare la gelosia. Si rivolge contro un nemico preciso, che ha tentato di rapire il proprio oggetto d'amore. E può giungere persino a colpire la persona amata, quando la si ritiene responsabile di un tradimento. Una volta raggiunto l'obiettivo, l'azione violenta cessa.

La terza reazione offensiva è la distruttività. In questo caso, l'azione è rivolta contro tutto il mondo, senza una causa determinata o un obiettivo specifico. La distruttività è una piccola apocalisse, un sentimento sotterraneo da cui si sprigiona la voglia di eliminare il mondo stesso, distruggendo anche la propria condizione esistenziale. Così, la reazione diventa anche autodistruttiva.

È questa l'occasione per dare un significato clinico ad altri due termini, tipici del linguaggio comune, *odio* e *rabbia*, spesso considerati alla base della reazione aggressiva, violenta o distruttiva. In realtà anche questi due sentimenti si legano alla paura, alla percezione di una forza contraria, che mette a rischio la propria sopravvivenza.

Inevitabilmente la percezione del nemico si accompagna a un odio, alla sensazione precisa di volerlo eliminare prima che sia lui a eliminarci. L'odio, quindi, rafforza la motivazione ad agire già creata dalla paura. La rabbia invece è una violenza non ancora espressa, una carica interna non ancora trasformata in azione.

Si tratta di derivati della paura, un meccanismo in sé positivo di autodifesa.

A) ATTACCO DI PANICO

Il termine *attacco* indica un evento improvviso, inatteso e persino strano. Così con l'espressione *attacco di panico* si descrive la condizione di chi, d'un tratto, senza alcuna avvisaglia, sperimenta una paura estrema, come se stesse subendo un evento tragico.

È una sensazione che di solito si accompagna al pensiero della morte e a sintomi somatici come palpitazioni, tachicardia, tremori, fino alla perdita di equilibrio, se si è in piedi, o al senso di soffocamento. Abitualmente tutto questo corredo di sintomi, diretti e somatici, si manifesta nel giro di pochi minuti.

Gli attacchi di panico durano per un tempo variabile, ma scompaiono senza che sia capitato nulla. Tuttavia, lasciano in chi li ha provati un'impressione acuta.

Bisogna però distinguere l'attacco di panico dalla malattia da attacchi di panico.

B) MALATTIA DA ATTACCHI DI PANICO

È questa un'esperienza altrettanto drammatica, ma con un elemento caratteristico: l'attacco non rimane isolato, ma si ripete. A un primo episodio ne segue un altro, sia pure a distanza di tempo, con intervalli che variano e possono essere di settimane oppure di mesi.

Di solito il primo attacco viene dimenticato, cancellato. Nell'attacco successivo, però, riaffiora alla mente il ricordo del primo episodio e quindi si comincia a pensare che il problema possa ripetersi anche in futuro. Questa proiezione aggrava la condizione del soggetto e, di fatto, la previsione negativa si avvera, poiché è tipico della malattia accumulare molteplici episodi. Con il progredire del disturbo poi, anche il tempo di latenza tra un attacco e l'altro tende a diminuire.

La prima caratteristica del quadro patologico va dunque ravvisata nella comparsa degli attacchi di panico. L'elemento caratteristico però non è solo il ripetersi dell'evento; patognomonica è anche la paura anticipatoria, che occupa i periodi di latenza. Si vive come se il prossimo attacco fosse vicino e si dovesse ripetere continuamente.

La paura anticipatoria impedisce di vivere in modo positivo i periodi senza attacchi, riprendendo, per esempio, le attività lavorative e recuperando il proprio ruolo sociale. Gli attacchi sono per lo più limitati nel tempo e possono anche terminare in mezz'ora, ma il tempo di latenza tra un episodio e l'altro finisce per essere dominato da una paura continua e così forte da impedire a chi la avverte di condurre un'esistenza normale. Ciò che si prova in questo tempo di attesa è l'angoscia di doversi preparare a una situazione estrema, una vera e propria prova di morte.

Storia

Il signor P (l'iniziale indica panico) è un uomo di quarantacinque anni, che gode di una solida salute. Operaio, è capoturno in una fabbrica metalmeccanica.

Nel tempo libero si dedica all'attività sportiva, per rafforzare la muscolatura ed esibire una bellezza olimpionica. Deltoidi, pettorali e bicipiti sono ben sviluppati e il signor P dà un'impressione di gran forza.

È sua abitudine recarsi al lavoro in moto. Un mattino come gli altri, seguendo le liturgie del risveglio e la prassi standardizzata da moltissimi anni, percorre le vie abituali per raggiungere la fabbrica. Predilige una scorciatoia, che gli consente di evitare il traffico, a quell'ora piuttosto intenso.

È fermo con la moto davanti a un semaforo rosso quando d'un tratto, mentre attende di ripartire, è preso da una sensazione acuta di incertezza, la vista gli si sdoppia e avverte un grande dolore al petto, come se non riuscisse più a respirare. Le forze lo abbandonano. Si sente morire. Stramazza al suolo, andando a colpire un motociclista vicino, che è il primo ad assisterlo. Viene disteso per terra. Qualcuno chiama il pronto intervento.

Caricato su un'ambulanza con un infermiere che ne controlla le funzioni vitali, arriva presto al vicino ospedale. Quindici, venti minuti al massimo ed è sottoposto alle attenzioni del medico del pronto soccorso. A questo punto il signor P, aprendo gli occhi, percepisce la realtà in maniera ben definita. Il suo respiro è tornato nella norma, sente il cuore battere regolarmente e ha l'impressione che tutto sia passato.

Lo riferisce al medico, che tuttavia segue il protocollo e lo sottopone a un elettrocardiogramma, da cui tutto risulta nella norma. Anche pressione e respirazione sono regolari.

Il signor P viene quindi dimesso. Riaccompagnato nel luogo dove si è verificato l'incidente, trova ancora la sua moto, a lato della strada. Sale in sella, riparte, raggiunge la fabbrica e comincia la sua attività quotidiana. Riferisce l'episodio ai compagni di lavoro e poi a casa, ma nel racconto quell'esperienza appare di volta in volta più lontana, come se fosse accaduta ad altri, finché il signor P non se ne distacca in modo netto. Continua regolarmente la sua attività sportiva, alla ricerca di un corpo sempre più prestante e atletico.

Non ricorda più nulla dell'incidente fino a quando, due mesi più tardi, subisce un secondo attacco. Questa volta si trova in palestra, dove sta eseguendo una serie di esercizi. All'improvviso, vede lo spazio attorno a sé muoversi, come se soffrisse di vertigine, sente le forze che calano, cade per terra, la sudorazione si fa profusa, il cuore è impazzito, con un forte dolore al petto e la sensazione di soffocare.

Il signor P viene subito soccorso, nella palestra c'è un infermiere che interviene con un massaggio cardiaco, finché arriva l'ambulanza. La corsa al pronto soccorso, la visita, gli esami: tutto si ripete secondo il copione della prima volta. Si tratta di un nuovo attacco di panico.

Questo evento richiama alla memoria l'episodio precedente, che d'un tratto riacquista realtà. Ripensando ai due attacchi, il signor P diventa consapevole. C'è qualcosa che non va e occorre ricercare la causa. Non può darsi pace.

Su consiglio del medico di famiglia, si sottopone a una serie di visite ed esami: sull'encefalo, prima di tutto, per la vertigine, che potrebbe essere spiegata con un problema circolatorio. Così, si procede a risonanza magnetica e doppler per analizzare l'apertura dei vasi cerebrali. Quindi, poiché il secondo attacco è accaduto in palestra, vengono compiuti anche degli esami sotto sforzo.

Tutto risulta nella norma.

Però il signor P non è più come prima. Non dentro di sé. L'attesa degli esiti lo ha provato, si sente insicuro, preoccupato.

Di lì a qualche settimana avviene un terzo attacco. Gli episodi occasionali si sono trasformati in malattia da attacchi di panico. Fa la comparsa, infatti, quella preoccupazione specifica, che occupa tutto lo spazio tra un attacco e l'altro.

Così il signor P smette di frequentare la palestra, per paura di star male, e lascia la moto in garage, perché gli riporta alla mente il primo episodio. Per uscire deve essere accompagnato dalla moglie o da un amico che lo viene a prendere per andare in fabbrica. Uno degli attacchi arriva anche qui. Stesse caratteristiche, stesso copione. Ma al termine, la paura è aumentata.

Il signor P chiede un'aspettativa dal lavoro per motivi di salute, ma diventa presto socialmente inabile, proiettato solo nell'attesa di un altro attacco. Che puntualmente si verifica.

Tutti gli episodi cadono in momenti in cui non vi è alcun particolare stato d'animo. In un caso stava guidando verso la fabbrica, in un altro era in palestra, in un altro ancora si trovava al lavoro. Eppure, questo paziente non riesce più a liberarsi della paura. È il pensiero della morte la vera costante. Anche dopo anni è preda degli attacchi, sia pure non frequentissimi, e di quella sensazione di trovarsi sempre vicino alla morte.

Il suo caso si sposta dalla medicina generale alla psichiatria. Incontra un medico che gli prescrive delle terapie indicate per il suo disturbo, ma i risultati non sono quelli sperati, anche perché il desiderio del signor P è cancellare tutto, tornare alla sua condizione precedente.

Mai verrà cancellata l'idea che un nuovo episodio si possa ripresentare, ed è proprio questa proiezione immaginativa che accende la paura. Non diversamente da quanto accade nel disturbo post-traumatico da stress con la differenza che, in questo caso, gli episodi drammatici si ripresentano.

c) DISTURBI FOBICI

Il termine *fobico* deriva dal greco *phobos* («terrore») e designa una paura simile per intensità al panico, con sentimenti di avversione, ripugnanza, intolleranza.

I disturbi fobici hanno la caratteristica di essere nucleari, riferiti a un oggetto specifico, a particolari situazioni che fanno scattare la reazione di fuga. Il DSM-IV così li definisce: «Paura marcata e persistente, eccessiva o irragionevole, provocata dalla presenza o dall'attesa di un oggetto o situazione specifici (per es. volare, altezze, animali, ricevere un'iniezione, vedere il sangue). L'esposizione allo stimolo fobico quasi invariabilmente provoca una risposta immediata, che può prendere la forma di attacco di panico». Il soggetto è, insomma, ipersensibile nei confronti di un dato incontro, di un'esperienza.

Esiste l'agorafobia (dal greco *agora*, «piazza»), cioè il terrore di trovarsi in uno spazio aperto, senza confini, oppure in ambienti non familiari, che sfuggono al proprio controllo. È una fobia che si riconduce a un bisogno ancestrale, quello di delimitare un territorio sicuro, da cui trarre le risorse necessarie per la sopravvivenza.

La claustrofobia all'opposto si attiva quando ci si trova in luoghi chiusi: un ascensore, un aereo, anche l'automobile.

Ampia è la gamma di fobie legate ad animali. Diffuse sono le fobie per i ragni e, soprattutto, per i serpenti. Anche qui si possono trovare analogie con situazioni ancestrali, poiché il serpente è subdolo, arriva senza provocare rumore, attacca di sorpresa e sa provocare in fretta la morte.

Chi si è preso il compito di enumerare le situazioni o gli oggetti che possono provocare fobia è arrivato a contarne più di un centinaio.

Le fobie possono avere un impatto sulla vita sociale e quindi avere effetti invalidanti. Nell'età infantile o adolescenziale si può stabilire una fobia scolare, che fa esplodere veri attacchi di panico solo entrando a scuola, o al pensiero di entrarci.

Ci sono studenti che si iscrivono alla facoltà di medicina e che, nel passaggio dalle attività puramente teoriche a quelle pratiche, possono rivelare una fobia per il sangue o per le ferite, che impedisce loro di continuare gli studi.

Molto spesso la reazione fobica non scatta al contatto, ma soltanto alla vista o addirittura al pensiero dell'oggetto temuto, aumentando i disagi per la vita quotidiana. Per questo si parla di malattia e non di semplice sintomo. Le fobie, infatti, trasformano il comportamento e lo stile di vita del soggetto, anche quando non si trova nella situazione temuta.

Storia

Il signor F ha diciotto anni ed è iscritto all'ottavo anno di corso al conservatorio. Studia violino, strumento verso cui mostra una straordinaria propensione, un'autentica capacità di far «parlare» questo strumento.

In virtù di tale rapporto speciale, è in grado di rispondere brillantemente allo sforzo che il conservatorio richiede. Il piacere si combina con l'impegno nell'apprendimento e nell'interpretazione: secondo il maestro di violino, un binomio eccellente.

Alla fine dell'ottavo anno si deve sostenere una prova nel teatro del conservatorio, con la partecipazione dei parenti, ma anche di autorità e invitati. Il signor F è in attesa di questa performance piuttosto difficile, ma gode del supporto del suo maestro, che lo rassicura: ha raggiunto una preparazione adeguata e può superare brillantemente l'esame.

La sera del concerto, il signor F fa il suo ingresso e sistema il leggio con lo spartito. Nella sala si fa silenzio ed è in questo momento che viene preso dal panico. Si sente impacciato, bloccato, non solo nei movimenti rapidi che lo strumento richiede, ma anche nella respirazione e nella salivazione. Il violino gli trema tra le mani ed è preso da un convulso di pianto.

Esce dalla sala sopraffatto dall'orrore di quel pubblico in silenzio, nel buio. Facce senza volto, nemici che vogliono assistere alla sua morte, ucciderlo.

L'episodio colpisce molto il maestro di violino, ma anche tutti gli altri che conoscono bene il signor F. Terminata l'esibizione degli altri studenti, un piccolo gruppo attornia il signor F per cercare di sostenerlo, per capire che cosa sia accaduto. Gli domandano di eseguire in un'aula qualunque il pezzo che avrebbe dovuto suonare davanti al pubblico. Il signor F lo fa, senza spartito davanti, a memoria, ed è un'esecuzione straordinaria.

È chiaro, dunque, che ciò che gli ha impedito di esibirsi, poco prima, è stata una fobia da palcoscenico.

Nei giorni successivi prova ad affrontare una situazione analoga, ma ne è terrorizzato al semplice pensiero. Non si esibirà mai più.

Nella sua storia, il danno ha determinato in lui un progressivo disamore verso il violino, verso la musica, fino a fargli abbandonare gli studi al conservatorio. Tutto questo mondo si era ridotto ormai, nella sua immaginazione, alla scena della prima esibizione, un ricordo che gli provocava orrore e non gli dava pace.

3

Disturbi della percezione dell'io

Nell'interpretazione di Freud, l'Io è l'istanza psichica che si determina dalla lotta tra l'Es e il Super-io, dunque tra pulsioni e imperativi. Una lotta necessaria, affinché il soggetto possa relazionarsi con gli altri e creare legami.

L'io è quindi una struttura portante della psiche, anche se non è statico, fissato una volta per tutte. Per comprendere la mutevolezza dell'io e chiarire quanto è complessa la percezione che si ha di sé, il richiamo va a Luigi Pirandello e al suo romanzo *Uno, nessuno e centomila*. Il protagonista, Vitangelo Moscarda, per una semplice osservazione della moglie, che una mattina gli fa notare come il suo naso sia leggermente storto, entra in crisi di identità e finisce per non sapere più chi è. Questo sfasamento percettivo, colto negli occhi della moglie con cui vive da anni, sfocia in un'incertezza che travolge tutto, persino il rapporto con Bibì, la cagnolina con cui il protagonista si sfoga durante una delle loro passeggiate.

Questa storia è emblematica di una condizione esistenziale, tipica dell'essere umano. Ciascuno di noi si rende conto di avere un io mutevole: un io sul lavoro, un altro a casa, un altro ancora con gli amici, uno diverso quando si incontrano persone con cui si intrattengono rapporti formali.

L'io quindi si modifica, non solo nel tempo, ma nelle diverse circostanze. La percezione che ne abbiamo muta inoltre con gli stati d'animo. Così se ne fa esperienza diversa se si è in ansia, oppure se si è rilassati, se si è presi dalla paura o se ci si sente molto sicuri dentro le braccia della persona amata.

Questa mutevolezza è però sempre contenuta entro un confine: al di là dei cambiamenti, l'io resta uno solo. Se si oltrepassa questo limite, si percepisce un io diviso, sdoppiato, o addirittura frammentato. Questa condizione sarà analizzata nei particolari, parlando dei disturbi dissociativi.

Dunque, la percezione dell'io è una sintesi straordinaria dei costituenti elementari della persona, senza la quale non è possibile parlare di individuo. Ma anche la percezione dell'io può entrare in crisi.

L'io inventato

Rientrano in questo quadro i disturbi in cui l'io viene raccontato in maniera diversa da come effettivamente è.

Alla base di questo disturbo c'è la menzogna, che permette all'io di raccontarsi come vorrebbe essere, ma non è, attribuendosi azioni e caratteristiche inesistenti. Chi mente, però, sa benissimo come sta la realtà.

La menzogna spesso provoca danno all'altro. È quello che accade, per esempio, quando ci si attribuisce qualità e competenze inesistenti per sopraffare un concorrente onesto. La natura di questo comportamento è spesso patologica.

È chiaro che il riferimento non è all'episodio isolato, bensì alla menzogna che diventa un'abitudine, al punto da istituire una sorta di regola al contrario: ogni parola detta è falsa, e la verità è solo taciuta.

Perché si possa parlare di un vero e proprio disturbo, questa condizione deve permanere nel tempo e rimanere costante, fino alla costruzione di un io sostitutivo, appunto un io inventato.

Simulazione

La simulazione è una menzogna, che però viene creduta anche da chi la pronuncia. Scatta una sorta di meccanismo di autoconvincimento, per cui il soggetto ha persuaso anche se stesso e non può più confrontarsi con la verità. Questa condizione può quindi porsi come conseguenza di una menzogna sempre più frequente.

È un'esperienza che ciascuno sperimenta. Se si afferma, magari per gioco, che si è intrapreso un viaggio, compiuto un incontro, oppure ottenuto un risultato e questo racconto viene ripetuto di continuo, con il passare del tempo la narrazione prende il sopravvento sulla realtà e si insinua il dubbio che il fatto raccontato sia veramente accaduto. Si fa sempre più confuso il confine tra invenzione e cronaca.

Insomma, anche nell'esperienza di un comune bugiardo, può accadere che l'io confonda invenzione e verità.

Una realtà paradossale, certo. Una verità che non è mai accaduta.

Disturbi fittizi

Finora abbiamo parlato delle menzogne nel senso più vario del termine. Con disturbi fittizi ci riferiamo specificamente a quelle menzogne con cui si fingono sintomi fisici o psichici, o persino insiemi di sintomi (sindromi), inesistenti.

Il desiderio sotteso al comportamento, questa volta, è assumere lo status di malato, una condizione che comporta dei vantaggi. Si può per esempio inventare una malattia per non recarsi al lavoro, oppure addurre dei sintomi come giustificazione di errori o comportamenti dannosi. Nell'ambito della giustizia, si può fingere di essere incapaci di intendere e di volere o affetti da un disturbo psichico per ottenere un'assoluzione o uno sconto di pena.

Ancora, ci si può fingere invalidi per ottenere una pensione sociale, o per avere il permesso di circolare nel centro storico con la propria automobile. Ed è strabiliante scoprire quanti falsi invalidi esistono nel nostro Paese: c'è persino chi riceve una pensione da non vedente pur non avendo particolari problemi di vista.

Per disturbi fittizi di natura ben più leggera, può verificarsi un fenomeno di suggestione simile a quello descritto in precedenza. Così, chi si attribuisce un sintomo, finisce a volte per sentirlo. È il malato immaginario che rimane vittima della sua stessa immaginazione, e diventa un malato reale.

Delirio

Il delirio è un difetto della percezione di sé in cui ci si convince, senza il minimo dubbio, di essere completamente diversi rispetto al passato. Questa percezione distorta si può estendere anche al mondo circostante, come fosse radicalmente cambiato.

Sono due le forme principali di delirio: il delirio persecutorio e il delirio di grandezza.

Nella persecuzione, l'io si percepisce come vittima di ogni possibile macchinazione. Una certezza che si fa strada sia quando il soggetto è solo sia quando si trova in mezzo ad altri.

Il delirante interpreta ogni parola, gesto o manifestazione mimica come un'azione rivolta volontariamente contro di lui e, per questa ragione, tende ad attivare strategie di difesa. Quando giungerà alla certezza di essere in pericolo di vita – o meglio si convincerà che qualcuno stia per ucciderlo – tenterà di difendersi, aggredendo e persino sopprimendo la persona da cui crede di essere minacciato.

Il delirio di grandezza è di tipo opposto a quello persecutorio. L'io si percepisce, infatti, come dotato di ogni qualità possibile, matura una visione eroica, che cresce progressivamente, fino ad attribuirsi tutte le doti abitualmente riservate agli dèi.

Chi è affetto da questo tipo di delirio sente di avere una potenza straordinaria, un dominio incontrastato. È una certezza che investe gli affetti, dove il delirante si comporta come un grande conquistatore a cui tutti devono piegarsi, ma si manifesta anche in altri campi. Il delirante, per esempio, compie acquisti spropositati per le sue possibilità economiche, emettendo assegni scoperti o conducendo trattative che non sono minimamente adeguate alle sue condizioni reali.

Il delirio determina una metamorfosi dell'io, spesso una metamorfosi per antinomia, come se avvenisse un rimbalzo compensatorio, che trasforma il nulla precedente in un io impossibile da sconfiggere. Per questo il comportamento del delirante trascende norme, giuridiche ed etiche, e si pone al di fuori e al di sopra di tutto.

Spesso il delirante si identifica con un personaggio potente. Per esempio, può credere di essere Napoleone, senza accorgersi minimamente di quanto sia assurda l'idea di incarnare un personaggio storico morto e sepolto. Oggi accade sovente che l'identificazione riguardi un personaggio della cronaca, o un supereroe dei fumetti, capace magari di spostare il Sole e modificare il corso dei pianeti (nell'immaginario attuale sembra che i fumetti siano in grado di sostituire la mitologia del periodo classico).

Con il delirio, insomma, avviene una modificazione totale della percezione dell'io, che si sente in grado di trasformare il mondo e lo esperisce in una dimensione irreale, funzionale solo al suo delirio di potenza.

Che la modificazione della percezione dell'io sia una funzione elementare, lo attesta il fatto che il delirio entra in diversi quadri patologici. Il delirio di grandezza è presente nella maniacalità e nelle cosiddette forme paranoiche, ma anche nelle fasi iniziali della schizofrenia.

Il delirio rimanda alla follia. Di per sé, però, non costituisce malattia, ma un'alterazione «quantitativa» della percezione del proprio io, che comporta trasformazioni sia nelle attività del pensiero, sia nell'affettività. Da questo primo effetto deriva la tendenza a sovvertire le regole alla base delle relazioni sociali.

In questo il delirio ha effetti simili all'ansia che si trasforma in angoscia e alla paura che diventa fobia o attacco di panico: innesca il bisogno di una ristrutturazione della personalità, per rendere possibile l'esistenza.

Disturbo delirante cronico (paranoia)

Il delirio è una manifestazione acuta e si mostra con espressioni del pensiero e dell'affettività molto evidenti (e talora clamorose). Tuttavia esistono forme di delirio cronico che si caratterizzano per componenti meno eclatanti e persino nascoste (almeno all'impressione immediata). Le forme croniche sono persistenti e possono caratterizzare personalità di successo e figure storiche di potere (come Adolf Hitler e Iosif Stalin).

Nelle classificazioni psichiatriche del passato andavano sotto la dizione (e la diagnosi) di *paranoia.* Oggi la paranoia (cancellata anche come termine dal DSM) si situa tra i disturbi dell'umore: la maniacalità e la ipomaniacalità e il disturbo delirante cronico. Questi si strutturano attorno al delirio (lucido) che è un delirio di grandezza come risposta a una grande sospettosità e a percezioni persecutorie.

Parafrenie

La parafrenia è un «delirio nucleare», concentrato cioè su un solo ambito di interesse. Questo delirio limitato può riguardare una situazione particolare o un oggetto specifico. Si può avere, per esempio, una parafrenia sessuale, e quindi convincersi di avere una potenza erotica straordinaria. Oppure, una parafrenia da denaro, e quindi attribuirsi ricchezze grandiose, con una fantasia sconfinata che non corrisponde minimamente alla realtà.

Al di fuori di questo campo ristretto, però, tutto prosegue come prima e la personalità appare assolutamente normale.

4

Disturbi dell'umore

I disturbi che appartengono a questa categoria sono sovente riferiti all'*affettività*, termine semanticamente complesso che indica quella dimensione della mente umana contrapposta alla razionalità. Alcuni di questi disturbi sono definiti con il termine *distimie*, dal greco *thymos* («spirito»). Tuttavia, *umore* è parola più semplice, elementare, che riporta alle teorie di Ippocrate, ma trova spazio anche in espressioni di uso popolare, come «essere di malumore» o «essere giù di umore», a testimoniare l'importanza di questo concetto nella vita quotidiana. E già nella prima parte abbiamo indicato la necessità di valutare sintomi e disturbi considerando sia le funzioni razionali (pensieri e idee, espressi tramite il linguaggio), sia l'affettività, intesa come insieme delle manifestazioni emotive e sentimentali.

Emotive sono le risposte che seguono immediatamente degli stimoli; si tratta, quindi, di manifestazioni acute, che di regola smettono quando cessa lo stimolo.

I legami sentimentali, invece, portano a stabilire relazioni che permangono nel tempo e si approfondiscono. Determinano insomma un processo molto più ricco e complesso, che contempla un'attività immaginativa tale da simbolizzare la presenza dell'altro, anche quando è assente.

Emozioni e sentimenti riguardano il mondo interiore, ma incidono poi sul comportamento, che è invece un'azione compiuta sul mondo, l'ambiente esterno, l'altro da sé.

Queste distinzioni sono utili per classificare i disturbi dell'umore. Naturalmente, si procederà a segmentazioni che sono frutto di un'analisi in gran parte empirica e convenzionale, come accade sovente nell'ambito della psicopatologia.

Disturbo distimico

Ogni uomo sperimenta una variabilità del proprio umore. Talora al risveglio ci si sente giù di morale, oppure ci si può alzare con una sensazione positiva, di entusiasmo.

Possono accadere anche variazioni improvvise, legate a un incontro, piacevole o spiacevole, a un giudizio ricevuto, positivo o negativo.

Insomma, l'umore è sottoposto di continuo a una serie di cambiamenti, che dipendono in parte dalle esperienze, dunque anche dall'ambiente, ma si legano fondamentalmente alla condizione interiore del soggetto. Risultato di un bilanciamento di elementi diversi, in un movimento continuo che condiziona l'umore stesso.

È, di nuovo, la quantità a distinguere le oscillazioni accettabili da quelle che si configurano come disturbo. Lungo questa sorta di vettore immaginario, la prima alterazione sintomatica è la distimia.

Già dal punto di vista linguistico, il prefisso *dis-* descrive l'alterazione di uno status.

Se la condizione timica nella normalità mostra un equilibrio tanto nelle risposte emotive quanto in quelle affettive, il disturbo distimico comporta un'alterazione dell'umore, al di là delle variazioni accettabili per un dato soggetto. La valutazione ha cioè, come punto di riferimento, le esperienze di un individuo specifico, anche perché è difficile misurare in maniera oggettiva i vissuti individuali. Due sono le componenti da analizzare: l'intensità della variazione e la sua durata.

Così, è ritenuto del tutto normale trovarsi con l'umore a terra dopo un lutto. Si vive una reazione di tristezza, di malinconia profonda, di pianto e si avverte un senso di abbandono, solitudine e sconforto. Esiste ovviamente il lutto vero e proprio, provocato dalla scomparsa di persone care, ma c'è una condizione analoga al lutto, prodotta da situazioni sgradevoli. La perdita del lavoro per esempio comporta un'elaborazione faticosa, poiché viene a scomparire un ruolo sociale, cui si lega anche la fonte di guadagno e sostentamento per la famiglia.

Il lutto può durare qualche giorno, qualche settimana e di solito viene elaborato attraverso piccole liturgie, pratiche che permettono di ricordare la persona scomparsa. Se però diventa persistente, provoca una condizione cronica di umor nero, che si configura come un vero disturbo.

Non si modifica solo la percezione di sé e del mondo. In genere, si presentano anche cambiamenti più evidenti, come alterazioni dell'alimentazione o del ritmo sonno-veglia e una perdita di interesse per tutte le attività a cui ci si dedicava in precedenza.

La stessa cosa accade nel disturbo depressivo maggiore, dove però questa sintomatologia, oltre a essere continua, ha un'intensità molto più significativa, a cui corrisponde anche una differente gravità.

Disturbo depressivo maggiore

Con questa espressione si indica la forma estrema di depressione, termine a sua volta usato per indicare una condizione particolarmente grave dei vissuti emotivi e affettivi.

PRIME MANIFESTAZIONI

Il disturbo depressivo maggiore può manifestarsi a ogni età, anche se variano i sintomi con cui si presenta. Esiste, per esempio, una forma depressiva infantile, la cosiddetta depressione del primo anno di vita. Il bambino riduce l'esplorazione del mondo circostante, quindi muove meno le mani per toccare gli oggetti. Anche la ricerca del cibo diminuisce, si attacca al seno con difficoltà, rifiuta il biberon.

Nell'età adolescenziale o in quella adulta il disturbo si esprime, all'inizio, con un cambiamento nello stile di vita:

smettono di essere interessanti attività che poco prima lo erano, non si insiste più per ottenere benefici che in precedenza esercitavano un'attrattiva particolare.

Anche il rapporto con se stessi muta: si cura meno il corpo, non lo si abbiglia più con attenzione, quasi divenisse lontano, un'isola a sé stante. Contemporaneamente si trascurano le occupazioni ordinarie.

Non esiste, dunque, un segnale specifico. Si comincia a intravedere un sistema di vita completamente diverso da quello precedente. Tutto diminuisce: l'interesse, la curiosità, la libido.

STRUTTURA CLINICA

1. Il primo sintomo è una percezione negativa di sé. Chi soffre di depressione avverte di non essere più in grado di svolgere attività prima ordinarie ed eseguite con grande facilità. La ridotta stima di sé induce un impoverimento generale di emozioni e sentimenti. È come se si anestetizzasse l'intera sfera psichica dell'affettività.

2. Si prova un profondo senso di colpa, come se si fosse l'unica causa delle proprie difficoltà, incapaci di gestire la propria esistenza. Il senso di colpa si allarga fino a sentirsi responsabili per quanto accade alle persone con cui si condivide la vita. L'esperienza della colpa può arrivare a intensità drammatiche, in cui si avverte la distanza tra come si è e come si vorrebbe essere. Un confronto insostenibile, che restituisce al depresso la certezza del suo fallimento totale, della sua incapacità di vivere.

3. Si manifesta attrazione per la morte, che diventa un pensiero sempre più netto, un richiamo talvolta irresistibile. La morte appare, insomma, l'epilogo, una sentenza inevitabile. Si finisce così per pensare al suicidio, passando spesso dal pensiero all'azione. È infatti la depressione la causa più comune di suicido.

4. L'ossessione della morte, che s'insinua nella mente e la domina, non riguarda solo se stessi, ma anche le persone care, che agli occhi del depresso inevitabilmente soffrono:

per colpa sua, visto che si ritiene un peso per gli altri. Questi vissuti sono all'origine di molte storie che si fanno cronaca. Sovente, infatti, il depresso uccide le persone care: in modo particolare i figli, se si tratta di una depressione femminile; oppure la moglie e i figli, se si tratta di una depressione maschile. E alla fine, si suicida. Questi gesti estremi nascono da una percezione profondamente negativa – distruttiva – dell'esistenza, al punto che devono essere letti come omicidi d'amore, a cui segue un suicidio disperato. D'amore, poiché l'intenzione è rimuovere la condizione di dolore che il depresso ritiene vissuta dai propri cari.

5. Un episodio depressivo maggiore si accompagna sempre a manifestazioni visibili sul piano somatico. Si rilevano perdita di peso, scomparsa del desiderio di piacere e disturbo del ritmo sonno-veglia, in particolare con insonnia oppure con risvegli precoci al mattino. La condizione generale è di astenia, accompagnata persino dall'incapacità di muoversi: il depresso non riesce ad alzarsi e resta seduto, magari in un angolo, a guardare soltanto in faccia la morte.

6. Sul piano mentale, la testa sembra «vuota», non sa produrre pensieri, non riesce a concentrarsi. Per questo la depressione viene definita una sorta di «morte in vita». Persino il passato è oggetto di una rilettura nera, in cui rintracciare i segni infausti di un fallimento totale e incombente.

7. La depressione comporta una condizione di totale fallimento adattativo, in cui ci si astiene persino dall'utilizzare i meccanismi che facilitano il vivere nel mondo. È una vera e propria rinuncia.

8. Il disturbo depressivo maggiore configura una patologia strutturata, che si esprime con un andamento fasico. Dopo una grande fase depressiva si può, anche senza terapia, migliorare la propria condizione di umore, con riprese che riportano a periodi di normalità. Ma tipica del disturbo depressivo è la sequenza di fasi, aspetto che distingue nettamente il semplice episodio depressivo dal disturbo depressivo maggiore.

Una fase, che non venga clinicamente trattata, può durare qualche mese.

La descrizione del disturbo depressivo maggiore, e soprattutto dei rischi che comporta per il depresso e per le persone che gli vivono accanto, deve indurre a dare enorme peso a tutti i sintomi iniziali, reputandoli segnali molto pericolosi. Prenderne consapevolezza significa soprattutto attivare una relazione con uno psichiatra o uno psicologo, che possa seguire terapeuticamente il depresso e monitorare i rischi per la sua vita e per la vita di chi gli abita accanto. È necessario muoversi al primo segnale di allarme. Bisogna sapere, infatti, che quanto traspare dal comportamento non è esattamente quanto è vissuto dal depresso, poiché egli tende a ritirarsi, a non disturbare, a non mostrare, a non chiedere.

È questa la sola via per impedire che la cronaca continui a urlare, nelle sue pagine, omicidi e suicidi legati a questa patologia. Un depresso ha il diritto di essere curato, prima di trovarsi descritto con le vesti di un criminale.

STORIA DI D

D ha quindici anni. Frequenta il primo anno di un istituto tecnico. Dopo un'infanzia che considera serena, con la pubertà ha iniziato un'adolescenza difficile, che lo ha fatto sentire diverso dagli altri. Nel corpo e nella personalità sente una distanza incolmabile rispetto ai coetanei verso cui è più attratto e con cui si confronta.

L'inizio delle scuole superiori non è stato favorevole. Si è trovato a vivere in una classe nuova, con insegnanti severi, che lo giudicano ora insufficiente, ora impreparato, oppure poco attento e con una scarsa voglia di impegnarsi. Una serie di giudizi che sono abituali nella scuola, usati nel migliore dei casi come sprone, ma che possono essere vissuti come frustranti.

Il giovane D non ha nemmeno il coraggio di avvicinarsi alle compagne, certo di non poterle interessare. Se a casa, poi, gli riferiscono giudizi positivi da parte di qualche ragazza, di una cugina, o della figlia di qualche amico, si schermisce, convinto che stiano solo tentando di consolarlo.

Da qualche tempo, la famiglia non è serena. Avvengono litigi frequenti tra i genitori e il tema riguarda i figli, la delusione che hanno prodotto, il costo per il loro mantenimento e per cercare di garantire loro un futuro attraverso la via più sicura: l'istruzione.

D ha due fratelli, più giovani di lui. Neppure su di loro, però, avverte di esercitare il fascino tipico dei fratelli maggiori. Né a scuola né fuori frequenta un gruppo di amici: nel condominio in cui abita, i ragazzi della sua età studiano in altri istituti e, soprattutto, possiedono un motorino con cui spostarsi, mezzo a lui assolutamente proibito.

L'insieme di questi elementi tratteggia, con sempre maggiore forza, nella sua mente, una parola: solitudine.

In famiglia, se manifestano interesse per lui, è soltanto per riprenderlo a causa dell'andamento scolastico. Le raccomandazioni hanno a oggetto soltanto quel tema, cui si lega lo sfogo dei genitori sulla loro fatica e sulle rinunce in nome dei figli.

Dunque D si sente solo, senza tramiti affettivi, responsabile della condizione generale della famiglia e dello sconforto dei genitori. Tuttavia, questa situazione non lo porta ad avere delle reazioni oppositive. Non risponde, non si giustifica, non racconta episodi che dimostrino l'ingiustizia di un voto. Finisce così per accettare la sua condizione, anche se la vive come uno stato di esclusione e, progressivamente, come una sofferenza senza via d'uscita. Non attiva, insomma, alcuna risposta difensiva.

L'anno scolastico si trascina, costellato dei fallimenti quotidiani che D attende e che reputa ormai di meritare, registrando i voti sui compiti come voti alla propria inadeguatezza.

Il pomeriggio non esce. Rientrato da scuola, rimane nella propria stanza, davanti a libri che non lo attraggono, cercando di concentrarsi su pagine che gli sfuggono. Nemmeno le idee sanno più coordinarsi, è incapace persino di seguire il periodare e il senso di ciò che legge. Siede davanti a quei volumi solo per placare l'insoddisfazione dei genitori, ma non recepisce nulla, tutto gli sfugge. E così arriva la fine dell'anno scolastico.

Quel pomeriggio, davanti alla bacheca dell'istituto tecnico, il giovane D legge il giudizio di bocciatura. È lì, scritto nero su bianco e sembra urlare da dietro il vetro una sentenza sulla sua incapacità assoluta. Una sorta di giudizio universale, una condanna personale, che travolge tutto, anche il futuro.

Il suo sguardo piomba nel nero, il nero implacabile di un futuro che disegna un nuovo anno, in mezzo a nuovi compagni, con quell'etichetta addosso: bocciato. Non ha nemmeno il tempo di accorgersi che i bocciati sono veramente pochi e che dunque il giudizio è ancora più pesante. Si allontana dalla bacheca e vaga.

Non ha il coraggio di tornare a casa. Forse il coraggio non c'entra, perché è un automatismo che lo guida. Così, giunge su uno dei ponti sopra il fiume che attraversa la città. È un ponte di periferia. Intorno non c'è nessuno. Ha camminato qualche chilometro, il centro appare lontano. D osserva il ponte, le sue arcate. Nota l'altezza che lo separa dal greto del fiume. C'è un punto in cui affiorano due massi.

Si guarda attorno. Nessuno. Tutto vuoto, solo. Dentro e fuori, quella solitudine. Non pensa. Non riesce a pensare. Sale sul parapetto di pietra e salta nel vuoto.

STORIA DEL SIGNOR D2

Il signor D2 ha novantadue anni. Finora ha svolto una vita attiva. Continua a leggere, sia pure inforcando lenti spesse, e segue qualche programma televisivo, che sceglie attentamente per evitare che guardare la tv diventi un'abitudine passiva.

Certo, gli mancano molte cose: le persone care ormai sono sepolte al cimitero, gli amici li incontra solo nei ricordi. Con l'aumentare degli anni e i numerosi lutti, sente di avere perso una funzione sociale e vive chiuso nel suo appartamento, quasi si trovasse agli arresti domiciliari. Non c'è nessuno che lo cerchi e, se suona il campanello, si fa guardingo. Sa che i vecchi sono diventati il bersaglio di furti e raggiri, perché i vecchi sono deboli, ma godono di una pensione: denaro dunque, denaro da rubare.

La giornata per il signor D2 scorre lenta. Nella vecchiaia il tempo si allunga, si fa già eterno, non passa mai.

Non è comunque d'accordo con chi considera la vecchiaia una malattia. È semmai una fase nuova della vita, spesso anche di lunga durata, visto che i controlli medici hanno reso meno drammatiche le patologie infettive, vascolari e cardiache. Insomma, si sopravvive più a lungo, ma il problema è la qualità della vita e uno come lui, di novantadue anni, può dirsi vecchio da quasi un trentennio.

Negli ultimi giorni, il signor D2 avverte difficoltà a urinare. Non si tratta di quell'ingrossamento prostatico, che ormai è una regola cui ha fatto l'abitudine. Prova invece dolore al basso ventre e quando cerca di urinare non ci riesce. Anzi, se forza lo stimolo, finisce per defecare. Nel corso della giornata, il dolore aumenta e, toccandosi il ventre, sente sempre più male. Capisce che non ha scelta, deve interpellare un medico.

Chiama lo studio del suo medico generico, gli illustra la situazione e riceve la risposta che si aspettava. Deve rivolgersi immediatamente al pronto soccorso, poiché è probabilmente in atto un'occlusione delle vie urinarie che, impedendo la fuoriuscita dell'urina, può provocare persino una rottura della vescica con conseguenze disastrose. I medici, del resto, sono abilissimi a descrivere i rischi, come se questo alleviasse in loro il senso di responsabilità, liberandoli dall'accusa di non aver parlato nel modo giusto al momento necessario.

Il signor D2 esce e prende l'autobus che conduce all'ospedale. Anche se è seduto, avverte un dolore insopportabile e teme che qualcosa possa accadere, proprio lì, a rendere la sua condizione ancora più penosa.

Non c'è nessuno, accanto a lui. Non ha familiari. Non ha amici. Avrebbe dovuto, forse, chiamare un'ambulanza, ma anche questo lo avrebbe esposto agli occhi degli altri, degli inquilini del palazzo. Lui, vecchio e fragile. Solo.

Giunge al pronto soccorso. Nella sala d'attesa il tempo scorre infinito, interrotto solo da un grido di dolore che il signor D2 non riesce più a trattenere.

Gli viene applicato un catetere che gli svuota la vescica, ma il medico che lo visita consiglia un ricovero. Appena il tempo di eseguire una cistoscopia e gli viene diagnosticato rapidamente un carcinoma alla prostata. Devono intervenire immediatamente, è il verdetto. Delle conseguenze nessuno gli parla.

Lo portano in sala operatoria, e ne esce con una vescica artificiale. Un sacco di plastica, fissato alla vita.

Segue poi la degenza postoperatoria. La vescica artificiale funziona, ma il signor D2 sente di non farcela più a stare al mondo. La notte, non riesce a dormire. Il suo corpo è diverso, il corpo stanco di un novantaduenne.

Nell'ospedale tutto si muove come se a dirigerlo fosse un robot, che riconosce solo obiettivi e modalità di esecuzione. Un robot non ha sentimento né affetto, anche se esegue le operazioni in maniera efficace.

Durante la degenza, i medici comunicano al signor D2 che il tumore ha già dato delle metastasi. Ora bisogna rincorrere queste cellule, che tendono a infiltrarsi dappertutto, impedendo la regolare funzionalità degli organi attaccati. L'immagine lo strazia: si sente posseduto da una forza che lo disgrega, lo divora.

Di fronte a ogni raccomandazione, a ogni prescrizione terapeutica non dice niente, accetta, ma da un po' ha una sola immagine in testa: poter aprire la finestra che è a lato del suo letto, in una stanza al quarto piano del policlinico, salire sul davanzale e, poi, cominciare un volo. Il volo dell'oblio.

Passano due giorni, prima che la stanza sia vuota. Finalmente non c'è nessuno a controllare. Così, il letto rimane vuoto, la finestra è aperta e giù, in fondo, nel cortile, qualcuno chiama, anzi urla.

Depressione puerperale

È un disturbo di straordinaria gravità, che merita un'attenzione profonda. Ne soffre un numero compreso tra il due e il cinque per cento delle donne in fase puerperale.

Dapprima si è pensato che fosse una forma di depressione riferibile specificamente alle condizioni fisiche e biochimiche delle puerpere. In questo tempo si apre la fase dell'allattamento, con l'attivazione dei sistemi ormonali che portano alla produzione del latte da parte delle ghiandole mammarie. La biologia femminile appare sensibilmente modificata, con la comparsa di caratteristiche prima assenti.

Si notano un aumento della pazienza e una grande disponibilità ad accudire i figli; cambia anche il ciclo sonno-veglia per le richieste alimentari del neonato, e per le difficoltà di digestione che il bambino talora manifesta, attraverso il pianto.

Tuttavia, le depressioni puerperali non sembrano dipendere da queste modificazioni fisiologiche. Del resto, il disturbo compare in un numero relativamente ristretto di casi e non tocca la maggior parte delle donne sottoposte a quella stessa trasformazione fisica, ormonale e biologico-mentale. In genere poi, tra le donne che hanno più di un figlio, la depressione puerperale si manifesta una sola volta: un altro elemento per scartare l'idea di una connessione stretta tra disturbo e fattori biologici.

In realtà, durante la fase puerperale avviene anche una vera e propria modificazione del nucleo familiare, poiché si instaura una simbiosi madre-figlio che altera le relazioni abituali con il marito e, se ci sono, anche con gli altri figli. La depressione puerperale configura, dunque, un vero e proprio quadro depressivo, favorito da questa simbiosi che allontana la donna – anche se solo per un periodo – da una sfera di interessi abituali.

È una depressione che merita attenzione. La donna, infatti, svaluta le proprie capacità, considerandosi come una cattiva madre: una madre che, invece di donare la vita, dà la morte.

Questo pensiero, che abbiamo indicato tra i sintomi primari più importanti della depressione, può condurre la donna alle fantasie di morte, fino alla volontà di uccidersi, portando con sé anche il bambino.

Dipendenze

Abitualmente, nella psicopatologia a questo capitolo è riservata una categoria a sé. Questa visione non ci ha mai convinto. A nostro parere, tutte le dipendenze originano da condizioni mentali che appartengono ad altri domini, e quindi a categorie cliniche già strutturate.

Ci siamo, dunque, trovati di fronte a due approcci possibili. In un caso, concentrarci sull'origine della dipendenza; nell'altro, accentrare l'attenzione sui cambiamenti che si verificano nel comportamento. Chi segue il primo approccio, interessandosi alle cause, collega le dipendenze al disturbo depressivo; chi adotta il secondo approccio, invece, le considera come manifestazioni del disturbo ossessivo compulsivo.

Abbiamo privilegiato la prima lettura, poiché ci appare più importante in questa summa evidenziare le condizioni che generano il disturbo. È questo il ruolo che si deve auspicare per la famiglia: intravedere le motivazioni, i primi segni, piuttosto che rilevare il rituale fobico-ossessivo che caratterizza la dipendenza ormai consolidata.

Distinguiamo le dipendenze in due categorie: le dipendenze chimiche, che si riferiscono all'uso di una sostanza, sia essa alcol, tabacco, cocaina; e le dipendenze non chimiche, che riguardano invece un oggetto o un comportamento specifico. A questo secondo gruppo appartengono, per esempio, le dipendenze da video, da internet, da shopping.

Ciò che caratterizza tutte le dipendenze è la peculiarità del legame che si viene a stabilire, un legame tanto stretto da rappresentare un disturbo. All'origine di questa relazione esclusiva, in cui tutto il mondo si riduce a una sostanza o a un oggetto, si ravvede sempre una svalutazione del proprio io, con quella percezione negativa tipica del disturbo depressivo maggiore.

Non meraviglia affatto che le dipendenze inizino soprattutto durante l'adolescenza. In questa fase della crescita avviene una brusca separazione dall'infanzia, dove si vive protetti all'interno della famiglia, fonte di legami stabili e positivi, per passare in una sorta di «territorio di nessuno», in cui si sperimenta una sensazione di indefinitezza.

I riferimenti del passato saltano, innanzi tutto quelli affettivi. E la certezza di dover abbandonare il mondo familiare spinge l'adolescente a svalutarlo, a giudicarlo inadeguato, conflittuale.

L'indefinitezza dell'io riguarda anche il genere: sovente gli adolescenti avvertono attrazione per compagni del proprio sesso, e accade che l'amicizia diventi una maschera di quest'ambiguità. E l'incertezza riguarda anche il ruolo sociale: non si sa con esattezza quale posto si occuperà nel mondo.

Se è questo l'humus in cui le dipendenze si radicano, non meraviglia che si accendano anche durante l'età adulta o nella vecchiaia, a seguito dell'innescarsi di una crisi, legata a una delusione o a un bilancio negativo del tempo passato. Condizioni, queste, che riportano alla svalutazione di sé, alla preoccupazione di non farcela, di non essere più adattati a vivere nel mondo con un ruolo da protagonisti.

Il termine che le dipendenze richiamano alla mente è *metamorfosi.* È già accaduto, durante questa trattazione, di utilizzarlo. Qui, però, la parola assume un significato specifico. È il fatto di non piacersi, di non sentirsi sufficientemente adeguati, che scatena il desiderio di metamorfosi: un cambiamento rapido, totale, istantaneo. È l'incantesimo della bacchetta magica e le sostanze chimiche, spesso, si propongono come fate, capaci di trasformare una zucca in una carrozza splendente.

Un effetto analogo sanno oggi scatenarlo anche le dipendenze da oggetti e comportamenti. Così il mondo del video soppianta il mondo concreto, in cui ci si sente alieni. Basta un clic per cancellare uno scenario che dà solo delusioni, sostituendolo con un altro in cui ci si percepisce finalmente adeguati.

A) DIPENDENZE CHIMICHE

Storicamente le dipendenze chimiche si sono imposte per prime nella nostra società. L'uso delle sostanze a scopo non terapeutico ha origini antichissime, come antico è l'uso delle droghe nei riti religiosi, per liberarsi del proprio ruolo abituale e assumere un'altra identità davanti alle divinità del cielo. In Italia, il vero cambiamento avviene tra il 1967 e il 1968, quando il consumo di droghe aumenta notevolmente. Si passa da un uso individuale, isolato, a uno di gruppo, persino di massa.

L'elenco delle sostanze di cui si può abusare è lunghissimo e vi rientrano anche farmaci assunti a scopo non terapeutico e senza controllo sanitario. Tutte le sostanze si possono comunque raggruppare in due categorie in base al loro effetto: stimolanti o eccitanti da un lato; sedative dall'altro.

Appartiene al primo gruppo la cocaina che, a pochi istanti dall'assunzione, già infonde un senso di benessere fisico, toglie la fame, priva del bisogno di sonno. La sensazione che ne deriva è di poter fare tutto: ci si sente più sciolti, i pensieri scorrono più rapidamente, le associazioni sono istantanee, la memoria potente.

Bisogna però distinguere il vissuto di chi sperimenta la sostanza e la valutazione effettiva, obiettiva, che si può fare dall'esterno. Così, per esempio, chi ha assunto cocaina si ritiene capace di grandi performance sessuali, mentre il partner o la partner non notano alcun miglioramento. Si tratta, insomma, di una convinzione illusoria.

Tra le sostanze sedative rientrano, invece, i narcotici, in primis i derivati dell'oppio: l'eroina è stata considerata a lungo la regina di questo gruppo di sostanze. Chi ne fa uso tende a isolarsi dal mondo esterno. La sensazione indotta è di un benessere del tutto ego-centrato, che annulla l'attenzione e il bisogno dell'altro.

Le sostanze, stimolanti o sedative, si inseriscono in una o l'altra delle risposte possibili a chi soffre di disturbi dell'umore. Il depresso, che svaluta le proprie capacità e crede di essere dannoso a sé e agli altri, può desiderare di uscire da questo tunnel ingigantendo il proprio io, potenziandolo fino ad annullare ogni limite e allora trova un alleato nella cocaina.

Oppure può scegliere la chiusura, il ripiegamento dentro di sé. Una fuga progressiva e inesorabile, che ha una sola direzione: la morte. In questo lento suicidio si inseriscono le sostanze narcotiche, che nascondono al depresso il suo mondo e il mondo esterno.

Senza dubbio, nella dipendenza da eroina l'interesse per l'altro e per il mondo esterno si riduce fortemente, avvicinando sempre più al nulla, fino alla morte per overdose, che è spesso un gesto estremo di suicidio.

Altre sostanze psicotrope non rientrano nel termine tecnico di stimolanti o sedativi. Tra queste, i derivati della canapa indiana, e quindi la marijuana, l'hashish e l'olio di hashish.

C'è poi la categoria degli allucinogeni che mostra, in maniera eclatante, il bisogno di metamorfosi nascosto dietro l'uso delle sostanze chimiche. Storicamente uno degli allucinogeni più significativi è l'Lsd, derivato dell'acido lisergico che, somministrato per bocca anche in dosi infinitesimali, produce una completa alterazione dei sensi e delle percezioni, al punto da stravolgere l'identità. Sono ormai classici gli esempi di persone che credono di poter volare, sentono il corpo leggero, scuotono le braccia come fossero ali, salgono sul davanzale di casa o su un terrazzo e si lanciano nel vuoto.

L'alterazione coinvolge anche le percezioni uditive, con suoni mai sentiti e voci che impongono o suggeriscono azioni da eroe.

B) DIPENDENZE NON CHIMICHE

Le dipendenze non chimiche producono sul comportamento il medesimo effetto. Il legame esclusivo si proietta però su stili di vita oppure oggetti particolari, che polarizzano attorno a sé l'esistenza intera. Il soggetto si sottopone a una vera liturgia, una ritualità che impoverisce la sua esperienza riducendola a una sola attività. Citiamo otto esempi di queste dipendenze.

1. Dipendenza da televisione. Deriva dall'esposizione passiva, forzata e prolungata nel tempo, di fronte al video. Se si spegne il televisore, il mondo scompare, ci si ritrova abbandonati in un vuoto soffocante e irriconoscibile.

2. Dipendenza da internet. Anche in questo caso c'è un video acceso, ma il singolo può compiere delle azioni, an-

che se si limita a cliccare tasti con funzioni preordinate. L'interattività però si riduce progressivamente, fino a giungere a veri e propri automatismi. Il computer può inoltre diventare il tramite di una dipendenza specifica, quella dai videogiochi o dai giochi di ruolo, ma anche dallo shopping on-line.

3. Dipendenza sessuale. Tutti i pensieri e le azioni si concentrano sul sesso, l'immaginazione è dominata da fantasie erotiche. Anche questa dipendenza può esprimersi attraverso il video e la rete, con l'uso di dvd pornografici o l'accesso a siti che offrono simili contenuti. La sessualità perde così il suo significato primario e di relazione, per ridursi a consumo di un oggetto, anzi di immagini.

4. Gli ultimi anni hanno conosciuto una diffusione esponenziale della dipendenza da shopping. In questo caso, il mondo è tutto chiuso all'interno delle boutique, per cui vivere significa fermarsi davanti alle vetrine, entrare in un negozio, provare delle cose, indipendentemente dai bisogni e dalle possibilità reali. Oggi, poi, la rete permette di prolungare quest'esperienza anche dopo la chiusura degli esercizi commerciali, attraverso i negozi virtuali. La dipendenza da shopping sta creando problemi considerevoli nell'ambito del commercio al dettaglio. Chi ne soffre, infatti, frequenta i negozi di continuo senza comprare nulla, poiché non ha la disponibilità economica per sostenere simili esigenze, ma pretende di essere seguito e servito in ogni richiesta dai commessi.

5. Esiste oggi anche una dipendenza da abbronzatura. Solo in America si calcola che il fenomeno colpisca cinque milioni di soggetti: persone che non escono di casa, se prima non si sono sottoposte a una lampada abbronzante per avere la pelle del colore desiderato, anche negli inverni più freddi. Controllano costantemente l'intensità della tintarella, passando senza sosta da una lampada abbronzante all'altra, e senza questa sorta di maschera, non riescono a uscire di casa. Il condizionamento riguarda, dunque, anche la vita sociale.

Si stanno imponendo sul mercato con sempre maggiore frequenza macchinette abbronzanti compatte e facilmente trasportabili, che rispondono a un bisogno incessante, paragonabile alla dipendenza chimica per la frequenza con cui si ripresenta.

6. Anche la dipendenza dal gioco d'azzardo sta diventando un fenomeno dilagante. Non più relegato all'interno del casinò, ha di fatto invaso le tabaccherie, affollate sempre più di slot-machine. In queste piccole Las Vegas, succursali delle grandi case da gioco, si possono perdere anche cifre consistenti.

Basterebbe ricordare il caso del Gratta e Vinci, che andrebbe ribattezzato Gratta e Perdi. Si possono ormai comprare anche schede da venti euro, certamente meno di una puntata allo chemin de fer, ma una cifra importante per le condizioni economiche di molti giocatori. Così, se a Montecarlo è possibile dilapidare una grande fortuna, in una tabaccheria con il Gratta e Vinci si consuma in fretta la pensione, oppure il sussidio di cassa integrazione. Variano le cifre, ma l'esperienza è la stessa: perdere tutto, nella speranza di ottenere di più. È questa l'occasione per rimarcare lo scandalo di queste lotterie, piccoli casinò gestiti di fatto dallo Stato, che spingono alcuni dei suoi cittadini verso la povertà. C'è chi arriva a rubare per poter giocare, come l'eroinomane ruba per procurarsi la dose.

Come se non bastasse, il problema del gioco d'azzardo è aggravato dalla diffusione dei casinò on-line, in cui è possibile giocare grosse somme senza nemmeno puntare denaro sonante, usando semplicemente una carta di credito.

7. È possibile anche diventare dipendenti da un'idea, talmente forte da togliere valore a qualsiasi altro interesse. È quanto accade con la dipendenza che sperimenta chi appartiene a sette religiose, piccole chiese sostenute da idee e pratiche che condizionano tutta l'esistenza. Del resto il termine *setta* – che secondo molti deriva dal latino *secare* («tagliare») – sottolinea bene l'origine di questi gruppi, che si costituiscono come separazioni, deviazioni rispetto a un grande movimento religioso.

Caratteristica specifica delle sette è la presenza di una gerarchia forte, dove lo stesso dio coincide con il grande sacerdote, che però abita al terzo piano di un condominio. Basta suonare e si è ricevuti. Da un uomo, certo, ma un uomo avvolto da un'aura divina, da una sovrastruttura sostenuta ad arte, sempre impegnato a concedere consigli, ma soprattutto a impartire ordini.

Le regole finiscono per essere così rigide da avere la stessa forza condizionante di una droga chimica. Si arriva a una totale perdita della libertà e della capacità di scelta, a vantaggio di un singolo individuo o di una gerarchia. Di fronte a questa disciplina senza via d'uscita, lo stesso termine *setta* sembra fuori luogo, perché porta alla mente antiche eresie che sono invece piene di fascino, di idee e di apporti innovativi. Nella dipendenza da sette, invece, si annulla ogni pensiero, non si attua alcuna scelta libera. Ci si piega a un volere dispotico, che ha la sola forza di far soggiacere gli altri.

8. Esiste, infine, una dipendenza da denaro. Si tratta di un problema che sta assumendo proporzioni sempre maggiori e che può manifestarsi in due modi: con l'accumulo continuo, o con l'ossessione per il denaro che manca. In una società in cui, come abbiamo già avuto modo di dire, il valore dell'uomo è ridotto a una misura quantificabile di denaro, ogni qualità, ogni caratteristica diventano oggetto di compravendita. Si diffonde la convinzione che la ricchezza dia la felicità, che apra le porte per la fama e il successo, grandi Eldorado della modernità. Così il denaro diventa l'idea esclusiva. Ogni pensiero, parola, desiderio viene tradotto immediatamente in cifra, nell'ossessione di una quantità che si possiede, o che si vorrebbe possedere.

Prime manifestazioni

Non procederemo ora alla descrizione di ognuna delle dipendenze citate. Richiederebbe lo spazio di un trattato, ed è un compito che esula dagli scopi di questa summa.

Ci proponiamo, invece, di evidenziare le tappe abituali del percorso che conduce alla dipendenza. Se, infatti, la dipendenza costituisce una patologia, le fasi precedenti non lo sono ancora. Dunque, è necessario che il consumatore o i familiari le riconoscano, per rendere reversibile il processo prima che si stabilizzi.

Il primo segnale è l'insoddisfazione che si manifesta come tendenza a svalutarsi, a sentirsi inadeguati, sia sul piano scolastico o professionale, sia sul piano delle relazioni affettive. L'inizio può quindi somigliare a quello di un episodio depressivo.

Se la «soluzione» trovata per allontanare la sensazione di fallimento è una sostanza chimica o un comportamento che monopolizza l'attenzione, si ravvisano tre momenti specifici, tre tappe.

La prima tappa si svolge «dentro la testa», riguarda cioè il desiderio. Ci si interessa per esempio a una sostanza di cui si ha vaga notizia, poiché si sa che è assunta da qualche compagno, o da un gruppo di conoscenti. Si tratta di sostanze che il mercato nero permette di procurarsi con una certa facilità, oppure di altre su cui non esiste alcun divieto, poiché è lo Stato stesso a commercializzarle: alcol e fumo sono oggi problemi gravissimi che coinvolgono, con sempre maggiore frequenza, il mondo giovanile.

In questa fase avviene dunque la prima conoscenza con la sostanza, una conoscenza ancora un po' «mitologica», filtrata spesso dai racconti di ragazzi più grandi o, comunque, di compagni ammirati e invidiati. L'identificazione con questi modelli porta a valutare in modo positivo anche la sostanza, interpretata come possibile strumento di metamorfosi.

Si apre così la seconda fase, caratterizzata dal desiderio di usare la sostanza. Il desiderio, lo si è detto, è l'anticipazione di un piacere ed è dunque già un passo verso la futura gratificazione. Subentra, infatti, la speranza in un futuro diverso, in un'esperienza capace di trasformare l'esistenza.

Così, alla seconda fase subentra la terza, quella dell'esperienza. La sostanza viene assunta, è la cosiddetta «prima volta». Una tappa importantissima, poiché costituisce un banco di prova, l'occasione per confrontare l'effetto immaginato con la realtà. Naturalmente l'immaginazione di solito è più benigna rispetto all'esperienza. Se così accade, scatta però tutto un armamentario di scuse: «Forse sono io che ho sbagliato i modi d'uso», «la quantità non era giusta», «ho fatto qualche errore nella scelta dei tempi». È molto probabile che alla prima volta segua la seconda, con scopo correttivo.

Per comprendere il passaggio dal consumo alla dipendenza è indispensabile comprendere tutte le dinamiche coinvolte.

Il consumo occasionale può essere determinato dalla curiosità o da un'offerta, fatta da un gruppo o da una persona, cui non è facile sottrarsi. La curiosità non è di per sé un atteggiamento negativo. Anzi, è una spinta a esplorare il mondo esterno e, se non ci fosse, mancherebbe anche l'interesse per la ricerca e la scoperta. Pertanto, dalla curiosità può nascere un'esperienza che viene semplicemente ricordata e archiviata, al pari di un viaggio.

All'uso occasionale, però, può seguire un uso periodico, caratterizzato per esempio dal consumo nel solo week-end. Si aspetta il sabato o la domenica quando, non dovendo andare a scuola o al lavoro, si può evadere dalla routine spesso monotona della vita quotidiana.

La tappa successiva prevede un consumo «continuo». Poiché una sostanza ha un effetto che decresce nel tempo fino a scomparire, è necessario che una nuova dose venga periodicamente immessa nell'organismo, perché l'effetto si ripristini, senza mai scomparire. Pertanto, è solo nel consumo continuativo che si crea dipendenza. Questo stadio può essere riconosciuto attraverso segnali assolutamente precisi, che non devono passare inosservati.

Attraverso la dipendenza, il soggetto aspira a una metamorfosi completa e la ricerca attivamente. È avvinto a questo desiderio come a un incantesimo cui non accetta per nessuna ragione di rinunciare. Se scocca la mezzanotte e, come nella fiaba di Cenerentola l'incantesimo svanisce, cerca immediatamente una nuova «bacchetta magica».

La fine dell'incantesimo viene chiamata, in termine tecnico, astinenza. Una condizione, si badi, che è sempre sia psichica che fisica, poiché provoca dolore nella percezione di sé, come nel corpo. Potremmo definirlo un disorientamento.

L'incidenza dell'una componente o dell'altra varia a seconda del tipo di sostanza usata. Il disorientamento sia fisico che psichico è tipico dell'eroina, non della marijuana. Nel consumo di cocaina, invece, è l'intollerabile sensazione del down a scatenare il bisogno di una nuova dose, innescando un processo infinito.

A questo proposito va sottolineato che nello stesso soggetto il periodo di attività di una sostanza, assunta in una data quantità, decresce con l'aumento della frequenza d'uso. Si sviluppa il cosiddetto fenomeno della tolleranza, per cui è necessario aumentare la dose per avere l'effetto che prima si otteneva con una dose inferiore. Pertanto, il consumo continuativo conduce a un ritmo di somministrazione sempre più ravvicinato.

Un fenomeno analogo avviene per le dipendenze non chimiche. Più è il tempo passato davanti a un videogioco, maggiore è l'importanza che si dà a quell'esperienza: se ci si sente abili ad affrontare il mondo del videogioco, quella realtà virtuale in cui agire è soltanto schiacciare dei bottoni, si tenderà a rifiutare l'idea di tornare alle attività del mondo reale, da cui anzi si vuole scappare.

Si è arrivati a parlare persino di bambino-televisivo, per indicare l'esperienza di bambini che rimangono seduti molte ore davanti allo schermo e mostrano una sensazione di malessere non solo psichico, ma anche fisico, con senso di vertigine, vomito, stato confusionale e atrofia muscolare.

La dipendenza arriva quindi come tappa conclusiva di una storia, di un lungo percorso. Bisogna chiedersi allora in quale condizione si trova chi rischia di cedere a questa patologia, sia esso un figlio, un parente, un coniuge. E bisogna interrogarsi innanzi tutto sui suoi bisogni, e prima ancora sui suoi desideri. L'uso di una sostanza, il rapporto con l'azzardo, lo shopping compulsivo rispondono, insomma, a un bisogno di metamorfosi che può condurre nel tempo a una metamorfosi reale.

La dipendenza cambia davvero la persona. Allora non si tratta di improvvisarsi detective alla ricerca di bustine negli zaini scolastici, ma tutto si lega prima alla conoscenza, all'osservazione continua, a un legame che consenta di superare le apparenze, le risposte scontate. Una relazione che permetta una consonanza di sentire, di stati d'animo, anche di paure. Stiamo parlando di partecipazione, di condivisione della vita dell'altro.

Concludiamo, quindi, chiarendo che la dipendenza è sempre il risultato di tre fattori: la sostanza (per le dipendenze chimiche), oppure il legame con un oggetto o un comportamento (per le dipendenze non chimiche); l'individuo, dunque la sua personalità e l'esperienza che attraversa (in particolare il vissuto depressivo); l'ambiente in cui quel consumo si manifesta.

Diverso appare il consumo solitario da quello di gruppo, per esempio in discoteca. In ogni caso, anche se la dipendenza può raggiungere gradi differenti, rappresenta sempre un legame esclusivo, un disturbo.

Struttura clinica

1. Un rapporto esclusivo con una sostanza chimica, oppure con un'esperienza, che toglie significato a tutte le altre possibili risorse esistenziali e banalizza, o priva di emozione e di affettività, ogni precedente legame.

2. La dipendenza è perdita di libertà e porta progressivamente a risposte automatiche.

3. L'attività mentale, che progressivamente si impoverisce, è tutta rivolta all'oggetto da cui si dipende, che diventa l'unica preoccupazione in grado di mantenere in vita il soggetto. La sostanza diventa vita, la sua mancanza è morte. Per questo ci si spinge a fare qualsiasi cosa pur di procurarsela.

4. La dipendenza è caratterizzata dal fenomeno della tolleranza. Nel caso di sostanze chimiche, è necessario aumentare la frequenza di consumo mentre, nell'ambito delle dipendenze non chimiche, si impone l'aumento del tempo di esposi-

zione, per ottenere il medesimo benessere. Via via, il legame esclusivo finisce per assorbire tutte le ore della giornata.

5. Si rilevano effetti somatici che, nel caso delle dipendenze chimiche, variano con la sostanza usata o le modalità di somministrazione (per esempio, l'uso di siringhe può provocare infezioni, oltre ai danni a carico degli organi normalmente prodotti dalle droghe). Esistono però anche riflessi economici, poiché tutte le risorse sono spese per la dipendenza.

6. Viene così a perdersi completamente l'identità del soggetto, nel corpo e nella mente. L'io è stato sostituito da una specie di maschera, che ha cancellato ormai anche il ricordo del viso di un tempo.

7. La dipendenza porta progressivamente a una fase di annichilimento, per cui si è vivi ma è come essere morti. Fino ad arrivare alla fine, se manca un intervento esterno. È proprio questa conclusione a richiamare da vicino il quadro del disturbo depressivo. Nelle dipendenze, la ricerca della morte è lenta e inconsapevole. Si crede di combatterla attraverso la droga, senza avvedersi che è quella la strada che conduce al buio, alla fine, in una spirale suicida.

8. Se la dinamica interiore è quella depressiva, tuttavia il comportamento prodotto dalla dipendenza ricalca il modello ossessivo-compulsivo, che si caratterizza per un'idea fissa capace di occupare tutta la mente e l'agire. Il comportamento diventa sempre più liturgico, ripetitivo, dominato da automatismi che prendono il sopravvento. Diventa quindi impossibile controllarlo, frenarlo o anche solo modificarlo attraverso le funzioni superiori, quelle della coscienza, della scelta. Negli stadi estremi, ci si riduce a macchine impoverite, che ripetono gracchiando gli stessi comportamenti, meri accadimenti all'interno di una personalità ridotta a espressione robotica.

Storia

Il signor K è giovane, ha sedici anni. Primogenito – ha una sorella più piccola di tre anni – appartiene a una famiglia benestante. Entrambi i genitori sono laureati.

Alle elementari e alle medie, il percorso scolastico del signor K è stato ricco di soddisfazioni. Agli occhi dei genitori era un ragazzo tranquillo, che socializzava con facilità, almeno a vedere dai passatempi condivisi con i coetanei. Per anni si è dedicato al gioco del calcio e, con una squadra di quartiere, ha partecipato a un lungo calendario di incontri, nella città del Centro Italia in cui vive.

La pubertà ha però cambiato notevolmente il suo comportamento. Appare più chiuso, ha perso interesse per la squadra di calcio, parla meno anche con il padre, con il quale durante l'infanzia aveva stretto un rapporto privilegiato. Era il padre, per esempio, che lo accompagnava sempre alle partite, gli dava consigli, finiva per essere il secondo allenatore. Alcune volte si divertivano insieme con qualche tiro nel cortile di casa.

Questa chiusura ha conseguenze pesanti. Iscritto al primo anno di liceo, il signor K ha grosse difficoltà di ambientamento e fatica molto a stare al ritmo degli altri. I voti negativi si accumulano e l'anno scolastico termina con una bocciatura, per la quale, tuttavia, il giovane non sembra soffrire troppo. In apparenza accoglie il giudizio con freddezza, anche se è difficile conoscere il suo parere, poiché è sempre più taciturno.

In questo periodo compare un comportamento nuovo. Come molti giovani della sua età, il signor K è circondato dalle tecnologie digitali e ne ha facile accesso. Le lunghe ore che trascorre nella sua stanza, dopo la scuola, sono interamente occupate dall'uso del computer. È questa macchina a diventare, poco alla volta, il suo compagno. Tanto da inghiottire tutto il mondo circostante.

Dopo la bocciatura, con grande dolore dei genitori, il signor K si iscrive a un istituto tecnico. Nell'immaginario della famiglia, rispetto al liceo classico che frequentava prima, è una regressione, anche in una scala di valori sociali.

Senza dubbio, questa situazione modifica le relazioni a casa, come se il signor K meritasse meno attenzione e fosse causa di vergogna per la famiglia. Il padre e la madre si lamentano del suo comportamento, ma il giovane K non sembra risentirsene, forse non ascolta più i rimproveri, quasi fossero delle litanie inevitabili.

A pranzo la madre gli rivolge domande sullo studio. Il giovane K tiene gli occhi nel piatto, finisce e si alza senza offrire risposte. Va nella sua stanza, si chiude la porta alle spalle, mentre ha già schiacciato il tasto di accensione del computer.

La madre si convince che stia studiando. Oggi il computer ha una funzione ambigua, poiché è uno strumento che permette anche di studiare meglio, accedendo a notizie che possono completare quanto scritto sui manuali.

Il signor K si è appassionato di giochi di ruolo on-line. Attraverso internet entra in contatto con altri giocatori, che abitano magari a Tokyo o Sidney, chiusi come lui in una stanza, davanti al monitor. Individui che il signor K non incontrerà mai fuori da quella scatola magica. Eppure, trascorre molto tempo con loro perché, una volta entrato in contatto con tre, quattro, cinque concorrenti, inizia sfide infinite.

Il gioco di ruolo si struttura come una vera attività a cui prendono parte più personaggi con una missione da compiere. Generalmente servono quarantacinque minuti o un'ora per formare il «tavolo virtuale» dei giocatori, definire la missione da compiere e verificare chi riesce a portarla a termine. Quindi può ripartire una seconda prova. Le missioni possibili sono infinite e cambiano anche le tecniche per affrontarle, così da far emergere le abilità dei diversi personaggi.

Da un punto di vista psicologico, i giochi di ruolo fanno sentire protagonisti. Chi partecipa ha, dunque, l'occasione di esprimere la sua voglia di affermarsi. Solo che tutto questo accade in un universo che non è quello reale. E, proprio mentre il signor K si dimostra inadatto al mondo concreto, cerca con forza di affermarsi nel mondo dei giochi di ruolo.

Il tempo trascorso on-line aumenta sempre di più, sia perché dopo una missione gli amici ne richiedono una seconda e una terza, sia perché il ragazzo, quando non è impegnato in una sfida, continua ad allenarsi e simulare delle partite. Riesce in quel mondo, riesce bene. Vince persino qualche sfida con quel compagno di Sidney, che è abilissimo.

Così il gioco di ruolo finisce per catturarlo. Non ha più nessun altro interesse, nemmeno per le altre attrazioni offerte dalla rete. Tutto si riduce al gioco di ruolo in cui si sta affermando. Sta seduto ormai ore e ore davanti al monitor, dal momento in cui entra nella stanza dopo pranzo a quando viene chiamato per la cena, consumata di solito in silenzio, con i genitori che muovono ancora qualche accusa e mostrano la loro delusione per quel ragazzo «anomalo», incapace di rispettare i progetti su cui avevano investito.

Ora, oltre a riprenderlo per i risultati scolastici, si lamentano che non fa vita all'aperto, non gioca più a calcio, non ha rapporti interpersonali. Attaccano direttamente il computer: non può sostituire gli esseri umani, è solo una macchina. Ma per il signor K lì, dentro lo schermo, c'è tutto il suo mondo.

La vita del ragazzo è ormai scandita da un ritmo regolare. Al mattino quattro, cinque ore di scuola, durante le quali non riesce ad applicarsi, non mostra attenzione. Se cerca di inserirsi almeno un po', deve constatare il suo fallimento, come se anche la volontà non portasse ad alcun esito. Non sa farsi accettare.

Dalla scuola torna a casa, mangia in fretta, non attende altro che di entrare nella sua stanza, chiudere la porta e spingere il tasto che finalmente attiva il suo mondo, il solo dove stia bene: il mondo dei giochi di ruolo, anzi di quel gioco dove ora sa persino eccellere. Così passa il pomeriggio, quindi arrivano la cena, la tv e le ore di sonno. Poi tutto ricomincia nello stesso modo.

La scuola è solo un tempo di attesa, vuoto, una tappa necessaria prima di arrivare al pranzo e quindi al computer. Non ascolta nemmeno le lezioni. Trascorre le mattinate ripensando alle mosse fatte nel gioco, agli errori di strategia, alle strade per muoversi più veloce, più sicuro. Insomma, quando anche lo schermo è spento, continua a giocare con la fantasia.

Il tempo del signor K si divide, dunque, in due fasi: il gioco a computer acceso e il gioco a computer spento, dove il monitor è sostituito dalla memoria. È un mondo che dilaga, occupa ogni spazio, gli «ruba» la testa. Quando deve fare dei compiti in classe, non riesce a concentrarsi. Sul foglio bianco su cui deve comporre un tema vede scorrere le immagini del giorno prima.

È a questo punto che il comportamento acquista la dimensione esclusiva. Il signor K riesce a esistere solo quando è nel mondo virtuale. Il gioco può svolgersi al computer o nella sua testa, ma se tenta di uscirne, si sente come un pesce fuor d'acqua, non si riconosce più.

Qualcosa però è accaduto davvero. La dipendenza ha stravolto la sua identità e solo nel gioco il signor K sente di essere un soggetto precisamente individuato, riconosciuto dagli altri giocatori e sempre più stimato. È là che avverte la propria dimensione relazionale, poiché scopre di essere molto legato a uno dei giocatori, con cui comunica in modo diverso dagli altri, anche se non sa chi è, non l'ha mai visto: è semplicemente un giocatore virtuale. E naturalmente anche l'identità sociale è in quel mondo di foreste, di mostri, di difficoltà, di combattimenti in cui si sa destreggiare.

Adesso la frequenza scolare diminuisce. Il signor K fatica ad abbandonare la sua stanza. È una sensazione fisica che si manifesta come malessere: debolezza, vertigini, giramenti di testa. Tra l'altro, non sa nemmeno più cosa mettere in cartella.

Così, per ragioni diverse un giorno dall'altro, rimane a casa tutta la giornata. Del resto, anche quando va a scuola, gli insegnanti lo trovano sempre più distante. «È come se non ci fosse», ripetono ai genitori, anticipando la decisione ormai certa di una nuova bocciatura. Il padre non urla, non lo rimprovera. Sente di avere davanti a sé un muro di gomma.

Il giovane K rimane chiuso dentro la sua stanza. Spesso sta male e a volte viene persino il medico a cercare di capire cosa succede. Finisce per rifiutare persino il cibo e non si presenta nemmeno a tavola.

Abbandona ogni relazione che non riguarda il gioco di ruolo. Sembra voler cancellare tutto il resto, ma la sua non è una strategia volontaria. Il rifiuto scatta in automatico, come se il signor K fosse programmato al pari delle animazioni digitali.

In lui tutto – istinti, pulsioni, attenzione, concentrazione – funziona solo quando gioca. Per il resto è spento. Il signor K è passato a una vita digitale, mentre ha smarrito ogni legame con la vita concreta. Non si ribella a nulla, perché tutto passa in secondo ordine.

È a questo punto che il quadro diventa clinico, poiché non si può certo affermare che internet sia in sé causa di malattia, ma lo può diventare. Sarebbe errato demonizzare gli strumenti digitali, perché svolgono anche funzioni straordinarie. Il problema è nei modi di uso, perché quando la vita digitale soppianta la vita reale, lo strumento è fonte di patologia.

È solo in questo momento che la famiglia capisce che la storia del loro figlio è entrata nell'ambito della clinica. Questa percezione doveva attivarsi in fasi precedenti, poiché avrebbe ridotto il dolore di questo ragazzo, che si sentiva inadeguato al mondo ordinario.

Il signor K viene così condotto in un luogo di cura. Il grande compito del terapeuta sarà aiutare il paziente a ricostituire un legame con il mondo concreto, per permettergli di vivere positivamente. Il signor K dovrà tornare dove è ancora vivo il ricordo del fallimento, superando la difficoltà di ricominciare.

Seguire la terapia significa ripercorrere a ritroso un cammino che era meglio impedire. Se, come nel caso del signor K, il mondo reale non dà gratificazioni, scattano strategie correttive che portano alla fuga verso un mondo irreale. Quel mondo solo immaginato, infatti, è meglio della fine. Un'alternativa alla morte, insomma, benché vestita di immagini digitali.

Disturbo maniacale

Dopo avere illustrato la condizione di umore basso, che descrive il quadro della depressione, affrontiamo adesso un disturbo speculare: la mania.

In questo caso il soggetto ha una percezione grandiosa di sé, che progressivamente si fa certezza di non avere limiti. Il maniacale sperimenta un potenziamento estremo tanto delle abilità corporee, quanto di quelle mentali.

Abbiamo già avuto modo di ricordare l'effetto di sostanze stimolanti come la cocaina e l'anfetamina, che talora possono indurre crisi maniacali. Se in questi casi la crisi è provocata da un principio esterno, nel disturbo maniacale il fenomeno è spontaneo: il soggetto sperimenta una sensazione di ben d'essere anche quando a una valutazione obiettiva sembrerebbe impossibile.

Come per la depressione, anche qui si deve distinguere tra episodio maniacale e disturbo, o malattia maniacale.

Nell'episodio l'umore è particolarmente alto, ma solo per un tempo limitato, e non è detto che la condizione si ripeta. È questa la differenza principale rispetto al disturbo, in cui gli episodi invece si susseguono e, nella fase di latenza tra un evento e l'altro, l'umore può tornare nella norma oppure soltanto scendere a un livello «ipomaniacale», e il soggetto vive questo calo con preoccupazione. Pensieri, emozioni e affetti sono infatti meno esaltati e manca il desiderio di compiere azioni eroiche.

Dunque, come il disturbo depressivo anche quello maniacale è fasico. In genere ogni singolo episodio non supera i due mesi, raggiunge un'acme e scende spontaneamente. Oggi, però, queste fasi sono difficili da osservare con la regolarità di un tempo perché esistono delle terapie che contrastano il disturbo in modo efficace.

PRIME MANIFESTAZIONI

A colpire rimane l'episodio eclatante, un evento inatteso, acuto e spesso difficile da prevedere.

In genere comunque l'umore sale con una certa lentezza e si cominciano a notare alterazioni del comportamento abituale. Soprattutto il soggetto mostra di mancare di senso critico, è meno attento, poco prudente, eccessivamente disinvolto. Si rileva, insomma, una sicurezza prima assente, che può essere intesa come segnale di una condizione premaniacale.

Come accade per molte patologie, però, nell'ambiente circostante si ha la tendenza a dare poca importanza a questi cambi di umore, anche perché nella nostra cultura si riserva al cosiddetto «buon umore» una valutazione soltanto positiva e non lo si associa quasi mai a condizioni patologiche.

STRUTTURA CLINICA

1. C'è una grande autostima, un io ipertrofico che tende alla grandiosità.

2. Si altera il ritmo sonno-veglia e diminuisce la necessità di dormire. Le ore di sonno sono spesso ridotte solo a qualche ora, ma al risveglio ci si sente riposati e pronti per affrontare ancora il mondo con energia.

3. Si manifesta la tendenza a parlare continuamente, sommergendo l'altro di parole in modo superficiale, e con associazioni improprie. Spesso il discorso scorre con una velocità tale da diventare quasi incomprensibile.

4. Un altro sintomo che riguarda il pensiero è la cosiddetta «fuga delle idee», che sembrano espresse senza alcuna meditazione e sono mal coordinate all'interno del discorso.

5. Il soggetto è iperattivo, quasi volesse mostrare agli altri la sua forza e il suo potere. Presenzia a numerose attività ed entra a far parte di diversi gruppi e associazioni, quasi avesse a disposizione un tempo illimitato e un'infinita capacità di sostenere impegni e fatiche, sia fisiche sia mentali.

6. L'attenzione è saltellante.

7. L'iperattività generale distrae dalle occupazioni abituali, per esempio dallo studio e dal lavoro. Si arriva a un contrasto stridente tra la quantità sconfinata degli impegni assunti e l'incapacità di rispondere alle esigenze abituali.

8. Il maniacale perde il senso del denaro o, quantomeno, non si rende conto delle sue disponibilità economiche. Sostiene spese eccessive e a volte emette assegni scoperti o firma contratti che non è in grado di rispettare.

9. Ovviamente ognuno di questi sintomi si può manifestare con un'intensità diversa e per esempio si può parlare di episodio altamente maniacale oppure di episodio ipoma-

niacale. Esistono, infatti, diversi gradi di maniacalità, difficili da misurare e valutati in modo diverso da psichiatri con sensibilità differenti. Ho già ricordato come nel mondo anglosassone si tenda a definire altamente maniacali episodi che in Italia sono invece considerati ipomaniacali e questo poiché il livello medio di eccitazione, espansività, attivismo e fantasia del nostro Paese è più elevato rispetto a quello proprio del mondo anglosassone.

10. Il paziente maniacale non avverte sofferenza e non ha affatto coscienza di trovarsi in una condizione patologica, ma si considera in uno stato di straordinario benessere, che vorrebbe prolungare all'infinito. Per questo tende a evitare qualsiasi terapia.

STORIA

Il signor M è un uomo di quarantasette anni, che gestisce una boutique nel centro di una città di grande attrattiva turistica. Sposato da vent'anni, gestisce il negozio insieme alla moglie.

La coppia non ha figli. Condivide l'amore per la montagna e il piacere di serate con gli amici. Grazie alla sua professione, il signor M incontra molte persone e ha una clientela abbiente, richiamata dalle grandi griffe della boutique.

A un certo punto, si è in primavera, il signor M comincia a manifestare alla moglie una serie di progetti di ampliamento, tra cui l'acquisto di un nuovo punto vendita in un'altra zona della città. Idee che a lei appaiono esagerate, anche per i costi difficili da sostenere.

Scoppia una discussione e le posizioni dei coniugi si rivelano molto distanti. Il signor M manifesta una visibile insofferenza per i limiti imposti dalla razionalità della moglie e decide di promuovere ugualmente il proprio piano. Un comportamento mai mostrato prima.

Durante la discussione, lamenta di non sopportare più la vita condotta fino ad allora: è tempo di mettere alla prova le sue capacità e la moglie deve smetterla di tarpargli le ali. Il rapporto si fa teso, s'insinua l'incomprensione. Eppure, nella coppia aumenta l'attività sessuale, con una gran frenesia del marito, come nemmeno all'inizio della vita matrimoniale si era presentata.

Il signor M dorme poco la notte, ma fa tanto l'amore. Dirada le presenze in negozio, perché è concentrato sul progetto di ampliamento e ristrutturazione radicale della sua attività. Deve incontrare diversi operatori e li allerta con telefonate che alla moglie paiono molto strane. Parla di acquistare un intero stabile, chiede l'esclusiva come concessionario di marchi molto costosi e prende queste decisioni senza più interpellare la moglie. Fatto che diventa chiaro quando la banca segnala che sono stati emessi assegni scoperti.

Se la moglie, allarmata, gli domanda spiegazioni, la risposta è sempre la stessa: «Non c'è problema». Il signor M parla di denaro che deve incassare e di proprietà che possiede in qualche città e di cui l'ha tenuta all'oscuro. Tutte informazioni che, però, non reggono nemmeno ai controlli più semplici e si rivelano invenzioni, fantasie.

La situazione degenera e in poco tempo il signor M si trova circondato da avvocati che mandano ultimatum per pagamenti non onorati. Fioccano le diffide delle banche, le ingiunzioni di pagamento, gli atti di cause per insolvenza. La moglie tenta di salvare la situazione, ma è tardi. L'azienda entra in profonda crisi e i due coniugi, cointestatari dell'attività, subiscono un'infinità di azioni dai pesanti effetti economici.

Mentre tutto questo accade e diventa chiaro che non ci sono vie d'uscita, l'episodio maniacale del signor M si avvia verso la conclusione, anche per l'intervento degli psichiatri. La terapia, va detto, è di tipo farmacologico e non è semplice somministrare i farmaci al paziente, che si sente in una condizione straordinaria.

L'episodio però si estingue e il signor M, all'improvviso, si accorge di aver distrutto quanto aveva costruito per anni interi e si sente in colpa per la moglie, costretta a pagare per azioni non sue. Questo periodo di latenza dura circa un mese, un mese e mezzo, e poi si ripresenta un nuovo episodio. I segnali iniziali sono gli stessi.

Ogni senso di colpa svanisce e compaiono di nuovo le manie di grandezza, accompagnate da quella certezza di non avere limiti, tipica delle divinità. A questo umore si abbina il rifiuto netto delle cure. Il paziente non vuole nemmeno rivedere il medico che gli era stato vicino nel periodo della presa di coscienza.

La fase maniacale riparte pienamente. È un vero e proprio stato delirante, poiché il signor M reinterpreta a modo suo tutta la realtà. Secondo la moglie, è convinto di doversi rifare dei guadagni perduti e non considera affatto i debiti maturati, ai suoi occhi del tutto insignificanti. È tornato a vivere nel suo mondo che non esiste.

La storia è abbastanza triste, perché il signor M viene ricoverato coattivamente e da quel momento si stabilisce uno schema diverso da quello del maniacale che gira alla ricerca di azioni eroiche, con i suoi libretti di assegni scoperti. Adesso è un maniacale sotto cura, trattenuto contro la sua volontà. Un superuomo chiuso in una stanza.

Disturbo bipolare

A volte l'episodio depressivo maggiore e quello maniacale si alternano nello stesso paziente. È quanto accade nel disturbo bipolare, così chiamato perché il paziente passa da uno stato psicologico al suo opposto, da un polo all'altro appunto. Le fasi possono alternarsi con tempi diversi da paziente a paziente, ma in alcuni casi il passaggio è rapidissimo.

Sulla ragione di una simile antitesi esistono varie letture. Certo però è stata straordinaria l'idea di associare depressione e mania, un'intuizione di Emil Kraepelin.

A nostro avviso la coesistenza in un medesimo soggetto di entrambi i comportamenti si giustifica nel quadro dei meccanismi difensivi di cui si è a lungo parlato. La depressione è una difesa che ha come conseguenza uno spegnimento, la sensazione di «toccare il fondo», e allora la maniacalità scatta come controreazione, una sorta di spinta al recupero della vitalità. Un impulso compensatorio, si potrebbe definire, che oppone la vita nella sua massima esplosione al rischio di morire. Questa nuova fase però porta con sé altri problemi e non si raggiunge mai una condizione di equilibrio. È la patologia degli eccessi contrapposti.

Il disturbo bipolare può essere più o meno intenso e, in base alla gravità dei sintomi, se ne possono distinguere due forme diverse: il disturbo ciclotimico dell'umore e il disturbo bipolare propriamente detto.

A) DISTURBO CICLOTIMICO

È un disturbo bipolare con fasi di lieve intensità. In un arco di tempo abbastanza ampio (due anni), si alternano diversi episodi ipomaniacali e diversi episodi depressivi, che non raggiungono però la gravità del disturbo depressivo maggiore. Il termine *ciclotimico* sottolinea l'oscillazione costante tra i due tipi di episodi.

B) DISTURBO BIPOLARE PROPRIAMENTE DETTO

Questo quadro patologico non si distingue per la presenza di sintomi diversi, ma per il modo in cui si alternano le fasi, con il prevalere di episodi depressivi o maniacali.

Per valutare al meglio il singolo caso, è necessaria un'osservazione prolungata. Esistono quadri che contemplano tre, quattro episodi l'anno, altri caratterizzati da un'alternanza più rapida. In ogni caso, il paziente sembra sempre «a due velocità»: rallentato quando si ritira dentro la propria depressione, accelerato nella fase maniacale.

La grande attività della fase maniacale consente ad alcuni professionisti di svolgere una quantità di lavoro impressionante. Bisogna però valutare l'intensità dell'episodio: se si presenta in forma grave, impedisce di compiere compiti sistematici, con deficit d'attenzione, pensieri superficiali e dispersione della progettualità; se invece appare in forma lieve, diventa una sorta di spinta all'azione.

È una condizione che si presenta di frequente nelle persone creative. Sono molti gli artisti che soffrono di questo disturbo e che nella fase di maniacalità «contenuta» riescono a produrre una quantità di lavoro incredibile, anche perché in preda all'eccitazione avvertono meno la stanchezza, il bisogno del sonno. La lista dei bipolari celebri è molto lunga. Basti un nome, quello di Honoré de Balzac, che alla straordinaria mole di pagine della *Commedia umana* lavorava, senza sosta, anche la notte.

Non ci soffermiamo sui segni iniziali con cui la patologia si manifesta, perché sono i medesimi dell'episodio depressivo maggiore quando la fase è depressiva, e quelli dell'episodio maniacale nella fase opposta. A caratterizzare il disturbo bipolare è semmai la rapidità del passaggio da una fase all'altra. Tra gli elementi premonitori comunque è da rilevare l'incostanza, gli sbalzi d'umore repentini, con mutismi improvvisi o euforie spropositate a seguito di eventi di poco rilievo.

Prima di chiudere l'analisi di questi disturbi dell'umore, sentiamo il bisogno di accennare a un termine, oggi sostituito dalla parola *depressione*, ma che nella storia della lingua italiana ha avuto un ruolo importante. Mi riferisco alla *melanconia* (o *melancolia*), parola che deriva dai termini greci *melas* («nero») e *chole* («bile»): un chiaro riferimento alla bile nera teorizzata da Ippocrate. Un tema, quello dell'umore nero che travolge ogni cosa, magistralmente descritto in *Melencolia I*, capolavoro di incisione a bulino di Albrecht Dürer (1514).

Per un certo periodo, in psichiatria, con l'espressione *depressione melancolica* se ne è indicata la forma più grave, contraddistinta da una spiccata tendenza al suicidio. Questa terminologia non è ormai più usata in alcun manuale, ma sopravvive in parte nel linguaggio comune: ancora oggi si dice «trovarsi in una condizione melanconica», per indicare uno stato di particolare tristezza.

Storia

Quando racconta la propria storia, sembra che il signor B si riferisca a due personaggi diversi, anzi opposti, che calcano la medesima scena, sebbene in tempi differenti. L'eroe, il superuomo da un lato, il disgraziato, il miserabile dall'altro.

Invece si tratta dello stesso soggetto. È di sé che parla il signor B. Una sorta di dottor Jekyll e Mr. Hyde, non della violenza, ma dell'energia vitale, che si accende e si spegne in lui a fasi alterne. Quando descrive queste due condizioni, parla sovente di «vivere morto» e di «vivere alla grande».

Le fasi depressive e quelle maniacali coinvolgono, infatti, tutti gli aspetti della persona. Nella fase up, il pensiero scorre più rapidamente, le associazioni logiche sembrano degne di un grande matematico e l'eloquio di un grande scrittore. Nel down delle fasi depressive, invece, la stessa macchina del pensiero procede a singhiozzi, è come se mancasse l'olio nel motore.

Anche l'affettività muta radicalmente. Quando l'umore è alto, il signor B si sente attraente, pieno di carica erotica ed è sempre pronto a unioni disinvolte. Nella fase depressiva, il corpo tace, è morto, non ricorda nemmeno di avere una sessualità.

Il signor B gestisce una piccola attività di tipo artigianale, con qualche aiuto nei periodi di massimo lavoro (mai però più di due persone). La stessa realtà muta ai suoi occhi nei periodi di maniacalità, nei quali si crede un grande industriale del Nord, e nelle fasi di depressione, durante cui prova terrore al solo pensiero di doversi recare al lavoro.

Anche la situazione economica descrive bene questo andamento opposto: il signor B passa da una vita agiata a momenti di ristrettezze. Cambiamenti che corrispondono ai diversi stili di vita: produttività in un caso, consumo frugale dei propri risparmi nell'altro. La sua somiglia alla condanna di Sisifo, costretto a ripetere sempre la stessa fatica, ricominciando ogni volta da capo.

Le fasi depressive sono più lunghe di quelle maniacali e il dramma si potenzia quando l'umore nero getta la sua dominante coltre di morte. Scende «sotto terra» il signor B, senza neppure il respiro garantito dalle fasi maniacali, in cui almeno produce e mette da parte qualcosa (almeno quando la stessa maniacalità non si fa distruttiva). Non può inoltre fare neppure programmi per il futuro: il tempo è in scacco, prigioniero di quel «mostro a due teste» che decide al posto del signor B.

Quando entra nella fase maniacale, si sente di fronte a un miracolo capace di irrompere in quell'estensione infinita di nero e di morte, che gli ha portato la depressione. Il signor B descrive bene questa sensazione, usando l'immagine di una cappa, un pesante strato di gesso che lo avvolge e lo immobilizza. Quando se ne libera e d'un tratto può alzarsi a guardare la stessa casa, la stessa stanza in cui è rimasto a lungo seduto, tutto gli sembra prendere un'altra forma, finalmente ha un colore.

Il primo segnale è la ripresa dell'attività sessuale: dal terrore che provava durante la depressione si passa a una nuova intraprendenza, un'eccitazione senza fine. Da un opposto all'altro, come arrivare all'Everest dalla Fossa delle Marianne.

Quest'uomo degli estremi solleva una quantità di considerazioni, non soltanto cliniche: sul modo di guardare il mondo, sulle speranze, sulle potenzialità del tempo, del futuro. Dall'altare alla polvere, dalla potenza alla debolezza, ed è impressionante considerare che cos'è l'uomo quando si sente invincibile o quando invece si sta spegnendo.

Il disturbo bipolare è anche una delle patologie più influenzata dalla biologia. La madre del signor B era depressa. Soprattutto a partire da una certa età, il disturbo era diventato cronico e il paziente la ricorda bene nella casa di campagna, vestita di nero, il grembiule legato in vita, sgualcito, sporco, con un fazzoletto sulla testa che metteva in luce l'ovale pallido, raggrinzito, pieno di pieghe eppure immobile, come se fosse morta.

Tuttavia, la biologia è solo uno dei fattori che determinano il comportamento. Alla biologia vanno aggiunte le esperienze, soprattutto quelle dei primi anni di vita, e l'ambiente. Probabilmente è il mondo interiore, solo in parte sepolto, che con i suoi movimenti influisce sulla mente, cambiandone le percezioni, le sensazioni.

Il signor B fortunatamente ha potuto seguire alcune terapie, specifiche per il disturbo bipolare, in cui si riduce il divario tra fasi di euforia e di depressione, abbassando l'umore quando è elevato e innalzandolo un po' quando è a terra. Si tratta dei cosiddetti stabilizzatori dell'umore, espressione più suggestiva che realistica: un'utopia farmacologica inaugurata con l'uso dei sali di litio.

In realtà, oggi si ricorre a una combinazione di farmaci dall'azione opposta. Così in genere nella fase depressiva si prescrivono antidepressivi, e nella fase maniacale farmaci puramente sedativi, delle «camicie di forza» con cui imbrigliare pensieri che corrono troppo e si accavallano.

I pazienti sanno che questi tranquillanti, se assunti in una dose eccessiva, possono promuovere episodi depressivi. Per questa ragione, durante la fase maniacale tutti i pazienti si autoriducono il dosaggio prescritto dallo psichiatra o sospendono l'uso dei farmaci. Si sentono bene e hanno il terrore di tornare nel buio, nel male oscuro della depressione.

Ancora una volta, mentre trattiamo una patologia contraddistinta dalla totale mancanza di equilibrio, si apre la grande questione della «normalità». Un concetto difficile da definire, che acquista sfumature diverse quando si guarda alla vita concreta di ogni singolo essere umano.

5

Disturbi dissociativi

I disturbi dissociativi riguardano la frattura che avviene tra io e mondo, cioè nella relazione, che è una componente fondamentale nella vita di molti animali, e in particolare dell'uomo.

I disturbi della mente incidono sulle attività del pensiero, ma anche sull'affettività e, di riflesso, sulla vita di relazione. È esperienza comune, anche per persone che non soffrono di patologie della mente, avvertire un senso di dissociazione tra io e mondo. Può accadere quando ci si sente isolati, non compresi e si fa lo sforzo di rifiutare un mondo che sembra ostile. Spesso si finisce per negare l'esistenza del mondo esterno, chiudendosi dentro di sé.

Oltre a provocare una frattura tra l'io e il mondo, i disturbi dissociativi causano anche una rottura dell'io. Avviene una sorta di separazione, una scissione interiore profonda, per cui l'io si allontana da se stesso, tende a negarsi, a non riconoscersi. Si divide in infiniti frammenti.

Anche quest'esperienza, sebbene in misura lievissima, è comune. Tutti noi ci siamo resi conto di indossare maschere diverse, appropriate agli ambienti in cui ci troviamo e di cui vogliamo sentirci parte. Una strategia di adattamento che ci rende simili ai personaggi in cerca d'autore di Pirandello, o all'Arlecchino servitore di due padroni di Goldoni: situazioni comuni in cui però, a dire il vero, l'io più che dividersi si moltiplica per raggiungere obiettivi in fondo utilitaristici.

Affrontiamo ora, nello specifico, i due quadri principali che compongono la categoria dei disturbi dissociativi: la reazione dissociativa e la schizofrenia.

Reazione dissociativa (isteria)

I casi di reazione dissociativa, contraddistinti da gravi crisi di identità, in passato erano inseriti nella grande categoria dell'isteria, la più celebre forma di nevrosi che comprendeva anche disturbi con vistosi sintomi somatici, qui trattati alla voce *Reazione di conversione.*

Freud dedicò particolare attenzione alle nevrosi, e in particolare all'isteria, le uniche patologie per cui riteneva valida la tecnica psicoanalitica. A suo parere, infatti, i pazienti che soffrono di questi disturbi conservano un io unitario, a differenza di quanto accadrebbe nelle psicosi, per esempio nella schizofrenia.

La reazione dissociativa conserva questa caratteristica individuata da Freud: al di fuori dei momenti di crisi, l'io si mantiene unitario. Lo chiarisce d'altronde l'uso stesso del termine *reazione*, che dà l'idea di una trasformazione importante, ma transitoria. La reazione è la risposta a uno stimolo, terminato il quale si ritorna alla condizione precedente.

Altro elemento qualificante di questo disturbo è quindi la transitorietà: una caratteristica che, come vedremo, consentirà di distinguerlo in modo netto dalla schizofrenia.

Il paziente ha delle crisi, durante cui compie gesti o elabora pensieri che non riconosce. Le esperienze più eclatanti sono quelle ricordate già a proposito della «santa Isteria»: fenomeni mistici ed estasi. La reazione dissociativa però provoca a volte anche modificazioni del linguaggio. Durante la crisi, il paziente (più frequentemente la paziente) parla lingue incomprensibili, che sembrano avere una loro struttura ma che il paziente non ha mai parlato né tantomeno studiato. E spesso, alla fine, non ricorda nemmeno quanto accaduto. Per queste ragioni, a lungo, le reazioni dissociative sono state lette come possessioni, invasioni di un altro io capace di nascondere temporaneamente l'io ordinario.

Il concetto di possessione era molto comune durante il Medioevo, pervaso dalla lotta tra forze opposte, tra spiriti del male e del bene. E ancora oggi è diffusa l'idea che la divinità possa produrre una sorta di sdoppiamento della personalità, secondo il principio «Devi perdere te stesso per poterti ritrovare». Quasi che il senso reale non fosse nell'io presente, ma andasse ricercato attraverso quella percezione di un mondo altro, tipica dell'esperienza di fede.

Esiste dunque una cultura mistica che giustifica questo allontanamento dall'io ordinario. Si tratta pur sempre di una dissociazione, perché non c'è la percezione contemporanea di due personalità. Una nasconde o soppianta l'altra, che però riappare dopo la crisi mistica. Una crisi temporanea, simile a quella di disturbi che abbiamo già segnalato: la paralisi reversibile della reazione di conversione, o il sonnambulismo.

Anche nella reazione dissociativa, per un tempo limitato, l'io si spacca, smette di comunicare con il mondo e smarrisce la propria identità, sostituita da un'altra identità, legata a una condizione esistenziale lontanissima da quella ordinaria. E talora uno stesso paziente può sperimentare, in momenti diversi, crisi differenti: crisi d'ansia e reazioni di conversione, oltre alle reazioni dissociative.

È interessante notare che le diagnosi di reazione dissociativa e di reazione di conversione sono oggi meno frequenti rispetto alle diagnosi di isteria del passato. Questo dato non fa che dimostrare che anche la frequenza dei disturbi mentali cambia nel tempo e nelle diverse culture, soprattutto per quella variabile ambientale che abbiamo citato come uno dei fattori determinanti del comportamento.

Schizofrenia

La schizofrenia – dalle parole greche *schizo* («divido») e *phrenos* («cervello»), «mente divisa» – è un disturbo in cui il soggetto è completamente isolato, incapace di vivere nel mondo, di comunicare e di relazionarsi con gli altri. Il disturbo si presenta abitualmente intorno al diciottesimo anno di età e da quel momento è tendenzialmente cronico, e si ripresenta con cicli che possono diventare ricorrenti se privi di una terapia adeguata.

Ancora oggi il soggetto schizofrenico non può arrivare alla guarigione completa. Tuttavia, attraverso farmaci, interventi psicoterapici o sociali, il disturbo può essere gestito, ossia reso compatibile con un minimo di vita sociale.

PRIME MANIFESTAZIONI

Secondo alcuni studiosi, le manifestazioni schizofreniche sono presenti ben prima dei diciotto anni, anche se si esprimono in forma meno evidente. Alcuni parlano addirittura di madri schizofrenanti, che cioè favoriscono la comparsa del processo schizofrenico nei figli, e di famiglie in cui è più alto il rischio che si presenti una simile patologia: nuclei familiari dove dominano rapporti ambigui, che portano con sé incertezza e anche difficoltà di identificazione, per cui si è arrivati a sostenere che nella schizofrenia non c'è una rottura dell'io, perché l'io non si è mai costituito.

Tra i teorici di questo filone spicca la Scuola di Palo Alto, e in particolare, Gregory Bateson, che ha indicato nel doppio legame uno dei passi essenziali e iniziali del processo schizofrenico. Con questo concetto Bateson si riferisce ai legami genitori-figli caratterizzati da ambiguità, da un amore che ciclicamente si fa rifiuto del bambino, vissuto come interferenza, limite per i bisogni del padre o della madre. In questo atteggiamento convivono sentimenti assolutamente opposti – simbiosi e rifiuto, unione e abbandono – che suscitano nel bambino la sensazione di essere desiderato e poi «ucciso».

Su questa trama già complessa s'insinua il senso di colpa. Quando il genitore si allontana per difendere la propria individualità di padre o di madre, avverte la colpa di abbandonare un figlio e questo lo porta a legarsi di nuovo a lui, a rinsaldare un legame che finisce subito per essere distrutto. Se il processo educativo, fin dalla prima infanzia, è ritmato da questa conflittualità, il bambino fatica a definire la sua individualità.

Seguendo questi richiami molto schematici, si potrebbe dire che i primi segni di una schizofrenia, che poi potrà svilupparsi o essere in qualche modo bloccata, vanno ricercati già in uno specifico legame familiare: i figli richiedono un'attenzione particolare, ma la loro richiesta, a volte molto accentuata, si scontra con il bisogno di autonomia dei genitori, che li rifiutano in modo violento.

L'ambiente relazionale si fa patologico, nel senso che il bambino non riesce mai a capire chi sia l'altro. Perché si formi un io forte, sappiamo invece che l'ambiente di riferimento deve essere coerente. Solo nel confronto con un ambiente definito ci si può staccare dal mondo circostante, emergendo come individui perfettamente formati.

È quello che abbiamo chiamato processo di individuazione-separazione, che avviene attorno al terzo anno di età. Dunque, i rischi di una schizofrenia si possono vedere molto precocemente. Tra gli elementi che si evidenziano in maniera specifica, troviamo una grande variabilità di umore e il bisogno frequente di scappare, con le tipiche fughe dei bambini. Ma è solo con i diciotto anni che scatta la sintomatologia tipica del disturbo schizofrenico.

STRUTTURA CLINICA

1. Tra le manifestazioni tipiche della schizofrenia c'è il delirio, una tendenza evidente a interpretare il mondo esterno cercando di semplificarlo, di riportarlo a una sola dimensione. Il delirio è un'interpretazione errata, ma strumentale: si riduce la complessità del mondo per limitare anche la sensazione di disadattamento. Tutto è ricondotto a un'idea. A volte è un'idea di grandezza, altre volte di persecuzione e, talora, a una forma di delirio segue la forma opposta.

2. Tra i sintomi sono importanti i disturbi sensoriali: dispercezioni e allucinazioni. Le prime sono percezioni distor-

te di fenomeni realmente esistenti, mentre le allucinazioni sono percezioni di fenomeni solo immaginari, senza alcuno stimolo esterno reale. Entrambe non vanno confuse con le illusioni ottiche – come i miraggi – in cui il fenomeno percepito non esiste, ma c'è comunque uno stimolo di origine fisica: per esempio, nel deserto il miraggio è prodotto dalla rifrazione dei raggi solari su strati d'aria più o meno calda.

3. Un altro sintomo evidente è la dissociazione verbale. Il linguaggio dapprima si segnala per l'incoerenza, poi per l'uso di parole con significati e costrutti insoliti. La struttura della frase non rivela alcuna logica e si arriva a quella che pare, a chi ascolta, un'insalata di parole senza alcun senso (alogia). Giochi sonori, non lontani dalle lallazioni dell'infanzia, senza necessità di informare né di comunicare contenuti affettivi.

4. La percezione dei legami affettivi, del loro senso e della loro profondità, è del tutto inadeguata. Mentre ci si attende una reazione di dispiacere, si può assistere a una manifestazione gioiosa o scanzonata. Si parla, a questo proposito, di inadeguatezza affettiva, fino all'impossibilità di capire l'altro e i suoi sentimenti.

5. Al pensiero sconnesso e all'inadeguatezza affettiva fa seguito un comportamento disorganizzato e senza scopo. Questo modo di agire ha suscitato paragoni con la magia e il mondo primitivo: lo schizofrenico sembra un primitivo catapultato in una società avanzata e razionale.

6. Si nota abulia, cioè mancanza di volontà e incapacità di prendere decisioni.

7. Il paziente fatica a dedicarsi a progetti continuativi, come il lavoro e lo studio, o ne è del tutto incapace.

Come si può notare la sintomatologia è ricchissima. Si è proceduto così a distinguere tipologie diverse di schizofrenia, a seconda del prevalere di determinati sintomi rispetto ad altri.

Già Emil Kraepelin ne distingueva tre forme: la variante paranoide, quella ebefrenica e quella catatonica, all'interno del disturbo che allora era denominato *demenza precoce* (in contrapposizione alla demenza senile).

La classificazione fu ripresa e ampliata da Eugen Bleuler, che nel 1908 introdusse il termine *schizofrenia* e in seguito individuò quattro sintomi fondamentali per riconoscere il disturbo, secondo la formula delle cosiddette «quattro *a*»: autismo (chiusura in sé, distacco dagli altri e dal mondo); ambivalenza (atteggiamento alterno, incapacità di relazionarsi con coerenza); anaffettività (appiattimento delle emozioni); associazione di idee disturbate (o allentamento dei nessi associativi, cioè disorganizzazione dei processi del pensiero). Sintomi, sostanzialmente ancora oggi accettati e riportati, per esempio, nel DSM-IV.

Seguendo la classificazione di Kraepelin e le osservazioni successive di Bleuler, possiamo quindi definire i seguenti tre tipi di schizofrenia.

Tipo paranoide. A dominare sono il delirio e le allucinazioni, in particolare quelle visive e uditive: il paziente vede cose che gli altri non vedono e sente voci inesistenti, ma si chiude con le mani le orecchie come se i suoni che lo terrorizzano provenissero da fuori e non dall'interno della sua mente. Sono invece meno rilevanti gli altri sintomi prima richiamati. Per questo, la forma paranoide si configura come una fase iniziale della schizofrenia.

Tipo catatonico. La catatonia è una condizione in cui il corpo resta a lungo nella stessa posizione, come si trattasse di una statua, persino contro i principi dell'equilibrio statico. Il paziente assume pose curiose e persino paradossali, piegato in avanti, indietro o di lato. A questo strano «arresto motorio» (stupore catatonico), si aggiunge il negativismo, cioè la resistenza ostinata a qualsiasi ordine e indicazione, come l'invito a mantenere una postura regolare. In questa fase il paziente è mutacico, attento a non lasciarsi sfuggire una parola. Quando si muove, appare sempre rallentato, presenta *grimaces* (smorfie) e atteggiamenti molto manierati. Il dato che colpisce di più, tuttavia, è la cosiddetta «flessibilità cerea», l'immobilità da museo delle cere.

Tipo ebefrenico o disorganizzato. Si ha soprattutto un'affettività inadeguata, un comportamento senza alcun tipo di organizzazione e un linguaggio che si riduce a puro gioco di parole. Queste caratteristiche indicano che la patologia sta diventando cronica. Un sintomo che si incontra sempre è la mancanza di princìpi capaci di regolare la condotta sociale: un tempo si parlava di follia morale, concetto che comporta la totale assenza di responsabilità dello schizofrenico, anche dal punto di vista penale; ancora oggi, nella maggior parte dei casi, gli schizofrenici non sono ritenuti punibili, poiché incapaci di comprendere l'atto criminale e sprovvisti della volontà di compierlo.

Dalle descrizioni proposte si ha l'impressione di un uomo impoverito. È stata questa l'immagine dominante, fino a quando non si è cominciato a ravvisare, accanto ai sintomi più preoccupanti, anche manifestazioni diverse, senza effetti negativi per lo schizofrenico e per la società. Simili considerazioni hanno aperto uno spiraglio per immaginare di proteggere lo schizofrenico in ambienti in cui potesse avvenire uno scambio con il mondo esterno.

Una delle scoperte è stata la creatività, che in alcuni pazienti ha prodotto risultati davvero importanti. Così, c'è chi ha detto – e io l'ho fatto più volte – che anche la più grave forma di schizofrenia è compatibile con il mondo dell'arte, e della grande arte. Un'affermazione questa, non teorica, ma basata sull'esperienza. Ho gestito per molti anni un atelier di pittura per malati di mente, già all'interno del manicomio di San Giacomo della Tomba a Verona, e ho osservato a lungo gli schizofrenici nel processo creativo, incantato dalla bellezza di talune loro opere che risultavano di grandissimo interesse, non solo clinico, anche alla mia semplice valutazione. Persone competenti nel campo dell'arte hanno poi confermato il grandissimo valore artistico di queste opere.

Nella vita degli schizofrenici, così lontana dall'ordinario e dalla normalità, si possono ravvisare sensibilità del tutto nuove, smettendo di considerare queste persone come esseri umani «paradossali» (sono stati chiamati addirittura «quasi uomini»). Si è scoperta in loro un'umanità talmente profonda da esprimersi attraverso la creatività, una delle più alte qualità umane.

Alcuni schizofrenici hanno iniziato la loro apprezzatissima attività creativa durante fasi acute del disturbo. Penso soprattutto a Vincent van Gogh, che ha prodotto la maggior parte dei suoi capolavori, oggi valutati dal mercato dell'arte con cifre astronomiche, durante il ricovero negli ospedali di Arles e Saint-Rémy. Alcune delle sue opere sono semplicemente l'interpretazione pittorica dell'ambiente ospedaliero.

Un mio paziente, Carlo Zinelli, oggi ritenuto uno dei più alti interpreti della pittura del Novecento, era uno schizofrenico molto grave. Alda Merini è stata una poetessa straordinaria e ha trascorso moltissimi anni in manicomio, curata con gli strumenti tipici che si usavano allora per intervenire sulla schizofrenia, incluso l'elettroshock. Senza dimenticare il più grande poeta tedesco, Friedrich Hölderlin.

STORIA

Il signor S nasce in un paese di provincia da una famiglia di artigiani del legno, falegnami e piccoli intagliatori. A undici anni, terminate le scuole elementari, come si usava un tempo, viene inviato presso un'altra famiglia dove si dedica al lavoro dei campi, in cambio di vitto, alloggio e vestiario. Il distacco dall'ambiente di origine è brusco e precoce.

Nella nuova casa vive in una soffitta e stabilisce una relazione affettivamente molto intensa con un cane. Non ha amici, non cerca nemmeno la compagnia delle persone che lo ospitano. La vita di campagna, per natura solitaria, lo occupa per tutta la giornata, lasciandolo solo con se stesso.

A diciotto anni su consiglio del padre, per contribuire economicamente alla famiglia, trova impiego in una macelleria, dove è affidato al taglio delle carni, in costante contatto con gli animali morti. Lavora così per due anni, fino a quando deve partire per il servizio militare.

La guerra è già scoppiata. Il signor S parte per il fronte greco. È qui che, a vent'anni compiuti, comincia a manifestare in maniera evidente alcune stranezze comportamentali che colpiscono anche gli ufficiali. Gli basta sentire il ronzio di una mosca o di una zanzara e si butta a terra, come fanno i soldati quando avvertono il rumore degli aerei nemici. Alla fobia si aggiungono il delirio e la mania di persecuzione: anche quando il nemico non c'è, sente degli spari e crede di essere perseguitato e in rischio di vita.

Inviato per una diagnosi in un ospedale militare, viene riformato come inadatto alla guerra e trasferito in un manicomio del Nord Italia. Anche durante il ricovero, il suo comportamento resta inalterato. Si sente perseguitato e sospetta che le persone attorno a lui siano soldati nemici che lo vogliono eliminare. Questa percezione lo porta a tentativi di fuga o a reazioni aggressive. A volte imbraccia un bastone come se fosse un moschetto e crede di sparare.

Soffre di schizofrenia paranoide, un disturbo che disegna continuamente ai suoi occhi il teatro della guerra (e qui si potrebbero avviare lunghe considerazioni sul rischio che eventi e situazioni drammatiche scatenino disturbi mentali in soggetti predisposti). In questa fase, che dura alcuni anni, con deliri periodici e crisi acute che si risolvono solo parzialmente, non mostra mai un comportamento adeguato all'ambiente in cui si trova. Si ferma davanti alla parete bianca del reparto e fissa punti che a volte cerca di toccare, oppure segni immaginari con cui crede di poter parlare.

Le immagini hanno un grande significato nel suo universo. Nel cortile del manicomio c'è una statua di ferro che rappresenta san Giacomo. Il signor S la osserva, ci gira intorno a lungo e intanto modifica la propria mimica. Tutto questo sostituisce la comunicazione con gli altri pazienti, che invece ignora del tutto.

Un giorno il signor S prende un pezzo di mattone, che trova casualmente nel cortile, e su quella stessa parete bianca si mette a tracciare dei segni. Sembrano dei graffiti. Un'attività presto bloccata, perché gli infermieri la considerano un tentativo di insudiciare le pareti del reparto. Trovando una certa resistenza, gli impongono anche la camicia di forza.

Lo strano atteggiamento del signor S induce però i sanitari a offrirgli colori e fogli su cui disegnare tranquillamente. Comincia così una nuova fase per il signor S. Trascorre molto tempo a disegnare e lo fa con uno stile del tutto peculiare. Riempie una facciata, poi gira il foglio e lavora sull'altra. Finito lo spazio, abbandona il foglio vecchio, senza mostrarvi più alcun interesse, e riprende a disegnare su uno nuovo.

Mentre lavora, ha l'atteggiamento di un solitario che non nota nemmeno chi ha attorno. Se anche nota qualcuno, non è in grado di comprendere le comunicazioni che gli provengono dal mondo esterno. Chi gli rivolge qualche domanda non trova alcuna risposta, se non una delle cosiddette «risposte di traverso», frasi – o meglio suoni – che hanno il solo obiettivo di scacciare l'interlocutore.

La fase paranoidea contraddistinta dai deliri dura un paio di anni, quindi scompare e lascia spazio alla dissociazione, all'appiattimento affettivo e all'uso di un linguaggio incomprensibile, senza sintassi e significato: una vera e propria sequenza di parole agglutinate. In questa fase, il signor S continua a disegnare, un'attività che continua a evolversi. I suoi fogli hanno una ricchezza straordinaria, stimolata non dal mondo esterno, ma dalla stessa follia, nata forse da quell'umanesimo che permane e palpita anche nella dissociazione.

A questa fase segue la forma ebefrenica, dove tutto nel paziente sembra meccanizzato, ripetitivo. Ma al signor S accade anche una cosa strabiliante: in questa ripetizione rientra anche una produzione artistica straordinaria, lontanissima dalla banalità dei pittori dilettanti (schizofrenici e non) e capace di affascinare anche i critici d'arte. Spicca così il contrasto tra l'esistenza del signor S, povera secondo i canoni abituali, e la ricchezza delle sua produzione artistica.

Ormai il paziente non riconosce più i familiari che lo vengono a trovare e all'interno del manicomio non ha stabilito nessuna relazione. Gli altri malati sono per lui come oggetti, non diversi dalla statua di san Giacomo.

Anche il suo rapporto con la natura è molto strano. Un giorno, nel parco, gli infermieri lo trovano accucciato davanti a una lunga fila di processionarie: le prende una a una e le mangia. Ha le tasche della giacca piene e ci conserva anche dei fiori e un passero, che deve aver trovato morto nel parco.

Non dà importanza al proprio corpo, come se non l'avesse, e non si lamenta mai. Eppure, quando decide un movimento, spinto da una pulsione improvvisa, è molto difficile fermarlo e in ospedale sono ormai famose le sue danze. Ogni tanto, infatti, si alza e compie movimenti strani, che ricordano liturgie antiche o rituali erotici. Spesso poco prima di cominciare queste danze, disegna scene erotiche su uno dei fogli a sua disposizione.

La realtà che rappresenta è fatta di tante figurine strane, stereotipate e stilizzate che ricordano mondi magici, forse primitivi. L'osservatore si ferma, incantato, a guardare, ad ascoltare un richiamo, proveniente chissà da dove, da un tempo rimosso, cancellato, sepolto nel passato più remoto della nostra specie.

La storia del signor S dimostra l'interesse che può suscitare la schizofrenia. Anche se il disturbo impedisce la comunicazione diretta tra il paziente e il mondo, fogli dipinti o versi segnati a inchiostro su taccuini aprono spiragli inattesi.

Così, di fronte all'impossibilità di comunicare attraverso il linguaggio comune, razionale, si fa strada un nuovo pensiero: non bisogna mai chiudere le porte ad altri linguaggi, altre vie per esplorare un universo in superficie incomprensibile. Perché si può scoprire la ricchezza di un mondo in apparenza irraggiungibile come quello dello schizofrenico.

6

Disturbi ossessivo-compulsivi

Abbiamo menzionato i disturbi ossessivo-compulsivi studiando le diverse strategie di difesa impiegate in caso di mancato adattamento all'ambiente, quando si determina un eccessivo accumulo di frustrazioni. In questa categoria di disturbi si tende a ridurre al minimo l'interazione con il mondo, sino a un controllo esasperato dei propri movimenti.

Prime manifestazioni

Di regola si manifestano dei segni premonitori che perdurano a lungo nella vita di un soggetto, prima di raggiungere la dimensione tipica del disturbo. Ancora una volta, la fase «matura» si distingue per l'intensità e la durata dei sintomi.

Per la loro genesi e il loro sviluppo particolare, abbiamo scelto di trattare i disturbi ossessivo-compulsivi in una sezione a sé, senza accogliere la prassi comune di collocarli nel quadro delle malattie dell'ansia. Questo non esclude che l'ansia svolga un ruolo di grande importanza. Anzi, si pone tra i prodromi che anticipano l'inizio della patologia vera e propria.

Naturalmente, si fa riferimento a un'ansia che ha già perduto il suo valore positivo di stimolo all'azione di fronte a impegni nuovi. È invece un'ansia esasperata, che non si è ancora tramutata in angoscia, ma provoca comunque comportamenti improduttivi.

Di regola, in questa fase iniziale, l'ansia si combina con la paura, con una sensazione costante di pericolo. Come reazione, per esempio, si chiude la porta e si controlla più volte di aver girato bene la chiave. E dopo qualche passo si torna lì a controllare. È questo il verbo più adatto a descrivere la nascita del disturbo ossessivo-compulsivo: *controllare*, con gesti ripetuti più e più volte.

Lo scopo della ripetizione è placare l'ansia. Una funzione persino terapeutica, anche se con effetti di brevissima durata. Compiuta l'azione, l'ansia si riaccende e bisogna sedarla di nuovo.

Il sollievo momentaneo spinge a ritenere efficace il gesto, che di fatto converte l'ansia in movimento. E quel movimento si fa rassicurante, perché sconfigge una sensazione inaccettabile: per un attimo, è vero, ma un attimo sommato ad altri attimi, e ad altri ancora, dà respiro. Ma è solo un'illusione poiché lo stimolo a compiere il gesto, e poi ripeterlo più volte, si fa automatico.

È da questa evidenza, sperimentata molte volte, che la ritualità trae forza e ragione. Una spinta che nel tempo si struttura, arrivando a situazioni limite in cui tutta l'esistenza si trasforma in una serie di liturgie. Certo, si tratta di azioni a vuoto, inutili ai fini concreti dell'adattamento all'ambiente. Ma per l'ossessivo hanno un potere straordinario: riducono l'angoscia.

I gesti rituali possono essere moltissimi e comportano una sequenza talmente ripetitiva da impedire le attività necessarie alla vita quotidiana. Si può così definire sospetta un'attenzione estenuante alla pulizia della casa, al punto da eliminare ogni granello di polvere strofinando senza sosta le superfici con prodotti di ogni tipo. Anche la pulizia della persona può essere ossessiva, di solito per la paura della contaminazione e il bisogno di porvi rimedio con pratiche infinite, che non sortiscono mai l'effetto cercato.

Altri rituali possono riguardare la camminata, vietando di calpestare i segni presenti sulla pavimentazione e costringendo le gambe a un percorso irregolare, con un'andatura ridicola. Ma esistono anche liturgie legate a oggetti di uso quotidiano: la sedia, il tavolo, la poltrona davanti alla tv, ma anche l'auto o il computer. Gli esempi sono moltissimi e abbiamo presentato solo i casi più popolari.

Naturalmente è importante non trasformare in sintomi delle piccole liturgie. Girare la chiave tre o quattro volte per controllare che la porta sia ben chiusa non è drammatico. Farlo venti, trenta, quaranta volte sì.

Oltre alle azioni, visibili a un osservatore esterno, l'ossessività si esprime anche nel pensiero. Esistono idee ossessive che ritornano continuamente: se per esprimerle c'è una parola, questa si ripete all'infinito e sembra di sentirla girare nella testa. Come funzione, dunque, il suono sostituisce il gesto ossessivo e al pari di quanto accade in altri disturbi le parole assumono una dimensione magica. Sono benedizioni e maledizioni. Se una parola poi desta timore, finisce ovviamente per essere pensata, o addirittura pronunciata. E questo innesca meccanismi riparatori, basati sempre sulla reiterazione.

Quando le ossessioni diventano molto pesanti e si accumulano fino a formare un insieme di sintomi, si configura il disturbo.

Da un punto di vista clinico occorre fare una distinzione importante. Ci sono rituali ossessivi che scattano specificamente durante l'adolescenza. Ebbene, queste forme di ossessione hanno una prognosi favorevole, cioè di regola scompaiono al termine dell'adolescenza. Se, invece, l'ossessività si manifesta nel giovane adulto o nell'adulto, la prognosi è infausta: non si risolve con il passare del tempo, ma può invece peggiorare e richiedere un trattamento adeguato.

Per non trasformare tutto in patologia, occorre anche distinguere tra comportamento ossessivo e perfezionismo, concetti spesso confusi nell'uso comune. Perfezionista è chi si dimostra particolarmente attento a quello che fa e lo controlla in modo scrupoloso e ordinato. L'ossessivo invece non è per nulla preciso, poiché la precisione richiede un controllo sereno che l'angoscia impedisce. Il rituale dell'ossessivo è infatti affannoso, sempre più rapido e distraente per le azioni finalizzate.

Il perfezionista può essere mosso da una certa insicurezza e, dentro di sé, cerca la garanzia di aver svolto il proprio compito in maniera adeguata. Così, tenta di evitare errori e verifica con attenzione le operazioni che esegue, spesso complesse. Può ripetere il controllo anche un paio di volte, ma il gesto non diventa meccanico. Manca quell'ansia sotterranea che è il vero motore dell'ossessione.

Ricordo il caso di un paziente adulto. Se un manifesto attirava la sua attenzione lungo la strada, doveva leggerlo e in lui scattava il timore di non averlo letto bene e allora ne sillabava il contenuto di continuo. Poteva rimanere immobile per ore davanti a un muro o a un cartellone, mentre l'angoscia cresceva e tentava di placarla ripartendo con la lettura.

La perfezione è una virtù che interessa la razionalità, la logica, e non ha nulla a che fare con rituali dall'apparenza magica. Un altro aspetto da monitorare è proprio il rapporto con il sacro e le pratiche religiose. In molte liturgie si ripetono gesti in modo contenuto e giustificato. Per esempio c'è un motivo se durante l'eucaristia l'ostia è benedetta tre volte: ricordare la Trinità; Padre, Figlio e Spirito Santo. Una personalità con tendenze ossessive può però provare un'attrazione esasperata per la liturgia religiosa, ripetitiva e quindi rassicurante.

Naturalmente, ciò non significa che un fedele praticante manifesti per forza sintomi di ossessività, anche se la frequenza dei disturbi ossessivi in soggetti molto religiosi è un dato importante.

Struttura clinica

1. Ripetizioni, nei gesti e nei movimenti, ma anche nei pensieri si impongono sul comportamento abituale, senza alcuna utilità per l'adattamento all'ambiente e l'esistenza quotidiana. La ritualità diviene una sorta di vita parallela e patologica.

2. Oltre ai sintomi ossessivi, si manifestano sintomi «compulsivi». I gesti o le idee si ripetono in modo automatico e non sono più controllati dalla volontà, dall'attività mentale superiore riconducibile alla corteccia cerebrale. Si trasfor-

mano in meccanismi sottocorticali, istintuali, cui la volontà non può opporre resistenza.

3. I sintomi, sia compulsivi sia ossessivi, si fanno pesanti. Non sono soltanto delle preoccupazioni, per quanto forti. Agiscono come una macchina incontrollata e, a questo punto, la stessa ripetizione smette di essere un sollievo e diventa un problema, poiché c'è sempre la preoccupazione di non averla eseguita secondo la sequenza corretta.

4. Le idee, oltre ad apparire inappropriate, sfuggono a ogni controllo e sembrano impossessarsi della mente. Per esempio, in molte ossessioni che riguardano la sfera sessuale, il paziente cerca di non pensare a un'immagine conturbante. Tuttavia, il tentativo di controllarsi fallisce e, anzi, finisce per evocare con maggior vigore il pensiero proibito. Riparte, quindi, una scarica liturgica di gesti riparatori, con l'unico risultato di rafforzare l'ossessione. Il vortice che si installa è spaventoso. Il disturbo ossessivo-compulsivo è una delle condizioni mentali più penose, poiché si accompagna a una sofferenza visibile, impiantata nel volto, nell'espressione. L'ossessivo non giunge mai a trovare pace. Il tentativo di distrarsi non ha mai nessun risultato.

5. Con il passare del tempo, i rituali ossessivi finiscono per guidare totalmente il comportamento e non c'è più modo di compiere gesti utili. Non si è più in grado di svolgere un lavoro o di studiare e, in definitiva, si subisce un disadattamento totale, una vera e propria espulsione dal mondo. L'ansia ha raggiunto un'intensità e una durata insostenibili.

6. Tra i sintomi rientra anche lo scrupolo, la preoccupazione eccessiva di non aver svolto un compito (una liturgia) in maniera corretta. Questa sensazione impone la ripetizione continua dello stesso gesto, fino a essere esausti, certi ormai della propria incapacità di compiere l'azione rassicurante. Vedere da vicino una persona presa da questo scrupolo significa partecipare a un dolore incredibile, allo sforzo immane di evitare ciò che invece non è possibile impedire. Si arriva a una sorta di paradosso: compare l'angoscia e si cerca di tamponarla con gesti rituali che, però, lo scrupolo riconosce sempre come imprecisi, privandoli di

qualsiasi effetto positivo. Lo scrupolo impedisce di rispondere all'angoscia, che cresce fino a sommergere di dolore il paziente.

Storia

Voglio presentare velocemente un caso molto grave di disturbo ossessivo-compulsivo, che ha colpito un mio paziente di ventisei, ventisette anni.

Il ragazzo doveva presentarsi in ospedale per una valutazione, concordata a seguito di una telefonata della madre, che mi aveva descritto la gravità della situazione: il figlio impiegava anche tre o quattro ore per fare la doccia – una sorta di rito di decontaminazione – e anche quando spegneva l'acqua per le continue sollecitazioni dei genitori non poteva uscire dal box, come se l'aria fosse contaminata e temesse di insozzare il piede posandolo sul pavimento. Nemmeno le ciabatte potevano proteggerlo perché erano rimaste fuori, nell'ambiente contaminato, ammesso che il ragazzo considerasse puro lo spazio di quel piccolo box doccia: prima di esporsi al getto d'acqua, doveva pulire il rubinetto e assicurarsi che tutti i fori di apertura fossero perfettamente sgombri, per evitare che la più piccola traccia di sporco potesse posarsi sul suo corpo.

L'appuntamento era stato fissato e qualche minuto prima dell'orario prestabilito chiesi alla segretaria se fosse arrivato il paziente. Me lo confermò e la pregai di farlo entrare nello studio. Il tempo però passava e la porta rimaneva chiusa.

Richiamai la segretaria. «L'ho avvisato subito, professore, e sta per venire, ma occorre ancora un po' di tempo» mi disse.

Rimasi stupito. La distanza tra la sala d'aspetto e l'ingresso del mio studio era appena di dieci metri. La precisazione della segretaria, tra l'altro di grandissima esperienza e competenza, mi pareva assurda. Domandai delle delucidazioni e mi rispose che il paziente aveva difficoltà a camminare, non perché ci fossero problemi di deambulazione, ma perché avanzava con estrema prudenza e, già a una prima occhiata, sembrava molto sofferente.

A questo punto uscii dallo studio per andargli incontro e mi accorsi che aveva percorso appena due o tre passi dalla sedia in cui doveva essersi seduto. Mi avvicinai alla madre, che lo accompagnava. La salutai, quindi tentai di dare la mano al ragazzo. Si pietrificò.

Rimasi con la mano sospesa, senza toccare la sua, che non staccò dal corpo. Potei cogliere il suo sguardo atterrito mentre fissava la propria mano destra, quasi a darle l'ordine di muoversi. Eppure non ci riusciva. La mano si sporgeva appena e subito dopo retrocedeva.

Rinunciai, ritraendo la mano e il ragazzo spostò lo sguardo a terra, per osservare il piede che doveva alzarsi e sistemarsi con grande lentezza avanti all'altro. Lo guardava impaurito, cercando di sollevarlo un po' e tenerlo staccato da terra. Faticava persino a stare in equilibrio, ma il pavimento poteva essere sporco: qualcosa si sarebbe attaccato alla suola, e quella suola era a contatto con il suo piede. Il terrore della contaminazione lo gettava in un'angoscia terribile. Quest'immagine era molto più significativa di qualsiasi colloquio.

Cercai comunque di rivolgergli qualche domanda, a cominciare da «come ti chiami?», visto che ignoravo il suo nome. Mi fissava e muoveva la bocca lentamente. Non usciva neppure un suono, come se anche quel movimento dovesse essere dominato. Le labbra non permettevano alle parole di uscire, le corde vocali erano come paralizzate.

L'incontro si svolse per la maggior parte durante questo pellegrinaggio che non finiva mai, pur misurando pochi metri. Quando raggiungemmo il mio studio, gli dissi che si poteva sedere. Immaginavo la fatica che aveva fatto e il suo bisogno di rilassare i muscoli per evitare i crampi.

Così assistetti a un'altra scena molto eloquente: il paziente fissava la sedia come se avesse davanti un mostro da cui poteva aspettarsi di tutto. Con lo sguardo la ispezionava millimetro per millimetro. Sicuramente là si erano sedute molte persone, per giunta ammalate, e questo tingeva di un colore ancora più scuro il suo terrore di contaminazione.

Mentre completava quest'esplorazione in assoluto silenzio, potevo leggere sul suo volto un'espressione drammatica, lo sforzo di trovare un modo per superare quell'impasse. L'ansia certamente era aumentata rispetto alle situazioni abituali, poiché davanti aveva il medico su cui la madre aveva proiettato delle speranze. Eppure era atterrito, immobile.

Fu una delle occasioni in cui potei sentire e vedere quale intensità può raggiungere l'angoscia quando nessuna liturgia riesce a placarla. Lì di fronte a me, in quello studio, la stessa liturgia consolatoria era divenuta per il ragazzo motivo di forte preoccupazione e fonte di un'angoscia di dimensioni straordinarie.

In faccia era sudato, rosso, quasi non batteva ciglio, come se anche quel movimento automatico fosse di grande pericolo. Persino la morte in quel momento sembrava una soluzione.

Questo corpo ridotto a un blocco rigido, senza utilità, ma soggetto al rischio costante di immaginarie contaminazioni, è l'espressione concreta di una paura insuperabile. Perché la paura genera paura e, come l'ansia senza sbocco diventa angoscia e prova di morte, così la paura della paura porta alla paralisi, a quell'incubo continuo che è il rituale ossessivo.

Ricordo un altro paziente, sui trent'anni, che si era da poco sposato: una condizione che di solito comporta un'intensa vita sessuale. Tuttavia, il paziente aveva trasformato questo incontro d'amore in un vero e proprio atto di sofferenza, in una sorta di calvario, poiché, come mi raccontava la moglie, non sopportava di essere toccato e allo stesso tempo riusciva a toccare il corpo femminile solo in parti limitatissime, e con un'incertezza che finiva per annullare il desiderio e la poesia dell'incontro erotico.

Terminato l'incontro, cominciava una serie di riti purificatori che potevano durare ore e ore prima di arrivare al risultato sperato: tornare a letto, questa volta per dormire. Lo stesso desiderio sessuale diventava fonte di ossessione, fino a trasformare l'amore in sofferenza e paura inesplicabili.

Parte terza

1

Disturbi della relazione

Da molto tempo, il termine *relazione* è entrato a far parte della psicopatologia, almeno da quando si è compreso che tra i bisogni esistenziali dell'uomo un posto di rilievo spetta allo stare con gli altri.

Avere un senso per chi ci circonda è la sola via per superare la condizione più tragica: la solitudine. Solo è chi vive chiuso in se stesso, senza che la sua esistenza abbia rilievo per alcuno.

Nella sua analisi della personalità, Freud considera l'Io come la risposta al bisogno di relazione, la soluzione concreta a quell'incontro-scontro tra pulsioni e imperativi che mette a rischio il rapporto con gli altri. Questo tessuto psicologico, alla base della relazione, è attivo sin dalla nascita e si manifesta con l'attenzione immediata del neonato verso la madre-nutrice.

A ribadire l'importanza di questo concetto nella psicopatologia c'è l'espressione *terapia relazionale*: l'efficacia della terapia dipende cioè dal legame che il medico sa intessere con il paziente. La psicoanalisi si fonda espressamente su questa relazione, che è basata anche su incontri frequenti e sull'attenzione alle emozioni che emergono durante le sedute. Un legame che Freud ha chiamato «transfert», o «transferale», e che deve fondarsi sulla professionalità del terapeuta, cui è richiesto di infondere fiducia nel paziente senza portarlo però a una condizione di dipendenza.

E sempre a proposito di relazioni, la terapia può servire a rivivere le difficoltà del passato, lasciando emergere vissuti rimossi o conflittuali, per cominciare una vita con rapporti più gratificanti.

La relazione, fondamentale per ogni essere umano, comporta capacità molto complesse e talvolta sfuggenti a un'analisi superficiale. Anche per questa ragione, può essere considerata la cartina di tornasole della salute mentale, la prova dell'efficacia dei meccanismi di adattamento all'ambiente.

La relazione è la misura dell'equilibrio tra frustrazione e gratificazione. In questa cornice, la stessa gratificazione assume una dimensione relazionale, poiché è nel rapporto con l'altro che si avvertono stima, sostegno, affetto, amore, sicurezza.

La relazione è inoltre un test efficace per le terapie adottate in caso di disagio o disturbo mentale, perché la risoluzione di uno scompenso ha i propri effetti positivi non solo sul singolo ma anche sulle sue relazioni.

L'esempio potrebbe essere quello di una grande fabbrica di automobili. Ciascun settore ha una competenza specifica e produce una parte della vettura, ma si potrà affermare che le linee di produzione funzionano perfettamente solo se, alla messa su strada, l'auto parte senza problemi. In caso di malfunzionamento, si potrà poi risalire alla fase della produzione all'origine del guasto.

È questa la visione che ci guida nella trattazione dei disturbi relazionali: un capitolo importantissimo, che però in genere è assente nei manuali, soprattutto in quelli clinici.

Tre sono i tipi di relazione che prenderemo in esame: innanzitutto la relazione di coppia, che rappresenta una sorta di prima tappa nel passaggio dalla singolarità alla molteplicità; quindi la famiglia, al cui interno si avvicendano di solito trasformazioni importanti; infine le relazioni con i gruppi più ampi, con comunità più o meno estese, fino ad arrivare alla società.

2

La relazione di coppia

Potrà apparire un paradosso, ma la condizione indispensabile per stabilire una relazione di coppia è vivere bene con se stessi, avere una buona accettazione di sé. Si parla, in questo senso, di *self-esteem*, o autostima.

È una caratteristica che si misura attraverso la capacità di stare soli, staccati dagli altri, mantenendo una certa autonomia. Senza questa condizione, infatti, non si riesce a percepire il desiderio della relazione, il piacere di cercarla perché fa stare bene e non perché se ne è dipendenti.

La dipendenza nega la libertà, impedisce di esercitare una scelta: la gioia della condivisione si costruisce sul piacere di cercarla, non sulla percezione che la solitudine, anche solo temporanea, sia sinonimo di morte.

La prima condizione per formare una coppia è dunque che i due soggetti sappiano vivere da soli. Se si comunica all'altro che non si può stare al mondo senza di lui – e non è solo una dichiarazione enfatica da innamorati –, gli si dà un ruolo eccessivo, quasi a mettere la propria esistenza nelle sue mani, ma il partner non può diventare una divinità o un burattinaio che regge le corde con cui ci muoviamo.

Base necessaria perché si formi la coppia è, in secondo luogo, il rispetto dell'altro. Bisogna lasciargli lo spazio necessario per realizzarsi individualmente, ben sapendo che tutto ciò non va a scapito della coppia e, anzi, avrà un effetto positivo. La singolarità dei due partner, le loro stesse differenze disegneranno un tessuto ricchissimo di scambio di esperienze, attraverso incontri di ambienti diversi (il lavoro, le amicizie) e confronti di pensieri, vissuti e modi di osservare le cose.

Terzo requisito irrinunciabile: un profondo senso, oltre che di rispetto, di solidarietà.

Solidarietà è un termine che mi piace molto e mi sembra più efficace delle parole *amore* o *amicizia*, che pure sono giustificate in una relazione, perché esprime con maggior forza il messaggio reciproco: «Io ci sono e posso aiutarti nei momenti di difficoltà. Lo faccio con grande attenzione e so che tu farai lo stesso con me».

La solidarietà comporta una condivisione basata sul riconoscimento di una grande caratteristica umana: la fragilità.

La fragilità non va confusa con la debolezza. È invece un concetto prezioso, che rimanda a un nuovo umanesimo, perché tiene conto dei bisogni dell'uomo e dei limiti a lui connaturati: limiti estremi come la morte, la nostra e quella delle persone a cui siamo legati; limiti che rimandano ai misteri dell'esperienza, a quel senso di instabilità, per cui basta poco a cambiare la nostra vita abituale, basta una malattia fisica, o una disattenzione nella guida, e tutto cambia.

La scoperta della fragilità è un punto di grandissima importanza, perché è la vera spinta a cercare l'altro. È proprio in questo gioco di reciproche fragilità che si radica la coppia. Lì, nello scambio con l'altro, avviene una sorta di alchimia. Una trasformazione, nel senso più profondo: «La mia fragilità può essere un sostegno per te, esattamente come la tua ha un'importanza straordinaria in me».

Ci si domanda: «Come posso io dare certezza se sono io stesso fragile? Come posso generare sicurezza nell'altro?». Ma è quanto accade, così si formano le coppie solidali.

Sono sempre più sorpreso nel verificare come storie d'amore «urlate» a gran voce, per l'eternità, si consumino nel giro di poco tempo. Poi non rimane più nulla. Al confronto, la solidarietà è una premessa più sobria e meno rumorosa, il terreno sicuro su cui costruire un'unione: una base importante per la vita di coppia e, come vedremo, anche per tutte le altre relazioni.

Sono varie le patologie che possono riguardare un'unione di coppia. Ne analizzeremo schematicamente alcune.

Disturbi della relazione di coppia

1. *La coppia nevrotica.* È l'unione di due persone che stanno insieme non per una scelta, ma per l'incapacità di rimanere sole. La coppia si regge su una sorta di doppio legame, dominato dall'incapacità di stare lontani e, allo stesso tempo, dal desiderio di togliersi da una situazione che rende l'esistenza dolorosa. La coppia nevrotica è stretta da forti sentimenti contrapposti, entro cui il senso di colpa gioca un ruolo determinante.

2. *La coppia violenta.* L'unione è il terreno in cui sfogare la propria frustrazione, magari accumulata altrove. Qualcosa di simile accade, come vedremo, anche all'interno della famiglia: è come se la confidenza acquisita nel tempo provocasse un allentamento dei freni inibitori, fino a pretendere una comprensione totale e dimenticare i limiti imposti dal rispetto dell'altro.

La violenza di coppia è un disturbo gravissimo e si può manifestare anche in soggetti che non sono violenti al di fuori della relazione. In unioni di questo tipo, si può persino rafforzare la dipendenza dall'altro: più aumenta la violenza, più ci si sente incapaci di restare soli.

Nella coppia violenta, si assiste a un vero e proprio crescendo, da cui non c'è altra via di soluzione che interrompere la relazione. Non servono rassicurazioni sul fatto che gli episodi passati non si ripeteranno più. Infatti, la violenza è un segnale che il legame è già distrutto: volerlo prolungare significa solo favorire altra violenza.

3. *La coppia competitiva.* Questa patologia colpisce le coppie in cui si insinua la competitività al posto della solida-

rietà. Oggetto di contesa può essere l'attività lavorativa e allora si confronta chi ha la carriera migliore o lo stipendio più alto, e chi contribuisce di più alle spese di casa. Questa concorrenza finisce per trasformare l'altro in un nemico da denigrare e sottomettere.

La coppia competitiva tende a creare una gerarchia di potere, non importa se camuffata dietro a una differenziazione di compiti e ruoli. Al contrario, una coppia ha bisogno del riconoscimento reciproco, bisogna comprendere l'importanza dell'altro, il suo apporto nell'unione, e la specularità dei rispettivi contributi, indipendentemente da giudizi e valutazioni sociali. Occorre che si accettino le differenze di intelligenza, di sensibilità o di qualsiasi altra qualità. Se si sottolineano le qualità di uno, questo non significa contestare le mancanze dell'altro.

La coppia funziona come una sonata per due strumenti. Ce ne sono di straordinarie scritte per pianoforte e violino, strumenti diversi che suonano in sincronia. Nella sonata le esecuzioni non si sommano, ma si intrecciano, e uno strumento esalta il suono dell'altro. Nasce così una realtà terza, nuova. Un soggetto composito, appunto, la coppia.

4. *La coppia invasa.* Un altro disturbo frequente che colpisce la coppia nasce dall'interferenza dei mondi di origine. Quando due soggetti si uniscono, entrano in contatto sempre più stretto con la realtà da cui proviene il partner, che ha una sua storia e sue relazioni: una madre, un padre, una famiglia.

Bisogna stare attenti a non rendere questi personaggi troppo ingombranti nella coppia, ma è altrettanto fondamentale evitare le intolleranze, le antipatie, per rispettare quei compiti – e anche quei doveri – che ciascuno ha verso la propria storia personale. Ben sapendo che, se non si desse ascolto a queste esigenze, comparirebbe una sorta di mal d'essere, che si riverserebbe immancabilmente anche sulla coppia.

Perché tutto questo non accada, perché la coppia non abbia queste declinazioni patologiche, occorre trovare delle attività da fare insieme. Sono elementi che rinsaldano l'unione, perché ci permettono di scoprire nell'altro conoscenze e capacità che ci mancano e che possiamo apprendere, di riflesso o attraverso una vera e propria compartecipazione. In questo modo la vita di coppia può dare gratificazione e fare da scudo contro le frustazioni del lavoro e della vita quotidiana.

Così la relazione ha anche un ruolo terapeutico ed è il luogo in cui sperimentare il gusto dell'incontro, il piacere di stare insieme e di affrontare in due le difficoltà. La coppia si rafforza e diventa un insieme protettivo che difende la dualità – lui e lei – senza sciogliersi nemmeno in ambiti relazionali più ampi.

3

La famiglia

Requisito necessario per costituire una famiglia non patologica è saper amare. Se per la coppia abbiamo citato l'importanza della solidarietà, qui diventa irrinunciabile la generosità. Insomma, la coppia necessita di scambi e interessi motivati, mentre per la famiglia il motore è la capacità di donarsi all'altro.

L'amore è il piacere di compiere azioni che hanno un valore per l'altro: la sensazione di rendersi utile procura gratificazione anche a chi le compie. È importante comprendere il significato profondo di questa partecipazione, che certo non avviene scambiandosi oggetti «preziosi». Il senso profondo dell'amore si coglie nel gusto di stare insieme, di fare qualcosa per l'altro, nella disponibilità, che è prima di tutto disponibilità di sé e del proprio tempo, non degli oggetti che si possiedono.

Il samaritano del racconto evangelico incontra un uomo che sulla strada di Gerico è stato derubato e malmenato. Si ferma a prestargli i primi soccorsi e lo accompagna in una locanda, lo affida al locandiere e riparte. Certo, paga in anticipo e promette di aggiungere altre monete se quelle che ha lasciato non saranno sufficienti, ma – mi viene da dire – questo non basta. Bisogna stare con la persona in difficoltà e non pensare ad altro, poiché l'amore non è sostituibile, non rientra in una gerarchia di valori, è assoluto.

Così dovrebbe accadere in una famiglia. Amore verso i figli significa non avvertirli mai come un peso: un figlio stimola il piacere dell'ascolto, il desiderio di vederlo crescere, il piacere di confrontare la sua giovinezza con la propria, ormai dimenticata.

Un'altra caratteristica fondamentale per l'insieme familiare è la pazienza. Questa virtù, secondo la lettura degli antichi, si fonda sulla capacità di aspettare, un atteggiamento in cui quasi si «invita» la soluzione positiva ad arrivare, accarezzandola con la fantasia. Indubbiamente, però, serve anche la capacità di conoscere il dolore, e quindi di accoglierlo e soprattutto condividerlo.

Nei legami esiste quest'osmosi, per cui il dolore si riversa sull'altro, esattamente come la gioia, che si comunica a tutti, magari con qualche lacrima agli occhi. Parlo di gioia e non di felicità, perché quest'ultima è un'esperienza egoistica. In una famiglia com'è possibile essere felici se chi ti è vicino soffre?

La felicità è la risposta acuta a un evento, mentre la gioia è una condizione dell'intera famiglia, una sorta di denominatore comune delle esperienze individuali che, nella condivisione, appartengono a tutti.

Una delle doti straordinarie della famiglia è la capacità di rigenerarsi. Credo che l'errore più madornale, nella società del tempo presente, sia ritenere i sentimenti della famiglia «consumabili», come abiti magari integri, ma fuori moda. La famiglia invece ha la straordinaria facoltà di rinnovarsi. Un capitolo si chiude solo perché se ne apre un altro.

In effetti, la vita familiare è ritmata da eventi cruciali, la nascita di un figlio innanzitutto. Quando nasce il primo bambino, avviene una sorta di metamorfosi. Irrompe una nuova esistenza che trasforma la vita dei genitori: la madre si mette a totale disposizione del neonato, che ha bisogno di lei anche per l'alimentazione, e il padre deve imparare a farsi un po' da parte, lasciando spazio a quella nuova diade simbiotica, senza pretendere per sé un legame esclusivo come quello descritto dal motto *Ubi tu Caius, ego Caia*. Tra lui e la donna adesso c'è un bambino, un figlio.

È straordinario osservare la propria compagna, la propria moglie, impegnata a compiere azioni utili al bambino, ma che indirettamente procurano gratificazione anche al marito. Se una buona vita di coppia può essere paragonata a una composizione per due strumenti, come la *Sonata a Kreutzer* di Beethoven per violino e pianoforte, la famiglia somiglia alla *Nona sinfonia*: serve un'orchestra affiatata, non basta un virtuoso da solo, impegnato come il giovane Mozart a mostrare il suo talento in una sala da concerto a Palazzo Clerici.

La famiglia deve sapersi inserire all'interno della società, un mondo che manifesta a volte aspetti grotteschi, incomprensibili quanto ingiusti. Eppure, è il mondo con cui bisogna imparare ad avere a che fare. Naturalmente uniti, in un insieme compatto, capace di difenderci e consolarci anche nei momenti peggiori.

Certo esistono delle fasi alterne e, per esempio, durante l'adolescenza i figli si mostrano oppositivi, ipercritici verso i genitori, ridicolmente offensivi e provocatori. Tuttavia, è un periodo transitorio, una prova a cui l'adolescente si sottopone per comprendere la propria identità sociale. È un passaggio indispensabile per non sviluppare nessuna dipendenza, quella strana sensazione di un dovere asfissiante che porta a diventare intolleranti, a reagire alla mancanza di autonomia con un'opposizione radicale.

Le famiglie sono un insieme composto di genitori e figli, oggi in genere uno, al massimo due. Ci sono casi però in cui la famiglia si allarga, aprendosi ai nonni: si tratta di arricchimento, che rende più vario l'insieme. Questo non significa che l'uno abbia diritto di insegnare all'altro, ma nella famiglia allargata aumenta il piacere dell'ascolto e della condivisione. Questo scambio forse accenderà nei più giovani il desiderio di conoscere i tempi passati e le risposte che i nonni, il padre o la madre hanno dato in circostanze mai identiche a quelle attuali, eppure sempre istruttive.

Questa cultura dell'ascolto ha anche un altro aspetto: in famiglia è bene consentire a ciascuno di esprimere le sue qualità, senza appiattirsi sulle aspirazioni economiche, scambiando il denaro e la capacità di produrre ricchezza come il metro con cui misurare il valore di una persona.

In sintesi, questi appaiono gli elementi per mantenere una buona vita familiare. Quando mancano, possono insorgere alcuni disturbi tipici.

Disturbi dell'ambito familiare

1. *La famiglia senza amore.* Purtroppo, è il modello di famiglia più diffuso nel tempo presente. La mancanza di amore fa del nucleo familiare il luogo ideale per la violenza e persino per la violenza estrema.

2. *La famiglia senza regole.* In assenza di norme e princìpi, la famiglia è il luogo in cui si abbassano i freni inibitori e regna l'arbitrio. Così a dominare è il protagonismo – spesso senza limiti – dei giovani, i quali credono che tutto sia loro concesso. Padri e madri sopportano in silenzio, evitano di ricordare ai figli i loro doveri e non esercitano il proprio ruolo. Anche l'amore richiede autorità. È invece incompatibile con l'autoritarismo, maschera della violenza e farsa dell'autorità.

3. *La famiglia ammalata di denaro.* Un altro caso frequente è la famiglia sottomessa al denaro. Ogni pensiero, ogni progetto, ogni azione svolta o proposta viene subito tradotta in cifre e calcoli, spesso accompagnati da una sensazione di impotenza se le disponibilità economiche sono inferiori ai propri desideri. Non c'è dubbio che queste limitazioni creano insoddisfazione, eppure avere denaro non è una condizione necessaria alla gioia. Naturalmente ciò non esclude l'importanza del denaro come strumento capace di garantire sicurezza o di favorire esperienze positive (studiare e viaggiare, per esempio). La famiglia deve però considerarlo come un mezzo utile, non come un simbolo di potere che sottomette.

4. *La famiglia di superficie.* All'interno del nucleo familiare non avviene alcuno scambio di idee, non si presta atten-

zione ai desideri e alle aspirazioni di ciascun componente. Si vive chiusi in se stessi, preda di interessi esterni. Le relazioni sono frettolose e superficiali.

5. *La famiglia senza storia*. Della famiglia fanno parte numerosi individui, ciascuno dei quali ha una storia propria. Eppure, come abbiamo ricordato con la metafora dell'orchestra, è necessario che si crei anche una storia della famiglia, non già come contenitore di singole identità, ma come realtà indipendente. In questo senso, le famiglie hanno una radice lontana, ma proiettatata in avanti. Si inseriscono tra passato e futuro, con effetti positivi sui singoli componenti.

Come ogni storia, anche quella della famiglia incontra dei momenti di difficoltà, talvolta di forte crisi, ma è importante che non si ricorra alla soluzione più facile, quella di frantumare l'unione. Si deve imparare a guardare il futuro con la volontà di trovare un nuovo aggiustamento, un accordo che permetta di continuare la sinfonia già iniziata.

Potrà apparire strano, ma la mia convinzione è che l'alto numero di separazioni e divorzi sia stato condizionato dalla facoltà, in taluni casi importante e necessaria, di interrompere la relazione. Questa soluzione dovrebbe riguardare soltanto i casi davvero drammatici. Sentirla come una strada percorribile di fronte a ogni difficoltà riduce persino la capacità di progettare il futuro.

Allo stesso tempo, vorrei precisare che non è giusto idealizzare la famiglia, trasformandola in un'immagine da cartolina. È invece un'entità reale, dinamica, in crescita continua: nasce sulla spinta dei sentimenti e delle passioni, ma ha anche la funzione pragmatica di aiutarci a crescere in un ambiente che inevitabilmente pone delle difficoltà.

A questo la famiglia deve essere preparata. Spesso superare insieme dolori e fatiche rafforza il gruppo, dandogli nuova linfa vitale e capacità di evolversi. Spetta alla famiglia costruirsi una sua piccola storia, per raggiungere condizioni di vita gratificanti e un buon inserimento nella società.

4

La società

Il termine *società* sta perdendo significato, poiché viene usato di continuo, come contenitore indistinto in cui si aggrega tutto.

Vorrei, invece, analizzare la società partendo dal nucleo familiare, di cui la società rappresenta una configurazione allargata. Pensiamo, infatti, che sia strutturata su molteplici unità, che sono appunto unità familiari.

Il singolo acquisisce dimensione sociale nel momento in cui si relaziona, dunque da quando crea una coppia, che diventa poi famiglia. Più famiglie si intrecciano dando origine alla famiglia allargata e quindi al villaggio, l'insieme dei villaggi costituisce una piccola comunità, e così via, in un crescendo che mette in rete tutte le realtà in un unico ambiente. Un ambiente che oggi è il mondo globalizzato.

Questa estensione è stata certamente favorita da bisogni economici, dalla necessità di costruire un mercato unico, ma ciò non significa che si sia effettivamente realizzata una società unica.

È utile qui richiamare la distinzione, cui già abbiamo accennato, tra società e civiltà.

Il termine *società* indica una realtà storicizzata, oggettivamente misurabile. I parametri che la descrivono sono numerici: densità demografica, estensione territoriale, caratteristiche economiche. La parola *civiltà*, invece, sottolinea la comunanza di principi che dovrebbero guidare una società e designa quindi un insieme tipicamente umano. Si può definire società un gruppo di scimpanzé e persino un alveare, ma di civiltà si parla solo per l'uomo.

Modello classico di civiltà è l'*agora* dell'Atene antica, l'ambiente in cui Platone elaborava la sua teoria delle idee, concetti astratti che trascendono gli oggetti per rappresentarli mentalmente. Tipico è l'esempio della «cavallinità», l'idea che racchiude l'essenza di tutti i cavalli singolarmente considerati. Analogo discorso vale per l'umanità, o sarebbe meglio dire l'umanesimo.

Spetta alla civiltà, come insieme di principi astratti, modellare la società, l'insieme storicizzato. Da un parte c'è l'etica, i principi morali che vivono dentro di noi, potremmo dire parafrasando Kant; dall'altra, le leggi che si devono empiricamente adattare alla realtà e fare da guida al comportamento.

La società ha bisogno di un governo, così come accade nella famiglia, in cui esiste una divisione dei ruoli condivisa e dinamica. Le abitudini cambiano e oggi, per esempio, i padri accudiscono i figli con un ruolo molto più attivo rispetto a un tempo: escludendo naturalmente l'allattamento naturale, possono occuparsi dei figli alla stessa maniera delle madri. I ruoli cambiano, non hanno nulla di fissato o di imperativo. Tuttavia, non può esistere una famiglia in equilibrio senza una precisa designazione di ruoli, che una volta stabiliti vanno rispettati ed eseguiti con impegno. Così è per la società, e si può parlare di buono o cattivo governo. È anzi questo uno dei temi che ha fortemente caratterizzato l'umanesimo quattrocentesco.

La discriminante tra buono o cattivo governo va ricercata nei principi, che nel primo caso saranno rispettati dai più, poiché funzionano come garanzia di giustizia e difesa. Nel cattivo governo invece, la società abdica a tali funzioni necessarie, scatenando gli impulsi incontrollati e la sperequazione.

Nella fase storica che stiamo attraversando, contraddistinta da una generale perdita di rigore, il buon governo sembra quasi un'utopia e senza dubbio esistono società malgovernate che finiscono per influenzare negativamente anche i piccoli gruppi, le famiglie e i singoli individui. Se, per esempio, un cattivo governo dà importanza solo al denaro e svaluta la cultura, nasceranno stratagemmi di ogni tipo per produrre ricchezza, mentre l'ignoranza si diffonderà e le attività creative o di pubblico valore perderanno importanza.

Chi come me svolge la professione di psichiatra, per anni ha potuto verificare la tesi secondo cui la società è capace di generare follia. Si è persino arrivati ad ammettere che la follia non è nel singolo, ma è scatenata da una società folle.

Oggi sappiamo che questa è una visione riduttiva, poiché il comportamento è certamente influenzato dall'ambiente, ma anche da altri due fattori: la biologia e le esperienze. Si possono comunque trovare numerosi esempi di società che distruggono gli «strumenti di bordo» di cui è dotato l'uomo per orientarsi nell'ambiente. Già Erasmo da Rotterdam poneva la follia a fondamento della società, quasi fosse un attributo sovraindividuale capace di guidare il comportamento di ogni uomo. Esistono, insomma, le malattie sociali ed esiste la follia del mondo.

Malattie sociali

1. Anche nella società, come nella famiglia, il singolo ha un'identità propria, ma partecipa alla creazione di un'identità comune. Non si può, per esempio, ignorare che nel tempo presente il concetto di appartenenza sociale appare debole, mentre è più intenso il senso di fedeltà al clan, alla propria casta. In questo caso, l'unione è fondata sulla proprietà, sul concetto di «mio» e di «nostro» limitato a un piccolo gruppo.

Manca invece del tutto il senso del pubblico, e ciò che è di tutti diventa di nessuno. In questa abdicazione, si rimarcano con forza esagerata i confini che delimitano la famiglia, esasperando la dimensione dell'io familiare. Si scatenano così lotte accanite per il confine di un terreno, oppure guerre di successione per la divisione di un'eredità. Insomma, la percezione dell'io corrisponde al mio; la percezione del noi viene subito dopo, ma è limitata al nucleo familiare e, in particolar modo, alla sua difesa da aggressioni e intrusioni esterne. È una cultura del nemico, di cui oggi abbiamo tracce molto vistose.

Quando tutto viene concentrato su se stessi – come singoli o come piccolo gruppo – ciò che è comune non desta alcuna attenzione, quasi che concetti come società e Stato non avessero significato, ma fossero semplicemente definizioni teoriche, prive di valore per l'individuo.

2. Un altro segnale preoccupante è l'astensione dal voto, che contrasta con il principio democratico secondo cui l'individuo ha il diritto e il dovere di scegliere a chi affidare il governo della società. Analizzando con attenzione questa perdita d'amore per la politica, appare evidente il disinteresse sempre più diffuso per tutto ciò che è pubblico.

3. Per comprendere l'importanza dei servizi pubblici, basta fare qualche esempio: se il sistema sanitario nazionale non è efficiente, è più difficile curarsi, e se i trasporti pubblici non funzionano, è più complicato svolgere la propria attività. Anche in questi settori però, si sta lasciando sempre più spazio all'intervento dei privati, in nome di un liberismo esasperato in cui ognuno pensa solo a se stesso o alla propria cerchia personale. Così, piccoli gruppi si costruiscono micro-società adatte alle proprie esigenze, ignorando i bisogni della collettività.

4. In questo clima di diffusa patologia sociale, emerge un altro protagonista: il potere fine a se stesso, l'«io posso» senza più alcuna attenzione alla collettività. Il potere che divenga sfruttamento della propria posizione per interessi personali, e non il bene della società, è un sintomo preoccupante o forse già una malattia tra le più gravi e difficili da curare. Il potere, infatti, tende sempre a rafforzarsi, servendosi di tutto quanto possa aiutarlo a mantenersi saldo: i vecchi dittatori si circondavano di colonnelli, mentre le nuove tirannie si nascondono dietro istituzioni svuotate di valore,

una messa in scena della democrazia, una farsa per nascondere il vero volto del potere.

5. Oggi il potere usa un nuovo tipo di violenza. Se un tempo si confinavano le persone sgradite nei ghetti per isolarle o nei campi di concentramento per annientarle, adesso la violenza non si esercita più sul corpo, ma sulla mente. Anche nel nostro Paese si avverte un'aria di terrore, ma non è quello di Robespierre o del Direttorio, quando si arrivava a incarcerare o ad ammazzare i rivali politici.

Oggi la persecuzione colpisce l'avversario, o la sua famiglia, attraverso i programmi televisivi e le notizie false. La persona messa alla gogna rimane viva, ma è come se al posto suo si muovesse un cadavere. Ha fatto storia il cosiddetto «metodo Boffo», dal nome di un giornalista che è stato attaccato e distrutto, sulla base di notizie false in cui veniva presentato come un mostro, semplicemente perché aveva mosso una critica decisa, ma educata, contro il comportamento di chi deteneva il potere, e in particolare contro lo stile di vita dell'uomo allora più potente. Nessuna mannaia, nessuna ghigliottina, ma la diffusione di notizie false, capaci di convincere l'opinione pubblica al di là di ogni dubbio. Così si creano le vittime, si usa un'intimidazione penetrante, martellante, amplificata dalla televisione. E il risultato non è la distruzione di un corpo, ma l'omicidio di una personalità.

Chi subisce questo «trattamento» perde immediatamente il proprio ruolo sociale, ed è questo l'obiettivo specifico della campagna di diffamazione. Non può più svolgere la sua funzione, perché il mondo attorno a lui è influenzato da un persuasore infido, che si è insinuato attraverso i mezzi di comunicazione di massa, stretti in mano al potere.

Tutto questo è non solo patologico, ma persino diabolico. Sembra quasi che una forza oscura si sia impadronita dell'uomo e oggi, se si volesse dare un volto al demonio, lo si dovrebbe dipingere con la forma rettangolare di uno schermo televisivo o di un computer, visto che internet è in grado di trasmettere ovunque notizie false, tingendo di nero anche chi di nero non ha nulla. Questo può accadere a tutti, a esclusione di pochi intoccabili, che sono gli intoccabili del potere, quelli che hanno l'immunità perché se la sono data, quelli che non vogliono essere disturbati qualunque sia l'azione che compiono o intendono compiere. Può essere un delitto per la legge e per gli altri uomini, ma non lo è certo per il potere.

Queste sono solo alcune delle malattie che possono colpire la società, e di riflesso anche il singolo e la famiglia. Nel tempo presente pochi però si rendono conto che la salute della società è una condizione fondamentale per il benessere degli individui.

La partecipazione dei cittadini al governo, centrale o locale, è vista in genere come uno sperpero di denaro che si preferirebbe utilizzare per se stessi o per il piccolo gruppo di appartenenza. È questa logica che porta a una corruzione sempre più diffusa. Tra cittadini e controllori dello Stato si è stabilito un circolo vizioso, patologico, per cui il corrotto diventa a sua volta corruttore.

Un esempio su tutti di assoluto disinteresse per la collettività è lo spaccio di droga da parte di organizzazioni criminali disposte a distruggere vite e disgregare gruppi sociali, in cambio di vantaggi economici individuali: il profitto di pochi, a un prezzo enorme per la società.

Parte quarta

1

Le età e i disturbi della mente

L'arco esistenziale è ritmato da fasi, da momenti diversi e caratterizzanti, e può essere per convenzione suddiviso in età. Si tratta naturalmente di distinzioni che risentono di differenti letture, storiche e culturali, e che quindi possono mutare.

Pensiamo, per esempio, all'adolescenza. La durata di questa fase della vita dipende da una convenzione, da una valutazione condivisa che varia al variare della società. Nella civiltà occidentale questo periodo inizia con un cambiamento fisico, la pubertà, ma ha una durata ormai molto lunga. Rispetto solo a qualche decennio fa, il periodo adolescenziale si è allungato e soggettivizzato, poiché varia a seconda del luogo, dell'individuo, delle famiglie entro cui il giovane cresce, tanto che si giunge a parlare di «adolescenze ritardate» quando questa fase, con le sue caratteristiche tipiche, permane anche fino a trenta, trentacinque anni, un'età che appartiene alla fase adulta; o di «adolescenze interminabili» quando non si diventa mai adulti.

In alcune civiltà africane tradizionali, invece, l'adolescenza nemmeno esiste. La pubertà è semplicemente il tempo in cui avvengono riti di passaggio dall'infanzia al ruolo di giovane adulto; dunque, dall'appartenenza stretta alla famiglia (e talvolta persino dal suo dominio) all'appartenenza al villaggio.

Questa suddivisione della vita in fasi si rivela utile, perché a ciascuna delle piccole o grandi metamorfosi che colpiscono l'individuo si possono associare forme diverse di disagio. Così, nella trattazione proposta sinora, abbiamo indicato spesso quali sono le età in cui è più facile riscontrare le prime manifestazioni di un disturbo: abbiamo, per esempio, descritto l'importanza del diciottesimo anno per la schizofrenia e ricordato l'esistenza di una depressione infantile, che si manifesta durante il primo anno di vita. Senza procedere a una rielaborazione sistematica delle categorie sinora proposte, in questa parte ci concentreremo proprio sull'importanza dell'età nelle diverse forme di disagio e disturbo psichico.

La prima fase di cui ci occuperemo è quella che arriva fino a 11-12 anni: l'infanzia. Certamente i criteri che definiscono quest'età sono biologici. Si comincia, infatti, con un evento come la nascita e si procede con cambiamenti visibili nel corpo, ma notevoli anche nella mente.

Forse sarebbe corretto iniziare la nostra riflessione già prima, dall'età intrauterina. Nei nove mesi di gestazione, infatti, accadono trasformazioni straordinarie, che oggi è possibile conoscere grazie ai nuovi strumenti di indagine scientifica. Si comincia già a parlare di una vita psichica del feto: è dunque possibile che anche prima della nascita esistano condizioni diverse dalla norma; e così c'è persino chi ipotizza – in modo ancora del tutto teorico – l'esistenza di disturbi psichici nel feto.

Non è una provocazione, né un paradosso, ma un'ipotesi supportata da alcuni dati di fatto. Già al quinto mese e mezzo di gestazione, per esempio, il feto ha la facoltà di percepire i suoni, soprattutto quelli acuti, e di rispondervi in qualche modo: avverte il battito del cuore della madre, le voci nell'ambiente esterno, e a queste sensazioni reagisce o si abitua. Come evitare di supporre che una gravidanza tranquilla influenzi lo sviluppo del feto in maniera differente rispetto a situazioni in cui la donna incinta è soggetta a violenza, ad abuso o anche solo a uno stato di malessere? La vita del feto e quella della madre hanno una relazione biologica strettissima e, sapendo come soma e psiche siano collegati, non possiamo escludere una relazione anche tra le loro vite psichiche.

Non solo: fino a un tempo abbastanza recente, si riteneva che i movimenti intrauterini fossero automatici. Oggi invece si comincia a pensare che siano la reazione a un vero e proprio stimolo: quando per esempio durante l'ecografia vediamo il feto succhiarsi il dito, stiamo assistendo alla risposta a un bisogno orale, anche se molto diverso da quello che si manifesterà dopo la nascita e nella prima infanzia.

All'infanzia segue l'adolescenza, che – come si è accennato – per convenzione inizia con la pubertà e generalmente termina tra i venti e i ventuno anni, quando l'adolescente diventa un giovane adulto e, grazie a un'attività lavorativa, gode di autonomia rispetto alla famiglia d'origine ed è in grado di costituire un proprio nucleo familiare. Sappiamo però che la crisi economica, i costi elevati delle case e le difficoltà di inserimento nel mondo del lavoro concorrono a ritardare il passaggio all'età adulta, mentre si rafforzano le dipendenze dalla famiglia d'origine, con tutta una serie di conseguenze comportamentali e di disagi.

All'adolescenza segue l'età adulta, che andrebbe a sua volta suddivisa, poiché si estende dai ventuno fino ai sessantacinque anni. Un tempo ampio, in cui accadono molti eventi. Il giovane adulto è proiettato verso l'inserimento sociale ed è impegnato a stabilire relazioni di genere, e quindi anche a costituirsi una coppia o una famiglia. Una condizione che ha poco in comune con quella di chi si avvicina alla pensione. Gli eventi che influenzano il comportamento e le relazioni sociali nei due casi sono ovviamente molto diversi.

Nell'età adulta avvengono cambiamenti, come la menopausa per la donna e l'andropausa per l'uomo, che modificano in maniera significativa il senso dell'esistenza. La donna smette di essere fertile, una trasformazione biologica che porta con sé anche conseguenze più o meno rilevanti, a seconda dell'importanza che una società attribuisce alla procreazione. In un ambiente che dà un'importanza straordinaria a questo evento, la donna che non può più generare sente di perdere anche la propria funzione sociale.

All'età adulta segue infine la vecchiaia, una fase che negli ultimi decenni ha subito forti trasformazioni, al punto da sembrare reinventata, grazie all'allungamento della speranza di vita e al mantenimento di standard qualitativi soddisfacenti. Abitualmente si fa cominciare la vecchiaia al sessantacinquesimo anno di età. Le previsioni statistiche attribuiscono alle donne un'aspettativa di vita di 85-86 anni e all'uomo di 82-83 anni, ma i centenari sono sempre più numerosi. Così, oggi si tende a dividere le persone che appartengono a quest'età in tre gruppi: *young-old* (65-75 anni), *medium-old* (75-85) e *old-old* (più di 85 anni).

Sulla base di questa divisione in fasi, è possibile strutturare l'analisi dei disturbi della mente, elaborando teorie di psicopatologia dell'infanzia o dello sviluppo adolescenziale, dell'età adulta o della vecchiaia. Così è suddivisa in generale la diagnostica medica, dalla pediatria alla geriatria.

Tutto questo oltrepassa gli obiettivi che ci siamo proposti all'inizio del libro, manuale pratico rivolto non a medici, ma a due altri gruppi di lettori: insegnanti, educatori, genitori che hanno bisogno di comprendere le persone a loro vicine; individui che vogliono conoscere se stessi e comprendere cosa accade dentro di loro (un desiderio che non può che essere positivo vista l'importanza, più volte ricordata, della collaborazione del paziente in ogni terapia).

Tuttavia, abbiamo voluto aprire questo nuovo capitolo per richiamare l'attenzione su alcuni disturbi specifici di certe fasi della vita. Non presenteremo nei dettagli tutti i disturbi che possono capitare in una data età, ma ci soffermeremo soprattutto su quei casi peculiari che non hanno trovato spazio nella descrizione generale. Questa trattazione specifica permetterà di capire come le diverse età comportano modificazioni biologiche importanti, capaci di incidere anche sulle funzioni mentali.

2

Infanzia

L'infanzia può essere considerata come l'età in cui un individuo acquisisce progressivamente diverse funzioni mentali. In base ai tempi di questo processo, si può costruire una sorta di scaletta-tipo. Quando i tempi saranno più lunghi rispetto alla media, o quando il bambino non riuscirà a completare il suo processo di sviluppo, si parlerà di disagio o di disturbo.

Ritardo mentale

È un disturbo che si rileva attraverso l'osservazione, ma può essere diagnosticato anche seguendo scale che permettono di quantificarlo, distinguendo tra forme lievi o gravi di ritardo. Il test più celebre serve a misurare il QI, ovvero il quoziente di intelligenza. I valori di riferimento variano a seconda dell'età, e il QI medio di un bambino sarà ovviamente diverso da quello di un adulto; esistono valori di riferimento anche per la vecchiaia, ma in questo caso il test serve a rilevare non un ritardo, ma un eventuale peggioramento delle funzioni mentali.

Nei casi di ritardo mentale lieve, il QI è compreso tra 50 e 70; il ritardo diventa moderato, quando il QI va da 35 a 50; grave, da 25 a 35; gravissimo, quando è inferiore a 25.

La scala è chiamata anche «scala dell'intelligenza». Una definizione in apparenza chiara, molto usata nel linguaggio comune, ma in realtà fuorviante. Quando si parla di intelligenza, infatti, si considerano soprattutto capacità logiche, come la facoltà di risolvere problemi nuovi, che dipendono anche dall'apprendimento. Rientra tra le capacità intellettive anche l'uso del linguaggio, che richiede la conoscenza e l'applicazione di regole precise: quelle della grammatica e della sintassi. È esclusa tutta una sfera di elementi, altrettanto importanti, che interessano la dimensione affettiva: qualità che non utilizzano gli strumenti della comunicazione, ma riguardano la capacità di relazionarsi, necessaria, come abbiamo visto, per l'adattamento all'ambiente.

Capacità razionali e capacità affettive dipendono da aree diverse della struttura cerebrale ma sono in comunicazione e si condizionano reciprocamente durante lo sviluppo. Non c'è dubbio che un buon equilibrio affettivo sia uno stimolo a utilizzare in modo più deciso gli strumenti della comunicazione. Così come la capacità di controllare la propria emotività permette alla ragione di esprimersi in maniera più compiuta.

Va aggiunto che è possibile teoricamente costruire diversi QI: diversi «quozienti di valutazione delle funzioni mentali» (questa sarebbe una dizione più corretta), in cui vengano prese in esame anche le espressioni affettive ed emotive e l'attenzione sia estesa anche alla sfera della socialità. E i risultati di queste prove saranno senz'altro diversi da quelli rilevabili secondo la scala di Wechsler, il più diffuso test di intelligenza. Insomma, mutando tecnica di analisi, sarà possibile ottenere valutazioni diverse per un medesimo soggetto. In un caso, la misura sarà prevalentemente riferita alle funzioni razionali, nell'altro privilegerà le funzioni affettive.

È chiaro che varierà anche la diagnosi, individuando un ritardo più o meno grave. Ecco perché oggi è necessario considerare allo stesso tempo sia la dimensione razionale sia quella affettiva, aggiungendo anzi anche la dimensione sociale, strettamente collegata all'affettività. Altrimenti l'analisi rimane superficiale, con il rischio di compiere errori madornali.

Pensiamo solo alla creatività. Se costruissimo delle scale di creatività musicale o pittorica, scopriremmo che ci sono soggetti a cui vengono diagnosticati ritardi intellettivi, che sono dotati di un potenziale artistico straordinario.

Si comprende che non è molta la mia fiducia verso questi strumenti di valutazione, soprattutto se si usano per emettere precise diagnosi di ritardo. Anzi, in questi casi la mia mancanza di fiducia diventa persino apprensione, poiché c'è il rischio di marchiare un bambino con sentenze affrettate, silenziose esecuzioni sommarie in cui si applica al piccolo l'etichetta di «ritardato»: uno stigma che, crescendo, farà molta fatica a levarsi di dosso.

La mia perplessità è diventata addirittura contrapposizione netta, quando negli Stati Uniti si è deciso di introdurre la psichiatria infantile, una disciplina che dovrebbe fondarsi su conoscenze scientifiche, oltre che sull'esperienza clinica, per il periodo compreso tra la nascita e il manifestarsi della pubertà. Trovo assurdo voler fissare un quadro psichiatrico per un cervello in fase di rapido sviluppo e per una personalità in crescita, in grado di maturare velocemente.

Il comportamento dipende certamente dalla biologia – in questo caso una biologia in formazione –, ma anche dalle esperienze e dall'ambiente e voler definire un disturbo psichiatrico, cioè una malattia con un quadro specifico, in un bambino è una grande violenza e anche un segno di stupidità.

Per questo sono molto prudente nell'attribuire etichette psichiatriche ai bambini e non ho certo simpatia per quella psichiatria infantile che, a mio avviso, crea i malati credendo di riconoscerli.

Disturbi dell'apprendimento

Questa categoria comprende disturbi che potremmo definire «delle capacità scolastiche», poiché si riferiscono al rendimento del bambino a scuola. Compaiono di regola durante il ciclo della scuola primaria (dopo i sei anni), ma possono manifestarsi anche durante le scuole materne, in cui già ci sono degli stimoli all'apprendimento.

1. Disturbo della lettura. Può essere misurato con test, anche somministrati a distanza di tempo per rilevare miglioramenti, o in gruppo per distinguere qual è il livello di apprendimento di un bambino rispetto ai compagni di classe. Va sottolineato che non si tratta solo di calcolare un ritardo biologico, perché le difficoltà del bambino potrebbero dipendere anche dal suo rapporto con il maestro o la maestra, oppure da qualche deficit sensoriale: è chiaro che una ipoacusia o altri difetti dell'udito possono portare a problemi di apprendimento che sarebbe errato leggere come disturbi delle funzioni psichiche o mentali.

2. Disturbo della capacità di calcolo. È un altro dei disturbi tipici in ambito scolastico. Per calcolo si intende soprattutto quello aritmetico, ma in questa categoria può rientrare anche la difficoltà a gestire attività sequenziali che fanno parte della vita quotidiana; per esempio, in alcuni casi si fatica a comprendere la successione dei numeri ordinali (primo, secondo, terzo), fondamentale per capire le relazioni di causa-effetto.

3. Disturbo della scrittura. Rientrano in questa categoria sia la famosa scrittura a specchio (con parole rovesciate), sia la difficoltà a trasformare in scrittura le consonanti e le vocali che si associano nella parola.

Disturbi della comunicazione

Sono disturbi che riguardano il linguaggio, sia parlato che scritto. Talora il bambino può disporre di un vocabolario limitato, trovare difficoltà a coniugare i verbi, o avere problemi a ricordare le parole e associarne il suono al significato.

Queste difficoltà possono essere risolte dalla scuola in diversi modi. Tuttavia oggi, per una serie complessa di ragioni (non ultima la diffusione di strumenti digitali che stanno di fatto sostituendo la scrittura manuale), esistono anche molti adulti, persino laureati, che faticano a usare la penna e cadono in errori simili a quelli qui ricordati per i bambini.

I parametri usati per definire i disturbi della comunicazione possono essere più o meno ricchi, a seconda della cultura di riferimento. Se i computer oggi correggono automaticamente le parole e segnalano quando una frase è lasciata in sospeso o è poco chiara, è evidente che alle capacità dell'individuo si sostituiscono quelle della macchina, cui ormai sono state delegate funzioni un tempo ritenute fondamentali per l'essere umano. A chi non era in grado di gestire al meglio la comunicazione erano spesso attribuiti problemi di ritardo mentale, mentre oggi il senso di questa capacità si è completamente modificato.

A) BALBUZIE

È un'anomalia nell'articolazione delle parole, a volte lasciate in sospeso, altre volte pronunciate con forza eccessiva. La frasi sono interrotte o caratterizzate da blocchi improvvisi e frequenti ripetizioni.

L'intensità di questo disturbo è molto variabile, anche nell'arco di uno stesso periodo, e dipende anche da una condizione d'ansia. Dunque, è forte la componente emotiva: sovente il monito a prestare maggiore attenzione mentre si parla toglie spontaneità e genera un'ansia da prestazione che peggiora la balbuzie.

B) DISTURBO DA DEFICIT DI ATTENZIONE E IPERATTIVITÀ

Le manifestazioni di questo disturbo associano funzioni psichiche e fisiche. Innanzi tutto c'è un deficit dell'attenzione, che è una delle funzioni elementari della mente. Nel caso dell'iperattività a questo deficit si associa poi un movimento nello spazio, dunque una funzione motoria.

Si tratta di un disturbo molto noto, non solo per la sua frequenza. Per curarlo, infatti, è stato proposto un trattamento farmacologico molto discusso, con la somministrazione di un derivato dell'anfetamina. Sull'uso nei bambini di una sostanza che può indurre dipendenza, si è espressa una diffidenza ferma e generalizzata. Ricordo che per molti anni nei convegni di psichiatria internazionale, spesso tenuti negli Stati Uniti, si presentavano vere e proprie processioni di genitori che urlavano contro quest'orientamento di una psichiatria infantile che, di fatto, applicava una clinica punitiva. In nome di un obiettivo immediato – controllare un eccesso di attività motoria, che in un gruppo può essere fastidioso – si accettava l'uso di farmaci dannosi. Qualcosa di simile accadeva tra gli adulti con tecniche di sedazione, quali l'elettroshock e il coma insulinico, che certo frenavano i comportamenti ritenuti violenti, a costo però di compromettere le capacità mentali del paziente.

Al di là di questo ricordo storico, permangono ancora molti dubbi sull'opportunità di trattare il disturbo da deficit di attenzione come un disturbo indipendente, invece di riferirlo a situazioni ambientali, fatti ed esperienze rimosse che hanno condizionato il comportamento del bambino.

Il DSM-IV presenta due liste di sintomi differenti, una riferita al deficit di attenzione, l'altra all'iperattività. Per diagnosticare il disturbo, devono essere presenti almeno sei sintomi di ciascuna lista, per un periodo di sei mesi e con un'intensità tale da rendere disadattato il bambino. Altra condizione necessaria: i sintomi devono manifestarsi prima dei sette anni di età.

I sintomi della disattenzione sono:

1. Il bambino non riesce a prestare attenzione ai particolari e commette errori di distrazione nei compiti scolastici o in altre attività.
2. Fatica a mantenere l'attenzione sui compiti o anche sulle attività di gioco.
3. Spesso sembra non ascoltare quando gli si parla direttamente.
4. Non porta a termine i compiti scolastici e le incombenze assegnate.
5. Ha difficoltà a organizzarsi, proprio perché la sua attenzione salta da un oggetto a un altro, da un tema a un altro.
6. Tende a non impegnarsi in tutte quelle attività che richiedono uno sforzo.

7. Perde facilmente gli oggetti necessari a fare i compiti e persino i giocattoli.
8. È facilmente distratto da ogni stimolo esterno, come se l'ambiente lo pervadesse.
9. Mostra sbadataggine nelle attività quotidiane.

Accanto a sei tra questi sintomi di disattenzione, devono essere presenti altri sei sintomi che appartengono all'area dell'iperattività e impulsività:
1. Il bambino è irrequieto, muove mani e piedi, si dimena sulla sedia.
2. Spesso lascia il proprio posto nell'aula e va a occupare posti di altri.
3. Scorrazza e salta in modo eccessivo e fuori luogo, mentre gli altri si comportano diversamente.
4. Non sa giocare in modo tranquillo, rispettando le regole.
5. Agisce come se fosse «motorizzato».
6. Parla troppo.
7. «Spara» le risposte prima che le domande siano state completate. Questo viene visto come un segno di impulsività.
8. Non sa attendere il proprio turno.
9. Arriva a interrompere gli altri, è invadente nei loro confronti.

Questa è la tavola completa dei sintomi. Il bambino deve manifestarne in tutto dodici perché si possa parlare di disturbo: una condizione destinata a trasformarsi anche in disagio sociale, poiché chi ne è affetto non si inserisce né a scuola né sul lavoro.

c) AUTISMO

Il disturbo si caratterizza per la chiusura che il bambino mette in atto verso il mondo esterno. Ripiegato su se stesso, riduce ogni forma di comunicazione e di conseguenza mostra ritardi nello sviluppo di ognuna delle diverse tipologie espressive: nel linguaggio verbale, nella mimica del volto (assente), nella comunicazione corporea. Il bambino, incapace di relazionarsi, si trasforma in una torre d'avorio.

L'autismo si manifesta con i seguenti sintomi:

1. Difficoltà di interagire socialmente con altri bambini e con gli adulti.

2. Difficoltà di comunicare, sia per mancanza di iniziativa nei contatti con gli altri, sia per un ritardo nel linguaggio parlato, che può apparire estremamente impoverito, una somma di suoni più che di significati.

3. Notevoli difficoltà in tutte le attività tipiche dei coetanei. Il bambino autistico resta appartato a ripetere, magari in maniera rituale, sempre gli stessi gesti.

4. Si notano quindi movimenti ripetitivi, che sembrano senza scopo, come battere il capo da qualche parte o tirarsi le dita. Appare fortemente impoverito il gioco simbolico: il bambino sembra sin troppo concreto, è colpito dagli oggetti ma non riesce a fornirne una rappresentazione verbale; se gli oggetti non sono fisicamente presenti, non è in grado di parlarne né di richiederli.

D) DISTURBO DI ASPERGER

Questo disturbo comincia nell'età infantile, ma resta evidente anche nell'adolescenza e persino nell'età adulta. Del resto anche il ritardo mentale e l'autismo, pur tipici dell'infanzia, possono permanere nelle successive fasi dell'esistenza.

Il disturbo di Asperger è molto indicativo per distinguere le funzioni intellettive da quelle affettive. Presenta, infatti, molti sintomi affettivi – deficit delle capacità emotive e relazionali, problemi nei legami sentimentali –, mentre lascia perfettamente intatte, persino eccellenti, le funzioni razionali.

Ho potuto seguire dei casi di Asperger tra soggetti che già frequentavano l'università e raccoglievano valutazioni ottime, perché interrogazioni ed esami richiedono soprattutto capacità razionali e competenze legate allo studio e alla capacità di apprendimento. Questi ragazzi presentavano però un'emotività e un'affettività del tutto immature, fino al punto di non riuscire a relazionarsi con i loro coetanei.

Il disturbo si caratterizza per questi sintomi:

1. Compromissione delle relazioni interpersonali e delle più vaste relazioni sociali. Ciò comporta anche difficoltà a comprendere gli stati d'animo degli altri, a partecipare alla loro gioia e a condividere l'appartenenza al gruppo (manca cioè quella caratteristica definita «simmetria», sociale o emotiva, con gli altri).
2. Dedizione a interessi esclusivi, argomenti limitati e passioni anomale che assorbono tutto il tempo del paziente e non possono trovare nessuna condivisione tra i coetanei.
3. Sovente si notano liturgie incomprensibili e manierismi motori, come il gesto di torcersi le mani.
4. Tutto questo genera serie difficoltà di inserimento sociale. Per il soggetto è molto complicato svolgere un lavoro che comporta la collaborazione con gli altri.
4. Accanto a questi deficit non si evidenzia alcun ritardo nello sviluppo cognitivo. In alcuni casi, anzi, si riscontrano ottime performance scolastiche.

Disturbi inventati dagli psichiatri infantili

In questa categoria provocatoriamente indichiamo dei disturbi, codificati dagli psichiatri, e tuttavia senza un fondamento clinico. Si tratta di semplici comportamenti che di patologico non hanno nulla: semplicemente disturbano gli adulti o le istituzioni in cui i bambini sono ospitati. È questa l'occasione per sottolineare il peso che una società poco adatta alla vita e alle esigenze dei bambini ha nel definirli «malati».

A) DISTURBO DELLA CONDOTTA

Con questa espressione si definisce «una modalità di comportamento ripetitiva e persistente in cui i diritti fondamentali degli altri o le principali norme o regole societarie appropriate per l'età vengono violati, come manifestato dalla presenza di tre (o più) dei seguenti criteri nei 12 mesi precedenti con almeno un criterio presente negli ultimi 6 mesi» (DSM-IV, p. 116). I criteri elencati sono i seguenti: «aggressioni a persone o animali», «distruzione della proprietà», «frode o furto», «gravi violazioni di regole».

B) DISTURBO OPPOSITIVO PROVOCATORIO

Sempre il DSM-IV (p. 120) lo definisce come «una modalità di comportamento negativistico, ostile, e provocatorio che dura da almeno 6 mesi durante i quali sono stati presenti 4 (o più) dei seguenti sintomi: il soggetto va spesso in collera, litiga con gli adulti, si rifiuta di rispettare le regole, accusa gli altri per i propri errori, irrita le persone e ne è irritato, è spesso rancoroso, è dispettoso e vendicativo».

C) DISTURBO DA COMPORTAMENTO DIROMPENTE

Si caratterizza per reazioni impreviste e sorprendenti, che si distinguono nettamente da quelle comuni e attese dagli adulti. Sono dunque socialmente dirompenti.

Dopo averli richiamati, non ci soffermiamo oltre su questi quadri perché ci pare davvero di usare un sistema inadeguato, legato a un empirismo estremo, a un criterio semplicemente osservativo, che potrebbe essere applicato da robot invece che da esseri umani.

Credere in queste categorie significa pensare ancora a un rapporto di tipo «oggettuale» tra psichiatra e paziente: comportamento forse giustificato per un professore di fisica meccanica, ma non per chi studia la relazione umana e deve muoversi verso la partecipazione, cercando di entrare nel mondo dell'altro, nel suo profondo.

Ricordando di continuo che i sintomi individuati devono permanere per almeno sei mesi, si rischia di svicolare in un empirismo esasperato e in una superficialità grossolana.

Certo non si può dichiarare disturbo ciò che magari è frutto di un momento, di un eccitamento passeggero o di un dissidio con la madre, come accade nei cosiddetti «capricci». È però altrettanto difficile accettare il concetto di «continuità» e pensare che abbia senso ricercare la persistenza di un sintomo per almeno sei mesi. Per esempio, il criterio è ancora valido se il bambino per una settimana non manifesta nessun sintomo? E se ne presenta «soltanto» undici dei dodici richiesti?

Quel che più conta però è che in una relazione il comportamento è fortemente influenzato dall'altro, dalle sue azioni, dai suoi messaggi espliciti o taciti. Come si può emettere una diagnosi senza alcuna analisi, senza verificare se il comportamento del bambino non è soltanto una risposta a stimoli inaccettabili da parte della madre, del padre o di un insegnante? Se una madre attribuisce al figlio sintomi tipici del disturbo oppositivo, il medico dovrebbe cominciare a valutare la madre e il suo modo di rapportarsi con il figlio.

Ansia e depressione nell'età infantile

Per finire presentiamo disturbi, già analizzati nella parte generale, che assumono una particolare coloritura durante l'infanzia. È bene ricordare che l'adattamento per il bambino è un impegno enorme, poiché avviene in un ambiente di cui deve apprendere tutte le regole senza che l'esperienza, ancora troppo gracile, possa aiutarlo. In questa situazione, assumono caratteristiche particolari soprattutto i disturbi d'ansia e quelli depressivi.

A) ANSIA DA SEPARAZIONE

È una forma d'ansia del tutto particolare, che si manifesta quando il legame esclusivo, stabilito con la madre durante i primi mesi di vita, si deve interrompere.

Non è facile giustificare in modo soddisfacente quel «si deve interrompere» poiché talvolta la rottura del legame simbiotico tra madre e figlio dipende semplicemente da esigenze sociali, dalle regole del lavoro che impongono alla donna di riprendere il proprio ruolo professionale dopo un tempo prestabilito. Altre volte, il «deve» va ricercato negli imperativi della bellezza, che possono spingere la donna a ridurre il periodo di allattamento. O ancora, il distacco dipende dalla volontà della madre di riprendere attività interrotte con la gravidanza.

L'ansia da separazione compare quando il bambino percepisce una rottura e passa dalla protezione costante della madre a un universo completamente diverso. Il piccolo vede sparire la madre, ma ancora non è in grado di percepire lo scorrere del tempo. È legato al qui e ora e non ha il senso dell'attesa. Appena la madre se ne va, vive l'esperienza angosciosa del lutto: è come se vedesse sparire una parte di sé.

Innegabilmente il rapporto madre-bambino è vitale. Per questo, in alcuni casi, un distacco prolungato per più di qualche ora induce nel bambino comportamenti che sembrano preannunciare la morte: proprio come se il mondo fosse ormai completamente vuoto.

Così, quando il bambino viene condotto al nido, occorre prestare attenzione a questa fase di transizione. È un passaggio che va studiato con cura e compiuto gradualmente, per evitare il senso angoscioso della perdita, del lutto.

B) ANSIA DA SCOLARIZZAZIONE

Il disturbo si manifesta all'inizio della scuola materna – o delle elementari, se il bambino non ha frequentato la materna – e ha una forza tale che sarebbe più appropriato definirlo «angoscia scolare».

Del processo di individuazione-separazione abbiamo già parlato, sottolineando come sia davvero un momento di passaggio fondamentale, in cui il bambino si adatta al mondo, attivando tutti i meccanismi di cui è dotato. Se questo processo non si compie al meglio, la relazione simbiotica con la madre risulterà ancora necessaria e il trauma del distacco sarà paragonabile a un vero e proprio lutto. Se invece il processo di individuazione si è completato con successo, il bambino sarà in grado di accettare la separazione, perché ha sviluppato il senso dell'attesa e, anche quando la madre è lontana, sa che ritornerà.

Insomma, il distacco è necessario purché le condizioni di sviluppo mentale lo rendano possibile. E per capire se il bambino è pronto alla separazione, non basta affidarsi alle convenzioni sociali o considerare solo i bisogni della madre, ma occorre analizzare la personalità del bambino. Questo ci permette ancora una volta di ribadire l'influenza determinante dell'ambiente nel processo di crescita.

I sintomi provocati dal distacco prematuro, per esempio vomito o cefalea, compaiono non appena il bambino viene condotto a scuola. Quando poi deve entrare in classe e vede la madre allontanarsi, la condizione si aggrava, fino ad arrivare a una sorta di attacco di panico.

Per arginare questi sintomi, il distacco dovrà essere progressivo, accompagnato da un atteggiamento rassicurante. Allora, l'esperienza del bambino non sarà quella di una perdita, un lutto, un abbandono, ma di un processo tranquillo e necessario alla crescita.

c) DEPRESSIONE INFANTILE

I sintomi attraverso cui si comincia a rilevare un vero e proprio disturbo depressivo nel bambino hanno caratteristiche del tutto peculiari: l'immobilità, il rifiuto del cibo, il pianto, una sorta di regressione a una fase intrauterina che si esprime con la perdita di funzioni vitali.

Sovente il bambino depresso è definito dalla madre come un bambino buono, che non disturba, che la notte non piange mai. Naturalmente non sempre queste caratteristiche indicano una patologia, ma a volte possono esprimere un distacco dall'esistenza tipico della depressione: quella sensazione di non voler più vivere, perché ci si sente incapaci di farlo. Causa di questa sensazione è la perdita del legame totalizzante con la madre, senza cui il bambino non sa vivere.

D) ABUSO

Si tratta purtroppo di un fenomeno molto frequente, in cui i bambini subiscono la violenza degli adulti: una violenza che può essere quella delle percosse o dello sfruttamento sessuale – e molte volte il pedofilo è il padre o un altro familiare.

Si tratta di eventi gravi o gravissimi, che condizionano pesantemente la relazione madre-bambino o padre-bambino, generando un'incertezza e una mancanza di fiducia che certo disturbano la crescita. Mai come in questa fase, la parola *equilibrio* ha un valore profondo. Significa, infatti, «serenità», ma anche «disponibilità», quella condizione che ci rende pronti di fronte alle richieste degli altri.

Oggi si sono fatti passi straordinari nell'accudimento dei bambini. In un periodo, nemmeno troppo lontano, si rimaneva fasciati per tutto il primo anno di vita, con notevoli limitazioni nel movimento e nell'esplorazione dello spazio. E durante le prime ventiquattro ore il neonato non riceveva nessun nutrimento, non gli era nemmeno permesso di attaccarsi al seno. Così come sono scomparse queste abitudini, sono passate di moda anche le vecchie idee che portavano a riunire i neonati in un'unica sala, separandoli immediatamente dalla madre. Ora, invece, i bambini sono lasciati alla madre subito dopo il parto, per preservare quel rapporto necessario in cui la donna trasmette al piccolo il suo calore e gli fa sentire l'odore del proprio corpo.

Nonostante questi progressi, sono ancora numerosi i traumi che colpiscono l'infanzia e, quando la relazione del bambino con i genitori è compromessa, si aprono ferite che possono trasformarsi in vere e proprie malattie dai sintomi del tutto particolari.

È in questo contesto, e senza preconcetti, che vanno valutate le nuove famiglie, espressione della nostra epoca: realtà dal significato positivo, con apporti impensabili per la nostra società solo qualche decennio fa. In ogni nucleo familiare, di nuovo o di vecchio tipo, occorre però sempre considerare e rispettare i bisogni del bambino. Bisogni che cambiano giorno per giorno e nelle diverse fasi dello sviluppo.

Deve chiudersi per sempre il tempo in cui si valutava la crescita del bambino solo attraverso il metro e la bilancia. È invece ora di prestare attenzione alla crescita mentale e ai bisogni della psiche che, se violati, conducono alla patologia.[1]

[1] Questi richiami sull'infanzia mi rimandano a un tema che mi è particolarmente caro e a cui ho dedicato già un libro, *Dalla parte dei bambini*, Rizzoli, Milano 1998.

3

Adolescenza

È questo un periodo del tutto particolare, in cui la visione del mondo è condizionata dai propri vissuti e non risponde certo a valutazioni oggettive o standardizzate. Per questo, si manifestano disagi e persino disturbi mentali dalle caratteristiche peculiari.

Abbiamo già detto che è questa l'età in cui abitualmente iniziano patologie alimentari come l'anoressia e la bulimia, e nascono le dipendenze chimiche e non chimiche, come risposta al bisogno di metamorfosi – fisica, psichica e sociale – che contraddistingue il difficile periodo di transizione tra l'infanzia e l'età adulta. In questa fase si situano anche i disturbi del pensiero, che però vanno considerati come veri e propri disturbi solo quando sono ben definibili e non transitori. Bisogna infatti ricordarsi che l'adolescenza non è una condizione stabile, ma un periodo di passaggio, una fase di crescita destinata a passare.

La violenza

È una caratteristica del comportamento su cui è necessario fermarsi, poiché è talmente diffusa nell'adolescenza da venir spesso considerata un tratto distintivo di questa età.

Si parla a questo proposito di «essere contro»: l'omissione del complemento (contro chi) già chiarisce quanto sia indistinto il sentimento di opposizione. Non sono rari i casi di adolescenti «contro tutti»: contro i genitori, contro la scuola, persino contro i pari età, che invece di regola funzionano come un grande gruppo protettivo. Anche all'interno di questo gruppo però possono scaturire conflitti e lotte.

Ma l'essere contro, quand'è così totalizzante, diventa anche essere contro se stessi. Si consumano gesti di masochismo, di vero annullamento, tra cui è opportuno far rientrare le diverse forme di dipendenza e alcuni episodi di esagerata violenza.

Si tratta di fenomeni dal significato particolare. Basta ricordare che, secondo alcune ricerche, gli adolescenti che hanno avuto un'infanzia serena, senza particolari problemi familiari, sono spesso protagonisti di un'ostilità esasperata.

Si determina una sorta di paradosso, all'apparenza: quanto più felice è stata l'infanzia, tanto più si rimarca l'ostilità, a sottolineare che è pur difficile allontanarsene, e allora si riveste di «negativo». Contro i genitori, soprattutto, simboli della vita infantile, da cui l'adolescente sente il bisogno di staccarsi e che ricopre perciò di difetti, spesso spregevoli. Non è raro incontrare genitori distrutti dalla capillare minuzia con cui i figli adolescenti si accaniscono contro tutto ciò che identifica la famiglia, contestando pesantemente persino la casa e l'arredamento.

Paradossalmente, la violenza facilita il distacco dall'infanzia: rifiutando i limiti ristretti della cerchia familiare, l'adolescente si apre verso uno spazio più vasto, verso un'età di maggiore socializzazione.

La violenza come «rito» di passaggio, insomma. Può trattarsi di una violenza verbale, ma spesso anche fisica, da giudicare però con un'attenzione particolare. Sarebbe sbagliato se chi la subisce – esperienza tutt'altro che piacevole – rispondesse con altrettanta violenza. I genitori devono tenere conto della fatica di crescere del figlio adolescente, e dietro il suo comportamento ostile devono leggere l'ansia e la paura di inserirsi in un mondo molto più competitivo. Tutto questo tra l'altro avviene mentre il corpo cresce, perde i tratti armoniosi tipici dell'infanzia e cambia a vista d'occhio, quasi stesse subendo una metamorfosi.

Torneremo spesso su questo termine, *metamorfosi*, parlando degli adolescenti. Un cambiamento che riguarda il corpo, certo, ma anche la mente. E soprattutto un cambiamento necessario nel passaggio all'età adulta, una trasformazione obbligata che l'adolescente vorrebbe indirizzare a suo piacere. Lo si nota quando ricorre alle sostanze chimiche, che hanno l'effetto rapidissimo di cambiare la percezione del proprio io nel mondo esterno. Sostanze di metamorfosi, le abbiamo chiamate, perché questo ne è lo scopo iniziale.

Ecco perché la violenza adolescenziale va considerata con parametri a sé e controllata attraverso schemi educativi, senza lasciare spazio a risposte istintive, in cui prendono il sopravvento le pulsioni.

Eroe ed eroismi

Nella nostra cultura, quando parliamo di eroi, pensiamo innanzi tutto ai poemi omerici, ad Achille, Ettore, Ulisse, a una serie di personaggi che hanno sfidato la morte in nome di un popolo intero. In generale, l'eroe è colui che si fa carico di un pericolo e lo affronta, per superarlo. Rievoca il «Ritorna vincitor!» dell'*Aida* di Verdi.

Di solito l'eroe è giovane, non teme la morte e anzi, perseguendo il sogno di una vittoria che lo innalzi agli altari, considera il rischio di morire come la prova certa di essersi votato a un ideale. In un certo senso, la morte è necessaria all'eroe perché possa proclamarsi tale. E del resto, dopo una serie di imprese straordinarie, il ritorno alla normalità è difficile da accettare.

Anche il tempo presente ha i suoi eroi, ma hanno poco in comune con quelli antichi. Sono sempre giovani, amano il rischio, sfidano la morte, ma lo fanno per il nulla: sono gli eroi del nulla. Per vivere hanno bisogno di azioni rischiosissime, che nessuno mai ha compiuto, «gesta» che li trasportano lontano dalla banalità, dalla monotonia in cui trascorrono l'esistenza quotidiana.

La figura dell'eroe ha un forte potere evocativo per l'adolescente, che in genere non si piace, si sente inutile e aspira a diventare eroe per trovare una via di uscita. In un attimo, in una sera, cerca di compiere qualche prodezza che possa attirare l'attenzione. Pur di conquistare le cronache del gruppo (e spesso quelle della città) è disposto a usare la violenza e accetta anche la morte: la sua e quella degli altri.

Ritorna in mente la discussione aperta da Dostoevskij con *I fratelli Karamazov*: Smerdjakov uccide senza un motivo particolare, solo perché questo, per lui, è il segnale della massima libertà possibile. Già allora si prospettava la figura dell'eroe del nulla, l'eroe per gioco, per mostrarsi, per esistere. Meglio il processo e la condanna rispetto a una vita che si considera senza valore. Ecco, di nuovo, il bisogno di metamorfosi.

Nel tentativo di coprire con una maschera un'esistenza vuota, si compiono le gesta eroiche di oggi. Il teatro d'azione non è più la città di Troia, ma una scuola in cui inscenare atti di bullismo, oppure una strada in cui tagliare copertoni o lanciare sassi ai veicoli che passano. Operazioni persino faticose, che non portano a nessun profitto: meno ancora che rompere il vetro di un'automobile per rubare un'autoradio.

C'è poi l'eroe della Curva Sud, che va allo stadio non per seguire la partita, ma per attaccare un nemico. E se il nemico non c'è, ci si può sempre rifare con la polizia, che è lì per garantire l'ordine.

In genere i nuovi eroi sono protagonisti di comportamenti antisociali. In alcuni casi però rivolgono la violenza contro se stessi, e sono sotto gli occhi di tutti i suicidi camuffati da incidenti stradali, o i mancati suicidi bloccati per qualche circostanza imprevista da un ricovero in ospedale.

Occorre porre l'accento su un concetto che abbiamo già incontrato: l'impulsività. Molti adolescenti provano il bisogno di dare sfogo ai propri impulsi senza nemmeno tentare di governarli. Si azzera in loro la capacità di controllo, una qualità che coinvolge anche la volontà e i principi guida. Ci sono ragazzi che agiscono solo in base alle pulsioni e alle sensazioni immediate, e non riescono nemmeno a comprendere il significato delle proprie azioni. È il cosiddetto «disturbo del controllo degli impulsi». In questi casi estremi se hanno fame, si abbuffano. Se hanno bisogno di qualche oggetto, lo rubano. Se provano attrazione fisica, commettono violenza sessuale.

È un quadro fosco, che però descrive l'adolescenza così com'è: un'età di passaggio che spesso, troppo spesso, si trasforma in tragedia.

I disturbi di personalità

Tra gli adolescenti sono molto frequenti le diagnosi di disturbo della personalità. Ne soffre, in particolare, l'ottantacinque per cento degli adolescenti che commettono reati.

Mi limito a qualche accenno su questo gruppo di disturbi, senza soffermarmi sui singoli casi e senza fornire indicazioni per riconoscerli. Il motivo è semplice: non credo che si tratti di configurazioni clinicamente corrette, sufficienti per impostare una terapia. Servono soprattutto a velocizzare il lavoro degli psichiatri, che spesso cercano una diagnosi rapida per passare subito alla cura – la cura di una malattia, piuttosto che di un malato. Sono semplici etichette, usate per dare un nome a situazioni indefinibili, variabili, insiemi sintomatologici complessi. Così si costruiscono definizioni come «disturbo schizoide di personalità» o «disturbo schizotipico», inoltrandosi in distinzioni di scarsa utilità.[1]

[1] Il DSM-IV-TR distingue i disturbi di personalità in tre gruppi. Il primo è il gruppo A, detto anche *odd cluster*, dove *odd* significa «bizzarro»; vengono qui raggruppati diversi disturbi che si segnalano per la presenza di stranezze, bizzarrie appunto. Il Gruppo B riunisce invece quei disturbi che hanno come caratteristica distintiva l'antisocialità. Il Gruppo C, infine, si caratterizza per la presenza dell'ansia (*anxious cluster*).

Nello specifico, del gruppo A fanno parte: il *disturbo paranoide di personalità* (la cui caratteristica essenziale è «un quadro di sfiducia e sospettosità, tanto che le motivazioni degli altri vengono interpretate come malevole»); il *disturbo schizoide di personalità* (contraddistinto

Dobbiamo avere tutti la consapevolezza che quello adolescenziale è per definizione un mondo in crisi. Se mi si presentasse un adolescente, che mi viene descritto senza conflitti e perfettamente inserito nella famiglia, penserei subito che sia afflitto dalla patologia più grave.

Bisogna vincere la tentazione di categorizzare tutto ed evitare quelle semplificazioni che già abbiamo criticato nella psichiatria infantile. Quando si ha di fronte un adolescente è comune ravvisare caratteristiche esasperate e preoccupanti, un fitto coacervo di sintomi, che possono unirsi in cluster. Spesso però sono situazioni transitorie, che possono cambiare rapidamente e risolversi. A meno che gli psichiatri non attacchino al ragazzo un'etichetta di cui non riuscirà a liberarsi. Esistono infatti cartelle cliniche, profili storici e anamnesi in cui si ritrova sempre tutto ciò che è passato.

da «una modalità pervasiva di distacco dalle relazioni sociali e una gamma ristretta di esperienze e di espressioni emotive nei contesti interpersonali»); il *disturbo schizotipico di personalità* (riconoscibile per «un quadro pervasivo di deficit sociali e interpersonali, accentuati da un disagio acuto, e da una ridotta capacità per le relazioni strette, e da distorsioni ed eccentricità comportamentali»).

Al gruppo B appartengono: il *disturbo antisociale di personalità* (la caratteristica essenziale è «un quadro pervasivo di inosservanza e di violazione dei diritti degli altri», che si manifesta nell'infanzia o nella prima adolescenza»); il *disturbo borderline di personalità* (le caratteristiche essenziali sono «una modalità pervasiva di instabilità delle relazioni interpersonali, dell'autostima e dell'umore e una marcata impulsività»); il *disturbo istrionico di personalità* (in cui si segnalano «un'emotività pervasiva ed eccessiva e un comportamento di ricerca di attenzione»); il *disturbo narcisistico di personalità* («quadro pervasivo di grandiosità, necessità di ammirazione, e mancanza di empatia»).

Al gruppo C infine appartengono: il *disturbo evitante di personalità* (la caratteristica essenziale è «una modalità pervasiva di inibizione sociale, sentimenti di inadeguatezza e ipersensibilità alla valutazione negativa»); il *disturbo dipendente di personalità* («una necessità pervasiva ed eccessiva di essere accuditi, che determina comportamento sottomesso e dipendente e timore della separazione»); il *disturbo ossessivo-compulsivo di personalità* (sono «la preoccupazione per l'ordine, il perfezionismo e il controllo mentale e interpersonale» a dominare «a spese di flessibilità, apertura ed efficienza»).

Un'adolescenza tranquilla, senza eccessi, senza fasi inattese, secondo me non è un'adolescenza: è un'adolescenza mancata. Quando si considera questa età, bisogna comprendere l'inevitabile fatica di crescere, di vivere in una società che muta rapidamente e richiede continui adattamenti. Certo è possibile riconoscere comportamenti esacerbati e adolescenze particolarmente difficili – direi anche disturbate –, per cui è bene ricorrere agli ausili propri della psicopatologia. Tuttavia, bisogna evitare di stigmatizzare disturbi transitori, frutto di condizioni ambientali e di relazioni esasperate. Non si tratta di nascondere i problemi, ma di evitare diagnosi affrettate.

Per questo non mi soffermo sulle abituali distinzioni dei disturbi di personalità. Dopo cinquant'anni di psichiatria credo di avere il diritto di seguire semplicemente la mia esperienza, in modo particolare quella che ho maturato con gli adolescenti, a cui mi dedico da tanti anni.

L'adolescenza va seguita con attenzione, soprattutto dagli educatori. E anche lo psichiatra che si dedica a quest'età è in qualche modo un educatore, che deve allearsi con la famiglia dell'adolescente e con il ragazzo stesso, per aiutarli a superare le difficoltà.

È inutile fare paragoni con l'adolescenza che ci è appartenuta, anche solo qualche decennio fa, perché il mondo è cambiato in maniera straordinaria. Sono mutati i bisogni degli individui. Siamo passati da quelli primari, legati alla sopravvivenza, a nuovi bisogni «psichici»: persino l'inutile sta diventando importante, in un mondo in cui ci si trova meglio davanti a un video piuttosto che con i propri genitori, con la propria storia.

Ecco perché anche lo psichiatra ha un ruolo di educatore, in un momento in cui il padre e la madre faticano. Occorre riconoscere le loro difficoltà, invece di condannarle; collaborare e creare fiducia, invece di emettere soltanto diagnosi, servendosi persino di categorie fasulle, come quelle costruite con i disturbi di personalità. Piuttosto, sarebbe bene riconoscere che qualcosa sfugge alla nostra comprensione, che lo stesso camice bianco può avere dei dubbi. E in questi momenti, pur ricordando che dobbiamo essere fedeli alla scienza e sempre aggiornati nelle nostre competenze, è meglio fare un passo indietro, svestire i panni degli psichiatri e tornare a essere uomini.

4

Età adulta

La psichiatria è una disciplina clinica e scientifica che si è sviluppata attorno all'adulto, ai suoi disagi e ai suoi disturbi mentali, e la stessa psicofarmacologia si fonda su sperimentazioni condotte sugli adulti.

Più in generale, ogni trattazione sul tema della follia si riferisce prevalentemente all'adulto. Aggiungiamo qui soltanto alcuni quadri, dividendo in modo netto i casi della donna e dell'uomo.

Particolari clinici nella donna

1. Un fenomeno comune nelle donne adulte è la cosiddetta «sindrome dei trentacinque anni». Si tratta di una vera e propria crisi psicologica, contraddistinta dalla sensazione di aver fallito nella propria esistenza. Questa impressione – unita a un'ansia molto forte, e spesso a vera e propria paura – investe donne che hanno raggiunto i trentacinque anni, età oltre la quale ancora oggi è sconsigliato partorire, anche se fisiologicamente l'organismo è in grado di farlo.

I progressi della scienza permettono ormai di controllare lo sviluppo del feto, riducendo il rischio di malformazioni piuttosto frequenti nel recente passato. Eppure, i trentacinque anni sono ancora visti come una soglia cruciale – forse più simbolica che reale – per le donne che intendono diventare madri. A quell'età chi non ha ancora avuto figli porta dentro di sé, più o meno consapevolmente, il desiderio di averne.

La soglia dei trentacinque anni è percepita come un limite critico da molte donne che hanno ottenuto una buona affermazione sul lavoro. A quell'età, avvertono il rischio di dover rinunciare alla maternità come il «prezzo» del loro successo sociale. Si sentono arrivate all'ultima occasione, prima di perdere per sempre una possibilità che fa parte della loro natura, e talora vivono il traguardo dei trentacinque anni come una sconfitta.

È una sensazione che ha le caratteristiche del lutto e al lutto si risponde con un senso di malinconia, che in genere è transitorio, ma che può anche trasformarsi in un vero e proprio disturbo di tipo depressivo. A confermare l'esistenza di questa sindrome, ci sono dati che mostrano come a quell'età si verifichi una corsa, talora un po' improvvisata, alla maternità. Spesso la donna finisce per cercare non tanto un compagno con cui costituire una famiglia, ma un maschio che le permetta di riprodursi. Così è alto il numero di donne single che prendono al volo l'ultima occasione e, tra i trentacinque e i quarant'anni, partoriscono un figlio nato dopo un incontro occasionale.

2. Il secondo quadro riguarda sempre la funzione materna. È la depressione puerperale, di cui abbiamo già parlato nel capitolo dedicato alle depressioni, ma che ora riprendiamo per evidenziarne una forma particolare.

Si tratta di un disturbo storicamente noto, ma che i dati statistici mostrano molto più frequente negli ultimi anni. La donna che ne è colpita soffre di crisi di identità, con una tale confusione mentale che non è nemmeno in grado di riconoscere il proprio neonato. Per questo non lo allatta, non lo accudisce e arriva persino a comportarsi come se il piccolo non esistesse. L'impressione immediata è quella di un rifiuto del nuovo nato.

Si tratta di una patologia grave e acuta, che può portare ad azioni violente contro il bambino. Diverse madri sono arrivate a soffocare e uccidere i propri figli, e i loro casi hanno suscitato grande scalpore nell'opinione pubblica.

Analizzando le personalità di queste donne, si è notata una sorta di infantilismo, la persistenza di legami immaturi con le loro stesse madri. Dopo il parto, quando smettono di essere soltanto figlie e si trovano ad avere la responsabilità di un bambino, queste donne entrano in crisi. Si crea in loro una vera e propria confusione di identità e questo probabilmente scatena la reazione patologica.

Tutto questo può apparire paradossale, ma il passaggio dal ruolo di figlia a quello di madre è veramente enorme: ci si deve assumere ogni responsabilità per la vita di un bambino.

È importante che la nostra società comprenda l'importanza della maternità e le donne devono arrivare preparate a questo momento. La preparazione avviene a partire dall'immaginazione. Il figlio, come si dice, bisogna generarlo prima nella mente, pensarlo, intravedere nella fantasia il rapporto con il bambino che ancora non c'è e che, una volta nato, modificherà interamente la propria esistenza. Dall'immaginazione si passa poi al desiderio concreto di maternità e i nove mesi di gestazione sono il tempo in cui costruire le basi della relazione tra madre e figlio.

3. Disagio e a volte veri e propri disturbi possono presentarsi anche con l'inizio della menopausa. Il modo di vivere questa fase è cambiato rispetto al passato, un po' come è accaduto con l'introduzione della pillola anticoncezionale che permette alle donne di avere rapporti sessuali senza il rischio di maternità indesiderate. Una «programmazione» simile è possibile anche per la menopausa. Molte donne, per esempio, assumono ormoni estrogeni e progestinici, nella concentrazione che questi hanno durante il periodo fertile. Terapie simili e altri correttivi non bloccano il passaggio alla menopausa, ma lo rallentano e alleviano alcuni scompensi tipici.

Tra questi vi sono alcuni effetti psicologici, in primis la depressione menopausale, ma cambiamenti visibili riguardano anche il corpo (con un aumento di peso, per esempio).

In una società che innalza la bellezza a valore assoluto, non sono trasformazioni di poco conto. Alcune donne che dedicano molto del loro tempo alla cura del corpo, soprattutto quando gli anni si accumulano e si avvicinano ai cinquanta, ne sono angosciate. Ed è in nome della bellezza che, molto spesso, posticipano la fine del periodo fertile.

La menopausa non è più un destino da subire. Tuttavia, gli interventi che consentono di controllarla mettono, ancora una volta, la donna di fronte a decisioni che non sono puramente razionali, né legate alle sole esperienze personali: scelte stimolate anche da forti condizionamenti sociali. Le reazioni possono essere molto diverse, e basterebbe accennare a due casi.

Il primo caso, estremo, è quello di una donna che grazie all'aiuto delle terapie ormonali è ancora fertile all'età di sessantacinque anni (sic): una donna che conserva una caratteristica tipica dell'età adulta, la fertilità, in un corpo che appartiene ormai alla vecchiaia, per quanto curato e ritoccato dalla chirurgia estetica.

L'altro caso è quello di una donna che ha poco più di quarant'anni e un corpo ancora seducente, con una figlia di sedici o diciassette anni. In passato, la ragazza avrebbe avuto davanti agli occhi una madre già vecchia a quell'età, con i capelli ingrigiti e il corpo provato dalle gravidanze. Adesso, la situazione sembra ribaltata e spesso gli adolescenti finiscono per competere con genitori molto attraenti e consapevoli del proprio fascino.

I progressi della medicina e delle tecnologie a volte si impongono senza tenere conto dei nostri bisogni psichici. Così, negli ultimi anni la bellezza si è imposta come un imperativo, capace di influenzare profondamente le nostre esistenze: un'occasione di disturbo mentale, di squilibrio, persino di follia.

Conosco storie di donne dello spettacolo che prima di presentarsi davanti alle telecamere devono fare tre, quattro ore di trucco. Ed esistono casi di donne – ma non mancano esempi paragonabili tra gli uomini – che collezionano numerosi interventi di chirurgia estetica, per raddrizzare il naso, tirare la pelle, eliminare le rughe attorno agli occhi, aumentare le dimensioni del seno. Questa sequela di interventi non è nascosta con pudore, ma dichiarata pubblicamente come uno status symbol, perché sottoporsi alle cure di alcuni chirurghi estetici è molto costoso, un privilegio esclusivo di persone ricche.

Si arriva a casi in cui si entra in crisi per un po' di cellulite, fino al lamento continuo e alla paura di mostrarsi. Comportamenti che provocano addirittura cambiamenti nelle relazioni familiari o nella vita di coppia.

Qualche vecchio come me potrebbe dire che non se ne può più dell'imperativo della bellezza, poiché non è possibile ridurre la donna a corpo, limitarsi al suo aspetto esteriore, dimenticandone sempre più l'io profondo, e trattandola come un bell'incartamento del nulla.

Particolari clinici nell'uomo

Accanto all'imperativo della bellezza c'è un'altra ossessione, soprattutto maschile, che domina il nostro tempo: il mito o meglio la patologia del successo. È un concetto forse difficile da definire, ma semplicissimo da rappresentare. C'è un simbolo fin troppo chiaro: il denaro.

Da tempo si auspica parità di diritti tra i sessi. Che le donne siano state discriminate a lungo, e per certi versi lo siano tuttora, è dimostrato da eventi storici innegabili. Basti ricordare il ritardo con cui è stato loro riconosciuto il diritto di voto o l'accesso a talune professioni, prima considerate esclusivamente maschili. Non era precluso solo l'arruolamento nell'esercito o nelle forze dell'ordine, sulla base di presunte limitazioni fisiche. Si pensava persino che la donna avesse un cervello diverso da quello dell'uomo, una minore razionalità.

Ora il confronto tra i sessi avviene in campi diversi. Se un tempo l'uomo si imponeva con la forza dei suoi muscoli da guerriero e cacciatore, ora proietta il suo bisogno di supremazia sul successo e sul denaro.

Il modo in cui l'uomo e la donna percepiscono il denaro è molto diverso: la donna lo vive come strumento per affrontare i bisogni quotidiani; l'uomo invece lo accumula per compiere poi il «grande gesto», l'acquisto di una macchina sportiva, una barca, o uno dei tanti status symbol contemporanei. Logica che non è poi diversa da quella dei tempi in cui era cacciatore. Anche allora, catturata la preda e dimostrata la sua abilità, tornava al villaggio dove era accolto da una grande festa che interrompeva la routine quotidiana.

Il successo è un altro di quei miti che stanno diventando insopportabili. Sembra che l'unica cosa importante sia segnalarsi per qualche tratto distintivo, uscire dall'ordinario, emergere da una massa più o meno informe e diventare leader. Un esempio illuminante è la figura del manager affermatasi durante gli anni Ottanta. Il manager è il capo di un esercito aziendale che ha come obiettivo conquistare i mercati: non più territori vicini, ma spazi geograficamente sconfinati. Simbolo della potenza del manager è il budget, la quantità di denaro che può investire nella sua guerra quotidiana.

Cambiano i tempi, ma persiste in fondo l'idea dell'uomo forte, dominatore. Certo, non c'è più bisogno di un corpo pieno di muscoli, meglio un aspetto efebico, rassicurante. Ma il successo deve esserci, confermato dalla ricchezza conservata in carte di credito e conti correnti, ma soprattutto in paradisi fiscali, perché il nuovo condottiero sa anche eludere il fisco, sfuggendo a leggi sempre più capillari che colpiscono soltanto chi il potere non ce l'ha.

Anche il mito della produzione sopravvive, ma si è trasformato. È produzione di denaro e non di oggetti materiali, e non ha nulla a che fare con il lavoro di un operaio. Anzi, si può dire che un posto fisso o un lavoro in fabbrica siano una garanzia di sopravvivenza, e certo non di arricchimento. L'uomo di successo oggi è il mago della finanza, che grazie a un computer e relazioni di altissimo livello, opera in borsa, acquista e investe. Un uomo che dunque usa la mente, ma soprattutto le sue relazioni di potere. Gli basta sapere in anticipo che un'azienda andrà a espandersi in Cina per realizzare un profitto sicuro: comprerà le azioni dell'azienda a un prezzo favorevole e le rivenderà a una quotazione nettamente superiore, non appena la notizia dell'espansione commerciale ne avrà fatto impennare il valore.

Questi semplici accenni mostrano ancora una volta come il successo dipenda sempre meno da azioni concrete e sempre più dall'appartenenza a un mondo esclusivo, in cui si possono trarre vantaggi personali da ruoli politici o da legami con persone di potere.

In questo mondo di miti e di finzioni, il denaro sta diventando la cifra dell'uomo, l'unica sua misura. E in un momento storico in cui ci si riempie la bocca di espressioni come pari opportunità, o interscambiabilità dei ruoli, l'uomo ossessionato dal successo torna a distinguersi nettamente dalla donna.

Il denaro oggi provoca patologie enormi: ansia, depressione, dipendenze e persino deliri, in cui si pensa solo al denaro, a cifre stratosferiche. L'obiettivo principale è accumularne sempre più, perché si coglie che il valore di una persona coincide esattamente con il valore di ciò che possiede. La saggezza, l'equilibrio, la cultura non contano niente.

Al potere accedono persone di un'ignoranza strepitosa. Se loro non hanno avuto bisogno di cultura – pensano in molti – perché dedicarsi allo studio? Un ragionamento che rievoca quello del califfo Omar sulla Biblioteca di Alessandria d'Egitto e tutti i suoi libri: «In quei libri o ci sono cose già presenti nel Corano, o ci sono cose che del Corano non fanno parte: se sono presenti nel Corano sono inutili, se non sono presenti allora sono dannose e vanno distrutte».

In modo simile oggi, nel patrimonio degli uomini più potenti del mondo, non c'è posto per la cultura. E allora si pensa che sia inutile o addirittura dannosa, come se si perdesse tempo a leggere un libro di storia invece di concentrarsi sul qui e ora, sulla produzione immediata di denaro.

Queste considerazioni mi rattristano, poiché molte volte nella mia storia professionale ho avuto la netta sensazione di alzarmi al mattino per andare in una clinica a incontrare i miei pazienti, sapendo che quello era il luogo sbagliato. Per svolgere la mia funzione di psichiatra, in realtà avrei dovuto raggiungere altri luoghi, non una clinica, ma i palazzi del potere. Il successo, infatti, è causa di malattia e forse è esso stesso una malattia.

5

La vecchiaia

In questo libro, spesso abbiamo fatto riferimento all'età che inizia dopo i sessantacinque anni. Un richiamo fondamentale, dato che il tempo presente si caratterizza per un allungamento straordinario della speranza di vita.

Più che per questo cambiamento, c'è da sbalordirsi per la qualità della vita degli anziani che, in termini generali, è notevolmente migliorata. Certo ci sono ancora gravi carenze nei luoghi a loro destinati, ma lo dico sin d'ora (ed è un discorso che riprenderemo nei prossimi capitoli): non si tratta di migliorare le case di riposo, ma di eliminarle.

Parlando di vecchiaia, vengono subito in mente disturbi importanti come le demenze, anch'esse effetto dell'allungamento del tempo di vita: con l'età aumenta la frequenza dei fenomeni degenerativi, e all'invecchiamento fisico corrisponde una riduzione delle capacità cognitive e affettive, con limitazioni notevoli nell'agire sociale.

Prima di approfondire il discorso sulle demenze, sento il bisogno di parlare di un altro fenomeno relativo alla vecchiaia, che si nutre dei soliti miti della bellezza e del successo: il giovanilismo.

Giovanilismo

Il giovanilismo è uno stile di vita con cui si tende a nascondere e a negare la propria età, attraverso l'abbigliamento, la cura del corpo e, ancora una volta, la chirurgia estetica. Non può ovviamente mancare l'ossessione per la prestanza sessuale che, in fondo, è il nodo centrale del giovanilismo, e oggi esistono farmaci pensati apposta per supplire alle carenze sessuali di amanti ormai attempati.

Il giovanilismo si contraddistingue però, soprattutto per un atteggiamento mentale che si traduce in precise scelte pratiche: si frequentano palestre, si fa jogging, si usa la bicicletta e si viaggia molto, trasformando le vacanze in vere e proprie avventure, scelte per sfidare il limite delle proprie possibilità. Non ci si accontenta di esperienze ordinarie, meglio un safari, per avere l'illusione di essere come giovani esploratori (non importa se l'avventura è una messa in scena che le agenzie turistiche organizzano apposta per loro). E per concedersi questi brividi, si dà fondo alla pensione e alla buonuscita dal lavoro. Una scelta che, soprattutto in tempi di crisi economica, merita attenzione.

Il giovanilista si riconosce facilmente anche dall'abbigliamento. Se è un uomo, per mettere in risalto le sue presunte «virtù nascoste», spesso indossa jeans aderenti, magari rinforzati al punto giusto – peccato che a volte sia costretto a usare il pannolone, perché i problemi alla prostata che compaiono a una certa età mal si conciliano con le sue ambizioni. Niente scarpe da cerimonia poi, solo scarpe da ginnastica, perché il giovanilista vuole essere attivo e ha un imperativo assoluto: vivere, vivere al massimo. Via anche giacca e cravatta, allora. Tranne nelle sere giuste, quando c'è una ragazza da portare a teatro.

È questo un altro elemento tipico del giovanilista: deve avere una donna nuova, che abbia molti meno anni di lui. In genere la differenza si misura in decenni. Lucas Cranach il Vecchio ha rappresentato, in opere straordinarie ed espressive, questo tipo di unione che ha chiamato «coppia male assortita» (*Ungleiches Paar, ill-matched couple*). Oggi ancor di più, nel labirintico «mercato delle coppie», tra unioni, divisioni e nuovi incontri, ci sono donne attratte dal potere e dalla ricchezza, che non disdegnano di legarsi a un giovanilista.

Il giovanilista ha una memoria del tutto speciale. Non ricorda la sua vera età, ha rimosso i capitoli negativi della sua esistenza e rammenta solo gli episodi positivi. Spesso poi plasma il passato, adattandolo ai desideri di un tempo, e descrive come realmente accaduto quello che ha solo fantasticato. Nella vecchiaia è ammesso farlo, poiché non si ha un ruolo attivo, ma la memoria di un passato che nessuno può verificare fino in fondo. È la libertà della bugia, una bugia persino benevola, poiché non tende a sopraffare nessuno. Ma dopo aver aggiustato il passato nel modo più conveniente, il giovanilista non si ferma e ripete di continuo che solo adesso, finalmente, ha cominciato a vivere. Neanche fosse un bambino.

Spirito di avventura, prestanza fisica, esuberanza sessuale non sono però le uniche aspirazioni del giovanilista. Anche la mente deve mantenersi attiva e per questo usa degli «aiutini», sostanze che, almeno all'apparenza, rendono il pensiero più sciolto, le associazioni più veloci. Non c'è da stupirsi allora se anche tra gli anziani si rileva l'uso di pasticche e sostanze stimolanti come la cocaina.

È sufficiente quanto ho riportato per tratteggiare questo quadro, che considero – se non una grave patologia – una condizione di forte disagio mentale.

Io sono vecchio e affermo con tutta forza che voglio essere vecchio, perché ho scoperto che questa età ha dentro di sé una quantità straordinaria di risorse. Non mi sorprende che i classici – si pensi a Seneca – abbiano associato la saggezza alla vecchiaia. In questa età, infatti, c'è un'originalità che non la rende per nulla inferiore alle altre fasi della vita.

La vecchiaia è anche età dell'amore: un amore che ricerca nuove sensazioni e ha il gusto della relazione, più che dell'orgasmo, anche se nemmeno questa esperienza è negata. Certo, anche durante la vecchiaia si commettono degli errori, e non voglio nascondere che questa è una fase della vita in cui si sperimenta la sofferenza, si scopre la nostalgia, si vede la morte più vicina. Eppure, questa è l'esistenza. Impasticcarsi per credere di essere diversi, invece, è soltanto una farsa. E «sfoggiare» una ragazza come un accessorio è una messa in scena ridicola.

La vecchiaia apre nelle nostre vite un capitolo nuovo, in cui appariamo forse più imperfetti, più fragili, ma per questo anche più umani. Per me è il tempo della disposizione all'umanesimo, in cui iniziamo a capire che vivere è anche stare fermi.

Demenze

Con questo termine si indica un insieme di condizioni tipiche della vecchiaia, ma che si possono manifestare anche prima, in età adulta. La caratteristica principale è una diminuzione delle capacità intellettive, affettive e comportamentali. In una prima fase la manifestazione è solo sintomatica, ma con il tempo il quadro si fa più complesso, fino ad arrivare a una patologia strutturata. Penso che per descrivere questo vasto insieme di disturbi sia meglio partire dal quadro clinico più grave, la demenza di Alzheimer.

A) DEMENZA TIPO ALZHEIMER

È un disturbo che, in seguito all'aumento della popolazione anziana, è diventato sempre più comune. Si caratterizza per la presenza di molteplici deficit cognitivi.

1. *Deficit della memoria*. È fortemente compromessa la capacità di ricordare informazioni già acquisite e addirittura si dimenticano le parole, il loro significato, le regole della grammatica e della sintassi, tanto che diventa difficile persino costruire un periodo ben formato. La perdita della memoria, infatti, innesca una sequela di conseguenze che non si limitano al ricordo, ma alterano diverse funzioni cognitive.

Basta anche solo non rammentare nomi un tempo usati con grande frequenza per avere difficoltà di comunicare. E se, come si dice, si hanno dei «vuoti di memoria» relativi a certi periodi, diventa difficile persino disporre in una sequenza temporale i fatti che riguardano la propria vita. Accanto a questi problemi, si manifesta poi un disturbo dell'operatività – non si riesce a pianificare azioni e organizzarle in sequenze – e diventa faticoso anche usare simboli e concetti astratti. È evidente che questi deficit complicano enormemente la vita di relazione: è difficile impegnarsi, collaborare con gli altri e anche partecipare ad attività ludiche.

Una delle caratteristiche della demenza tipo Alzheimer è il decorso. Ha un'insorgenza spesso precoce, cui segue un declino graduale ma continuo di tutte le facoltà cognitive. D'un tratto, un nome pronunciato qualche istante prima scompare dalla mente e non si tratta solo di un indebolimento della memoria, ma di veri e propri black-out che generano un grande senso di incertezza.

2. *Difficoltà a orientarsi.* I luoghi frequentati tutti i giorni, persino la propria stanza, all'improvviso diventano estranei. Allo stesso modo può capitare di trovarsi in una piazza della propria città senza capire dove si è finiti. Perduti nei luoghi più abituali. Anche questo all'inizio è un fenomeno episodico: ci si ferma incerti, ci si guarda intorno e d'un tratto, attraverso un particolare, si riesce a recuperare il ricordo del luogo dimenticato.

3. *Difficoltà a riconoscere le persone.* Ancora più drammatica è l'esperienza di parlare con una persona riconosciuta poco tempo prima, senza capire più chi sia. Non se ne ha la minima idea, potrebbe essere un estraneo qualsiasi, anche se insieme si sono condivise esperienze decennali. Avviene una sorta di cancellazione, è come se le funzioni mentali si disattivassero.

Voglio precisare che questa sensazione di estraneità è ben diversa dall'esperienza, piuttosto comune, di incontrare qualcuno che ci saluta e ci parla di eventi condivisi, mentre noi non ci ricordiamo né il nome di questa persona, né i fatti che racconta, né il luogo in cui è avvenuto il primo incontro. In questo caso, infatti, la dimenticanza è frutto di una memoria sbiadita, allentata, o forse dipende dalla scarsa rilevanza attribuita al primo incontro mentre avveniva. L'estraneo della demenza di Alzheimer è una persona ben più importante, persino la propria moglie o il proprio marito.

4. *Difficoltà a ricordare gli scopi delle azioni intraprese.* Un altro dei segni iniziali di questo tipo di demenza è la difficoltà a ricordare lo scopo delle azioni che si stanno compiendo. Immagino, per esempio, una cuoca che sta preparando una torta di mele, ma a un certo punto non si rende più conto di dover prendere le mele, tagliarle e inserirle nell'impasto: è come se quel passaggio fosse stato rimosso dalla sequenza di azioni previste nella preparazione della torta. Queste dimenticanze – è bene precisarlo – non sono semplici momenti di confusione, ma hanno una portata ben più ampia. Quando un vecchio è giù di morale tende a essere meno attento, ad avere una memoria meno attiva, forse anche minor voglia di partecipare alla vita dell'ambiente circostante, ma nell'Alzheimer il sintomo è ben più grave e si presenta come qualcosa di totale, improvviso e mai rilevato prima. E tutto questo può capitare già tra i cinquanta e i sessant'anni, ben prima che inizi la vecchiaia.

5. *Deficit della sfera affettiva.* Chi è colpito dalla demenza di Alzheimer diventa freddo anche in relazioni che durano da moltissimo tempo, si mostra estraneo persino di fronte alla moglie o al marito con cui è sposato da anni. Manifesta cioè dei vuoti affettivi, perde quell'assonanza emotiva che appartiene alle relazioni, alle relazioni d'amore. È come se, d'un tratto, chi vive con lui avesse davanti agli occhi non più il compagno di una vita, ma una specie di manichino, che della natura umana conserva solo le espressioni esteriori.

6. I sintomi segnalati sono all'inizio episodici e isolati, poi progressivamente aumentano di frequenza e si combinano tra di loro. Così può accadere che un impiegato si metta a consultare delle carte e, d'un tratto, non capisca più cosa sta leggendo; oppure che un commerciante non riconosca più un cliente abituale che viene a visitare il suo negozio. La situazione si fa grave quando la persona non rammenta più il proprio nome, non sa chi è e non riconosce nemmeno le persone di casa, che diventano per lui degli enigmi.

7. Quando il disturbo diventa grave, il paziente non riesce più a parlare e, se cerca di esprimere un'idea, la vede disgregarsi all'improvviso. Non ricorda nemmeno più cosa volesse dire e questa sensazione lo rende insicuro, lo blocca nelle azioni, gli toglie ogni interesse. Chi soffre della demenza di Alzheimer, negli stadi più avanzati, diventa totalmente dipendente dall'altro: deve essere alimentato e accudito, come un bambino che ha appena aperto gli occhi su un mondo di cui non riconosce nulla.

8. Si può arrivare alle condizioni estreme appena richiamate anche nell'arco di pochi mesi e, alla fine, si verifica una vera e propria morte della mente. Oggi si sa che la demenza di Alzheimer è parallela a una sorta di «destrutturazione biologica» del cervello, in particolare delle aree corticali, in cui le cellule vanno incontro a una degenerazione: i neuroni non sono più in grado di funzionare singolarmente, né tantomeno di rendere operativo il circuito di cui sono parte. Basta quindi che ci sia un neurone degenerato, e le sinapsi smettono di funzionare. È quello che accade alle lampade collegate in serie, come negli addobbi natalizi: se anche solo una luce si fulmina, non arriva più corrente nemmeno alle luci successive. Avvengono, insomma, dei veri e propri black-out, che si estendono prima a macchia d'olio, poi in maniera sempre più diffusa, fino a rendere inattiva la corteccia cerebrale.

Questa demenza è la più grave poiché intacca progressivamente tutta l'attività cerebrale, rendendo evidenti i legami mente-corpo e mente-cervello; la degenerazione di alcune aree cerebrali, infatti, compromette specifiche funzioni mentali e altera in maniera incontrovertibile la vita psichica. Si mostra, con forza straordinaria, come il cervello sia il fondamento della nostra esistenza, della nostra capacità di essere uomini o donne, ed è sconvolgente vedere come questa dimensione possa scomparire rapidamente, riducendo gli esseri umani a semplici corpi, effigi incapaci di percepire e provare sentimenti.

Un declino drammatico al punto che, se per ipotesi assurda l'Alzheimer fosse epidemico, si potrebbe smarrire per sempre ciò che chiamiamo «umanità». Un'umanità che è stata conquistata nei millenni, eppure si può perdere in un soffio.

Storia

La signora A ha cinquantotto anni. È una commercialista, gestisce da molto tempo uno studio con alcuni collaboratori e, per rispondere alle esigenze della clientela, si mantiene costantemente aggiornata su leggi e regolamenti in materia fiscale.

D'un tratto, mentre si trova a colloquio con un cliente, chiama una delle sue assistenti e le domanda chi sia la persona che ha davanti. Passano alcuni momenti e l'assistente la informa che è un cliente dello studio da molti anni. È una situazione davvero imbarazzante, sembra un *coup de théâtre*.

Su invito dell'assistente, il cliente esce dalla stanza per qualche istante, mentre all'improvviso la signora A torna perfettamente consapevole: ora rammenta chi è quella persona, la conosce da tanti anni e ne potrebbe raccontare la storia. È turbata, si sente persino in colpa e si scusa immediatamente, ma rimane in lei la sensazione precisa che qualche cosa non ha funzionato. È un fatto che non ha paragone con altre piccole dimenticanze, limitate a qualche dato o a un documento. Adesso è diverso, ha percepito un senso di estraneità mai sperimentato prima, come se qualcuno fosse entrato nel suo studio senza un motivo, o per ragioni che le sfuggivano del tutto.

La signora A teme che l'episodio possa ripetersi, ma tenta di sdrammatizzare, di riderci sopra. Qualche giorno dopo, però, accade qualcosa a casa che sconvolge la famiglia, un marito e due figlie. Avvicinandosi a una delle ragazze, la signora A le chiede chi sia, che cosa faccia lì, se sia un'amica dell'altra figlia, che invece riconosce perfettamente. Tutti rimangono basiti, la ragazza si mette a ridere, non capisce. Se è uno scherzo, è di cattivo gusto.

Da questo momento la signora A diviene insicura, teme tutto e anche in ufficio si guarda attorno per essere certa che non ci sia niente che le sfugga, come se dovesse riprendere familiarità con un ambiente in cui lavora da decenni. Ormai non riceve più clienti senza l'assistente. Deve partecipare alle sedute di alcuni consigli di amministrazione, ma vive nel terrore che si ripetano quelle brutte figure di cui ha piena consapevolezza e, per non commettere errori grossolani, porta sempre con sé la sua assistente, interrogandola anche su questioni banali. Nel giro di sei mesi diventa del tutto incapace di esercitare la sua professione.

Nel frattempo ha consultato un neurologo ed è entrata in un centro specializzato nella diagnosi delle demenze. Dopo una settimana di analisi e risonanze magnetiche è dimessa con una diagnosi di demenza di Alzheimer.

Non va più in ufficio, non parla, rifiuta il cibo e a casa i parenti faticano a prendersi cura di lei, poiché dipende da loro in tutto, come un bambino. I medici consigliano di inserirla in un centro specializzato nell'assistenza ai malati di Alzheimer.

Quella della signora A è la storia di una donna capace di laurearsi a pieni voti e di avviare un'attività professionale fortunata ma faticosa, che le ha richiesto impegno mentale, studio, aggiornamento e ottime capacità relazionali. La sua è la storia di un successo, che nel giro di sei mesi però si spegne, così come si spengono la sua professione, il suo ruolo, ma soprattutto la sua identità.

La sua mente diventa un involucro vuoto che non mantiene quasi traccia di ciò che era prima. I figli e il marito non la riconoscono più e quindi accettano quel ricovero che ha tutto l'aspetto dell'anticamera della morte.

b) DEMENZE VASCOLARI

Le demenze di questo tipo, meno gravi ed eclatanti dell'Alzheimer, sono note da moltissimo tempo e sono forse ancora oggi le più diffuse. Come indica l'aggettivo *vascolare* questi disturbi, chiamati in passato «demenze multinfartuali», non nascono dalla degenerazione delle cellule nervose, ma da un'alterazione dell'irrorazione sanguigna, che riduce l'apporto di ossigeno in alcune zone, solitamente limitate, del cervello. Private del nutrimento necessario, le cellule che si trovano in queste aree muoiono. Si tratta di veri e propri infarti che, come accade nel cuore, determinano una parziale perdita di funzionalità.

Va detto che il tessuto cerebrale è particolarmente sensibile alle alterazioni della circolazione sanguigna, molto più di quanto non lo siano il tessuto cardiaco e i tessuti muscolari in genere.

A seconda delle aree cerebrali colpite dall'infarto, e della loro ampiezza, variano i deficit e la gravità del quadro. Insieme alla perdita di funzioni puramente mentali si possono inoltre manifestare anche deficit di tipo somatico.

Frequente è l'afasia, disturbo che compare quando non viene irrorata l'area che presiede alla comprensione del linguaggio e all'emissione della parola. Altre volte si evidenziano difficoltà motorie, come se la mente non riuscisse più a comandare alcuni muscoli, pur integri. In alcuni casi poi il malato non riconosce più gli oggetti che tocca: agli stimoli inviati dal tatto non corrisponde alcuna rappresentazione mentale.

In queste demenze l'attenzione clinica è rivolta alla patologia che colpisce i vasi sanguigni, e solo secondariamente ai danni subiti dai neuroni; questa è la differenza saliente.

L'origine del disturbo è spesso un eccesso di colesterolo che si deposita lungo le pareti dei vasi sanguigni, occludendoli e impedendo la circolazione. Nascono così molti piccoli infarti, che colpiscono di volta in volta aree cerebrali più vaste, causando deficit sempre maggiori.

Mentre procedo con il racconto, mi accorgo che questi riferimenti ricordano la contrapposizione tra neurologia e psichiatria, e non posso non ribadire che si tratta di un dualismo superato, residuo di un tempo in cui si distingueva tra una patologia anatomica, legata alla carne, e una patologia legata alla mente.

Si tratta di una contrapposizione che – almeno in questa forma così semplice e schematica – oggi sembra del tutto infondata, perché alla base dell'attività mentale ci sono sempre fenomeni di natura biochimica. E mi viene voglia di precisare che parlare di mente e cervello come di un'unità inscindibile, una sorta di monade, non significa però sostenere oppure negare l'esistenza dell'anima. Un tema che va oltre il lavoro dello psichiatra, soprattutto se scrive un manuale sui disturbi del vivere, perché vivere significa essere qui e ora, in questo mondo.

Eppure, anche uno psichiatra quando si toglie il camice può riflettere sul senso della vita, guardare verso il cielo e chiedersi se non ci sia qualcosa al di là del mondo terreno. E può persino leggere l'ode *Alla gioia* di Schiller: «Fratelli, sopra il cielo stellato / deve abitare un padre affettuoso. / [...] Cercalo sopra il cielo stellato! / Sopra le stelle deve abitare!».

Parte quinta

1

I luoghi nella genesi delle patologie della mente

Come abbiamo più volte ricordato l'ambiente – insieme alla biologia e alle esperienze passate – è uno dei fattori che condizionano il comportamento e contribuiscono alla genesi dei disturbi mentali. In quest'ultima parte ci concentreremo proprio sull'ambiente nella sua duplice dimensione, fisica e relazionale. Iniziamo dall'ambiente inteso come spazio fisico.

I luoghi di lavoro

Negli anni Sessanta del Novecento, sulla scia di una forte ripresa dell'attività sindacale a difesa dei lavoratori, è nata una disciplina, la medicina del lavoro, fondata sul principio che esistono disturbi legati all'ambiente professionale: la presenza di sostanze nocive, un'organizzazione del lavoro errata e la stessa conformazione degli ambienti possono essere causa – o concausa – di malattie. Risanando questi aspetti, si possono migliorare le condizioni di salute dei lavoratori.

È comprensibile che, in una prima fase, la medicina del lavoro si sia concentrata sugli infortuni e sulle malattie somatiche, forse le più evidenti. Molti macchinari, infatti, possono provocare gravi lesioni fisiche, mentre le sostanze chimiche impiegate in alcuni processi produttivi, se inalate, sono causa di vere e proprie intossicazioni che intaccano anche il sistema nervoso. Senza contare i problemi creati dall'inquinamento acustico: soprattutto all'inizio dell'era industriale, le macchine impiegate sui luoghi di lavoro emettevano un rumore assordante, che danneggiava l'udito ma provocava anche stordimento, difficoltà di attenzione, condizioni di grande stanchezza mentale. Anche la fatica del resto genera fastidi, soprattutto mentali, e lavorare per lunghi periodi, senza pause, aumenta notevolmente il rischio di incidenti.

Un altro aspetto cui prestare attenzione sono i turni di lavoro, soprattutto quelli di notte, che capovolgono il ritmo sonno-veglia. Spesso è difficile adattarsi a queste condizioni e si finisce per operare in uno stato di stanchezza e di particolare irritabilità: la mancanza di sonno, lo abbiamo ricordato, aumenta il livello d'ansia.

Si potrebbe continuare a lungo con gli esempi, sino ad arrivare alle malattie più recenti, come lo stress da lavoro, provocato da un'occupazione talmente faticosa per la mente, da risultare snervante. Certamente lo stress modifica le capacità reattive, aumenta l'irritabilità, riduce il controllo delle pulsioni, favorisce la violenza verbale ma anche quella fisica.

Va poi ricordato il mobbing, una condizione di continua pressione psicologica che il lavoratore è costretto a sopportare pur di non perdere il posto. È mobbing emarginare un dipendente o un collega, escludendolo da qualsiasi progetto rilevante e affidandolo a mansioni che non corrispondono alle sue abilità; oppure ignorare le sue azioni o addirittura la sua presenza: una forma di abbandono e una mancanza di attenzione che a lungo andare risultano dannose.

Il ricatto psicologico può avere anche natura sessuale, come accade nelle molestie: si approfitta, per esempio, di un rapporto gerarchico per richiedere prestazioni a un dipendente. Ma le pressioni psicologiche che subisce il lavoratore possono rientrare anche nella categoria dello stalking, una persecuzione caparbia e assillante, a cui spesso è difficile reagire perché si temono conseguenze professionali. È una condizione frustrante, che riempie di rabbia. Un accumulo che si sfoga poi in ambiti del tutto diversi, spesso nei rapporti familiari.

Gli ambienti in cui viviamo sono come vasi comunicanti. Un accumulo di frustrazione sul lavoro può liberarsi in famiglia, ed è anche possibile che una vita familiare piena di preoccupazioni condizioni le prestazioni professionali e le relazioni con i colleghi.

Tutti gli ambienti possono essere motivo di frustrazione – e abbiamo ricordato l'importanza della frustrazione nella genesi del disagio e del disturbo mentale –, ma non c'è dubbio che i luoghi in cui il singolo sta più a lungo acquistano un significato particolare. In genere si trascorre un terzo del tempo sul lavoro, un terzo in famiglia e il tempo che resta serve al riposo e al sonno. Senza dubbio, quindi, l'ambiente di lavoro è uno di quei luoghi in cui è necessario trovare un equilibrio, o rischia di trasformarsi in una fonte di sofferenza. Dedicarsi a un lavoro adeguato, in cui sia possibile ottenere qualche gratificazione, è importante per non cadere in una condizione di stress cronico, di continua frustrazione.

La mente è sottoposta a pressioni in ogni tipo di lavoro, intellettuale o manuale. Anche quando lo sforzo è soprattutto fisico, infatti, la mente è impegnata nell'esecuzione di un compito, benché a volte abituale e automatico; la sua partecipazione varia a seconda di come si vive il lavoro, di quali sono le sue problematiche, i suoi riflessi economici, le relazioni con i colleghi. Le condizioni sono molto diverse se l'ambiente è rispettoso dei diritti di tutti, o se invece esiste una pressione costante e si è trattati come *dipendenti*. Questo termine è il peggiore che si possa usare per i lavoratori e andrebbe cambiato. La dipendenza, infatti, è sempre una malattia e purtroppo esiste anche una dipendenza da lavoro. Meglio piuttosto parlare di *collaboratori* o *assistenti*, usando termini che indicano un'attività condivisa.

Non esiste un lavoro in cui la mente non ha alcuna funzione. Solo un robot può compiere gesti programmati, senza partecipazione intellettiva e senza alcuna risposta emotiva. Per un essere umano, il lavoro è sempre condizionato dalla personalità propria e altrui e dall'atmosfera che si respira in fabbrica o in ufficio: un'atmosfera che può essere inquinata anche da rapporti di lavoro sbagliati.

Uno dei lavori che mi ha sempre colpito è quello burocratico. Certo non è facile descriverlo in poche parole o con qualche esempio perché le organizzazioni burocratiche hanno un'estensione e una complessità enorme (si pensi al numero di persone che può impiegare uno Stato). Inoltre, il lavoro burocratico può avvenire in contesti e con incarichi completamente diversi. C'è una differenza abissale tra l'impiegato di un piccolo ufficio postale e un maresciallo della Guardia di Finanza. Così come un discorso a sé meriterebbero certi ministeri o enti parastatali, alveari che accanto a impiegati seri raccolgono anche persone senza la benché minima funzione, sistemate da politici compiacenti. In questi ultimi casi – si potrebbe dire con una generalizzazione e un po' di ironia – il burocrate è colui che deve dimostrare di essere assolutamente necessario, ma senza far nulla. È un compito terribilmente difficile: sottolineare di continuo l'importanza della propria funzione, mentre non si ha nulla da fare, non si firma alcun documento e non si elabora alcuna strategia. Il burocrate poi non si accontenta dello status quo, ma sogna sempre di salire di grado e diventare più importante, continuando però a non far nulla: qualunque sia la sua posizione nell'organigramma, resta sempre privo di funzioni sostanziali.

Passa la vita a occupare una sedia davanti a una scrivania, e il suo telefono deve suonare spesso, se vuole dimostrarsi importante e non sembrare isolato. Anche questo è un problema difficilissimo da risolvere, poiché il dirigente potrebbe controllarlo e magari ha messo qualche «pulce» nell'ufficio per registrare le sue conversazioni. Meglio dimostrare che si tratta di telefonate d'ufficio, legate ai compiti della propria – inesistente – funzione. A volte il burocrate arriva persino a intrattenersi in lunghe telefonate con la moglie o con qualche amico, spiegando come archiviare una pratica o come protocollare un documento secondo le infinite prescrizioni di un regolamento di cui nessuno comprende la vera utilità. È un mondo della finzione, un mondo che andrebbe rappresentato su qualche palcoscenico.

Con le sue prescrizioni infinite la burocrazia arriva persino a regolare i princìpi che guidano il comportamento, e sconfina così nel dominio dell'etica. A volte si limita all'etica «terrena» e stabilisce come vivere in questo mondo. Altre volte si occupa persino dell'Etica con l'iniziale maiuscola, e indica come comportarsi per campare bene nell'eterno (probabilmente costringendo a fare, all'infinito, i burocrati del Paradiso).

Alla burocrazia spetta il gravoso compito dei controlli, per esempio verificare che le costruzioni private o pubbliche siano realizzate come da progetto o verificare che un appalto venga eseguito secondo tutte le regole stabilite dal contratto. È facile lasciarsi tentare dalla corruzione. Non servono nemmeno gesti clamorosi, basta mantenere una condotta ambigua, fingendo di non notare il mancato rispetto di una norma in cambio di denaro.

È il grande conflitto tra il proprio ruolo pubblico e il vantaggio personale che se ne può trarre, un conflitto interiore che può assumere rilievi straordinari. È come se avvenisse una scissione dell'io, con una perdita d'identità o la formazione di una doppia identità.

Uno dei grandi problemi del nostro Paese è proprio la corruzione dilagante, spesso connessa anche all'attività criminale. Ma non si tratta soltanto di un problema di criminalità. Il criminale sceglie di andare direttamente contro la legge e sa di assumersi dei rischi che possono essere scoperti e puniti. Questa chiarezza manca nel doppio gioco della corruzione, in cui si è guardia e ladro allo stesso tempo e si adotta una doppia morale, urlando contro chi vive fuori della legge ma continuando il proprio malaffare. L'arricchimento illecito impone spesso una doppia vita: bisogna sfruttare il denaro guadagnato e far credere di avere le disponibilità economiche dei colleghi onesti. È una continua finzione, una condizione mentale da io diviso.

A questo affastellarsi di idee, richiami, contraddizioni, si può aggiungere un corollario. Ho avuto modo di entrare qualche volta nei luoghi del potere, e ho constatato che il potere ha la doppia, la tripla, forse la centomillesima faccia pirandelliana. A Palazzo Chigi e nei palazzi vicini ci sono 3500 burocrati, persone incaricate di assistere in qualche modo il presidente del Consiglio. Sono divisi secondo un organigramma complesso, preciso e ben definito, in molti casi per non fare nulla.

Ogni volta che cambia il presidente, l'organigramma è aggiornato per accogliere nuovi burocrati. Chi si insedia porta con sé un gruppo di collaboratori che si aggiunge allo staff esistente, perché non si può certo licenziare chi è già all'interno dell'organizzazione. Una giungla razionalizzata in cui di fatto non cambia mai nulla. Migliaia di persone a disposizione della più alta carica del governo e pronte ad aiutarla, naturalmente solo su sua richiesta.

Ebbene, se il presidente del Consiglio per sottolineare dei documenti desidera una matita rossa e blu di quelle comuni, da vecchio maestro di scuola, ne può fare richiesta. C'è una persona che provvede a tutte queste esigenze. Interpellato dal capo di gabinetto, questo «provveditore» controlla subito se la matita da maestro rientra tra i materiali già inseriti in un protocollo operativo e affidati alla sua gestione da una delibera preesistente.

Purtroppo – constata il funzionario – il matitone non è previsto nel materiale ufficiale e per inserirlo in elenco bisogna convocare il Consiglio di direzione, convocazione che deve essere firmata dal presidente del Consiglio. Durante la riunione, in cui bisogna accertarsi che siano presenti tutti i membri previsti dal regolamento, l'economo fa notare che l'oggetto richiesto non compare nemmeno nell'elenco del materiale acquistabile; occorre quindi procedere con una delibera per aggiungere la matita rossa e blu a questo secondo elenco.

Ma poiché si tratta di una spesa, bisogna consultare la Direzione finanziaria e verificare se sono disponibili i fondi necessari, al di fuori del bilancio consolidato e già previsto per l'anno in corso. Non solo, bisogna sentire un'altra commissione che deve stabilire se l'oggetto richiesto è veramente necessario, in un momento in cui esiste una legge che cerca di contenere le spese di ogni ministero e anche di Palazzo Chigi.

Tuttavia, per comprendere il significato e l'urgenza di una simile richiesta, è meglio interrogare chi l'ha avanzata, e a questo punto si convoca direttamente il presidente del Consiglio per chiedergli quale uso intenda fare del matitone rosso e blu: la lista ufficiale prevede diverse matite e anche alcuni pennarelli, e la sua richiesta potrebbe apparire quantomeno strana. Il presidente del Consiglio può sempre raccontare che sin da bambino imparava facilmente usando i due colori: il rosso per sottolineare i concetti principali e il blu per altre annotazioni. Ormai per lui questa è un'abitudine essenziale.

Si pensa a questo punto persino di convocare la Commissione etica per accertarsi se l'esigenza del presidente del Consiglio sia una questione privata, o se l'oggetto richiesto possa essere considerato un elemento utile al governo del Paese. È evidente, infatti, che un presidente del Consiglio potrebbe richiedere oggetti del tutto inutili alla sua funzione.

In questa serie di riflessioni, tra gioco e realtà, la conclusione è evidente: se il presidente del Consiglio vuole una matita rossa e blu, se la deve comprare. Ma sia chiaro, poi la deve tenere nascosta, perché è un oggetto che non proviene da Palazzo Chigi e potrebbe essere pericoloso: andrebbe sottoposto all'esame della commissione che si occupa della sicurezza del presidente del Consiglio.

Ce n'è abbastanza per superare i limiti dell'immaginazione. La burocrazia è un gigante che cresce a dismisura e si muove senza sapere perché, con la sola presunzione di essere indispensabile. Il Paese deve mantenerla e fingere di credere nella sua importanza. Non importa se è una macchina infernale, degna di un racconto di Kafka.

I luoghi dell'evasione

Le vacanze sono necessarie al benessere del corpo e della mente. Di recente, però, hanno iniziato a essere viste come un vero e proprio dovere, simbolo di status economico e di potere e, quindi, del valore di sé e della propria famiglia.

Alle vacanze, anche se più brevi rispetto al passato, si pensa per un tempo lunghissimo: si potrebbe dire che per molti sono un'occupazione e una preoccupazione continua. Si consideri che la vacanza può essere divisa in tre periodi: la progettazione, il «consumo» e infine il ritorno, cioè la fase del ricordo e del racconto.

Il periodo della progettazione è quello che dà maggior soddisfazione. Si può persino dire che è nel desiderio della vacanza che si ottiene gratificazione, perché in questa fase ci si immagina in luoghi straordinari ammirati sulle riviste o in televisione. Con l'immaginazione si pensa già al momento di preparare la valigia, riempiendola di costumi, maglioni o abiti da sera. E così si ragiona sugli infiniti acquisti da compiere per arricchire il proprio bagaglio.

In questa fase poi si fantastica sugli incontri da favola che si faranno in luoghi tanto straordinari e l'idea di avvicinarsi allo stile di vita di una classe più elevata dà gratificazione. Mentre la vita ordinaria prosegue, scandita dai problemi del quotidiano (i soldi, la famiglia o la salute), il mondo parallelo dell'evasione delle future vacanze diventa sempre più importante.

Anche la psicologia riconosce l'importanza di fuggire dal quotidiano, dall'assenza di novità, dalla ripetizione quasi ossessiva dei gesti, dalla monotonia di incontri spesso legati alle esigenze della sopravvivenza. Evadere significa scappare da tutto questo per sperimentare qualcosa di diverso e speciale, magari stimolati da letture, immagini viste, racconti di qualche conoscente.

Alla progettazione segue la partenza, l'inizio effettivo delle vacanze. E qui cominciano le difficoltà: il bagaglio non può essere troppo pesante, se non si vuol pagare la sovrattassa imposta dalle compagnie aeree; i capi di abbigliamento su cui tanto si fantasticava non si trovano in commercio; la destinazione del viaggio non è un atollo del Pacifico, ma qualche località sovraffollata del litorale adriatico. La macchina poi non è esattamente una spider, su cui viaggiare con i capelli al vento, e la coda sull'autostrada ricorda le colonne di pellegrini sulla Via Francigena nel Medioevo. Una vera penitenza che per giunta arriva in un momento in cui si è alla ricerca di riposo. Impossibile trovare sollievo negli autogrill, simili ad alveari o ad allevamenti di polli, dove si fatica a ordinare un caffè e, quando ci si riesce, c'è il rischio di ritrovarsi con il macchiato di un vicino al posto del proprio caffè ristretto.

Arrivati a destinazione, ci si trova di fronte a una piccola pensione. Molto pulita e ordinata certo, ma niente a che vedere con lo sfarzo degli hotel sognati sulle riviste e nemmeno con le immagini colorate e luminose ritagliate prima della prenotazione on-line. Poi finalmente si va al mare. La spiaggia è occupata da ombrelloni che si sovrappongono l'uno sull'altro. Manca qualsiasi senso di isolamento e di riservatezza. Si vorrebbe fuggire dal rumore che ha dominato tutto l'anno e ci si ritrova in mezzo a un frastuono di voci e di radio portatili. Rispetto alla vita domestica, l'unica differenza è che invece di girare in tuta si indossa un costume, più o meno adamitico, preoccupati di nascondere la pancia e i rotoli di grasso.

Certo, ci sono anche dei momenti più sereni, la sensazione straordinaria di fresco che si prova immergendosi nell'acqua, la vista dei pesci – che sembrano scomparsi –, ma l'unica maniera per sopravvivere alla frustrazione è tornare all'immaginazione. Ma non si può fantasticare sul luogo che si ha davanti agli occhi, perché la realtà si impone con tutta la sua evidenza e non è possibile descrivere il mondo che si vede diverso da com'è, a meno di lasciarsi andare alle illusioni o cedere alle allucinazioni. E allora la fantasia riguarda se stessi e, come accade spesso durante le vacanze, ci si inventa una nuova professione e la si racconta al proprio vicino di ombrellone. In un secondo si scalano parecchi gradini nelle gerarchie sociali. Così, il vicedirettore di una filiale periferica si promuove direttore della sede centrale e lo fa senza tanta difficoltà, perché sa di meritarselo; anzi, è sicuro di aver subito delle ingiustizie e di essere stato sopravanzato da qualche raccomandato. La signora, invece, finalmente vive in un appartamento più spazioso e trasforma il suo striminzito davanzale su cui appoggia due gerani, in un giardino pensile pieno di fiori dai profumi più svariati. I desideri tornano a salvare la vacanza, allontanando la sensazione di fastidio che si prova di fronte alla massa di gente stesa su una sabbia ormai sporca e invasa di asciugamani di spugna al punto che non si sa nemmeno più dove mettere i piedi. Raccontando la vita come la si vorrebbe si prova piacere. Sembra di poterla ricreare, infatti, mentre i cambiamenti concreti sono molto difficili, occorre denaro e fatica. Con la fantasia non si bada a spese, non c'è bisogno di preoccuparsi troppo dei prezzi e non si paga mai a rate.

Insomma, se in vacanza non si è trovato il paradiso, si trasforma in paradiso la casa da cui si è fuggiti.

In autostrada il rientro è ancora più lento e più triste, poiché ci aspetta il ritorno in fabbrica o in ufficio, impiegati di nuovo in quelle monotone mansioni che per un altro anno avranno ben poche interruzioni. E mentre ci si avvicina a casa, ci si accorge che quel paradiso inventato per impressionare i vicini di ombrellone non esiste e, appena arrivati, c'è subito da lottare perché non è libero un solo parcheggio.

Le vacanze sono finite, si disfano le valigie e l'unica cosa che si può mettere nel cassetto è l'abito acquistato per qualche occasione importante che non c'è stata. A questo punto inizia la terza fase delle vacanze, quella del racconto. E se prima di partire, l'interrogativo era sempre «Dove vai?», al ritorno la domanda insistente è «Dove sei stato?», «Come sono andate le vacanze?». E qui si riaccende di nuovo questa grande abilità dell'uomo, la capacità di inventare, fondata sulla fantasia, sulla menzogna e su una buona dose di autoconvincimento, a forza di ripetere sempre le stesse risposte a richieste che non cambiano mai. «Dove sei stato?» è la domanda riproposta all'infinito. In risposta, si descrivono luoghi mai visitati e si raccontano storie mai accadute, ma alla lunga si finisce davvero per pensare che le vacanze siano state meravigliose, perché non si può raccontare una vacanza triste.

Ciascuno diventa un romanziere. In fondo nel romanzo, che è un genere della cosiddetta *fiction*, si raccontano vicende immaginarie, prendendo spunto da fatti reali. Senza la fantasia, senza l'invenzione, si vivrebbe di cronaca e la cronaca della vacanza è meglio evitarla, perché è stata terrificante.

Certo, dopo un po' il racconto si svilisce, finisce per stancare persino chi lo ripete senza interruzione, come accade a certi spettacoli che stanno in cartellone per stagioni e stagioni. Il racconto poi richiede precisione: quello proposto al signore del piano di sopra deve essere identico al racconto per la signora del piano di sotto, poiché le due persone si conoscono, si incontrano e parlano delle vacanze dell'inquilino del piano di mezzo. Non sono ammessi errori, sarebbe un segno di scarsa serietà. Per restare verosimile la menzogna non ammette troppe variazioni, nemmeno di colore, neppure nei particolari.

Anche il piacere del racconto così si esaurisce, ma per fortuna si può cominciare a programmare la vacanza dell'estate prossima, anche se è ancora lontana. Andare in vacanza è un diritto, ma a volte sembra trasformarsi in un'imposizione, una fonte di frustrazioni. Eppure, bisogna chiamarlo tempo libero come si faceva negli anni Settanta quando la società, dopo essersi arricchita, aveva scoperto che doveva educarsi e abituarsi a un tempo diverso da quello del lavoro. Lo ha chiamato «libero» per contrapposizione, ma libero ora non lo è più. Sembra controllato da una vera e propria industria che guida gli individui in questo loro bisogno di libertà.

Così, il tempo libero finisce per trasformarsi in tempo di lavoro con il nome di «vacanza». Un periodo in cui si sfiora lo stress e non sono rare le liti in famiglia, con scambi di accuse sulla responsabilità delle scelte sbagliate. Le aspettative erano alte: rancori e delusioni sono inevitabili, e la frustrazione è più intensa rispetto alla vita quotidiana.

C'è un dato che andrebbe valutato con cura: nel mese di settembre l'incidenza di disturbi mentali aumenta in modo sensibile, crescono le ricadute o si manifestano nuovi segni di disagio e disturbo. Si è persino pensato a influenze stellari. Io credo invece che bisognerebbe valutare con maggior attenzione il vissuto delle vacanze. Se è dominato da delusione e frustrazione, allora anche i disturbi che si manifestano nel mese di settembre portano i segni delle vacanze, tempo dell'evasione obbligatoria.

La discoteca

La discoteca è il tipico luogo capace di modificare il comportamento di un individuo, influenzandone persino il modo di pensare, le sensazioni, la maniera stessa di avvertire le emozioni e la forza dei sentimenti.

Per descrivere la discoteca credo che sia inadatta la vecchia definizione di «locale da ballo», perché il ballo tradizionale era soprattutto un'attività di coppia o, meglio ancora, un'occasione di incontro appositamente ricercata. I due corpi che si muovevano in armonia, guidati l'uno dal movimento dell'altro, facevano del ballo il luogo simbolico di desideri sessuali, terreno ideale per l'immaginazione, con le mani strette al corpo del partner e a volte capaci di spingersi fino a punti di solito «proibiti».

In discoteca oggi non si ballano più né il tango né il lento e dalla musica rock si è arrivati attraverso molti passaggi fino alla techno, martellante, con una base ritmica su cui si sovrappongono le variazioni introdotte dall'invenzione di un dj che sa mixare dischi diversi, fino a riempire la testa di suoni. Per creare l'atmosfera adatta sono fondamentali le luci, che non spariscono mai lentamente come nelle vecchie sale da ballo, dove si aspettava il buio per tentare un bacio o per tenersi ben più stretti di quanto consentito dalle convenzioni sociali. Oggi le luci sono saettanti, sembrano fulmini che attraversano la discoteca, uno spazio capace di contenere anche duemila persone: una piccola cattedrale. Certo una cattedrale giovanile, innalzata per un dio diverso, un dio minore.

In questa atmosfera è la musica a dettare il ritmo dei corpi, e la situazione non è troppo diversa da quella che ho visto in alcune zone dell'Africa: bastava che qualcuno battesse la mano su un tamburo e subito tutti si muovevano, dai bambini agli anziani, mentre il mio corpo immobile risultava addirittura blasfemo. In discoteca c'è la stessa difficoltà a rimanere fermi perché si è bombardati dalla musica, capace di colpire non solo le orecchie, ma tutto il corpo: la testa, il ventre, le spalle. Travolta da raffiche di suoni, la mente in discoteca è immobilizzata, o perlomeno imbavagliata. Formulare un periodo compiuto è impossibile. Al massimo si possono pronunciare parole isolate, magari ripetendo il testo inglese del brano scelto dal dj. Organizzare un pensiero è altrettanto difficile e la cosa curiosa è che non si può nemmeno ricordare una storia, perché tutto si muove a scatti, sotto i lampi intermittenti di luci colorate. Questi flash luminosi colpiscono i volti e trasformano i corpi, li colorano di verde, poi di arancio e infine sembrano scomporli e nasconderli alla vista.

La mente non pensa, è rapita, occupata a elaborare sensazioni musicali, rumori, suoni. A questi stimoli ritmici, talora improvvisi, si risponde con movimenti del corpo che a tutti gli effetti sono pulsioni, quasi degli automatismi, come quando si tocca il fuoco e per reazione si ritira la mano. È una specie di ballo di San Vito, che ricorda i movimenti dei tarantolati: tarantolati da discoteca, mossi al ritmo di una musica che sembra impazzita.

In discoteca l'individuo smarrisce la sensazione dei propri confini corporei e si mescola agli altri, diventa parte di un'unica grande entità: la massa. Anche la responsabilità – una delle caratteristiche fondamentali dell'individuo, dell'«io faccio» – scompare. Ci si lascia guidare dalla musica e da questo grande movimento collettivo di cui si è parte, ridotti a un piccolo frammento. E insieme alla responsabilità, scompaiono anche la volontà e la capacità di programmazione. Si avvertono solo membra sempre più stanche, la forza che viene meno e impedisce di continuare a muoversi, anche se la musica non cessa mai e lo stimolo è infinito. Allora bisogna dare al corpo nuova energia, una richiesta che sembra provenire direttamente dalle fibre muscolari: l'alcol è un buon energetico e le nuove droghe hanno effetti ancora più rapidi.

La discoteca è dunque molto più che un ambiente fisico, è uno spazio capace di trasformare i giovani e il loro comportamento, il modo di pensare e le capacità decisionali. È terrificante pensare che cosa possa combinare un insieme così vasto di esseri umani incapaci di regolarsi. Basta una musica, basta un dj, per trascinare una massa di individui, neanche fossero topi in balia di un pifferaio magico.

I luoghi abitativi

Per il bene della nostra salute mentale dovremmo prestare attenzione anche ai luoghi in cui viviamo, abitazioni sempre più piccole dato il costo elevato degli immobili. Ormai molte famiglie, per quanto meno numerose di un tempo, sono incarcerate in cinquanta metri quadrati e in uno spazio così ridotto è difficile godere di un minimo di privacy. Le pareti – in cartongesso – non isolano le voci e lasciano passare il rumore delle tv e dei cellulari: ognuno ha il suo e non smettono mai di squillare. Vivere in un ambiente simile comporta molti limiti. Invitare un amico del proprio figlio è difficile, e ancor più problematico è accogliere in casa un nonno.

È come se si vivesse in uno spazio aperto, con una mescolanza che sa di manicomio. In questo mondo senza la possibilità di pensare, di meditare, di coltivare dentro di sé un proprio universo, si vive come si fosse sempre invasi, posseduti. Il silenzio è scomparso e il rumore è la vera possessione demoniaca del tempo presente.

Senza dubbio, tutto questo ha un'influenza notevole sulla mente e le discipline mediche dovrebbero dedicare parte dei loro studi anche ai luoghi abitativi. Una casa accogliente e ben progettata è già uno strumento di prevenzione contro possibili condizioni di disagio. Per capire quanto l'architettura e l'urbanistica siano importanti per il nostro benessere, si possono ricordare luoghi che decisamente condizionano la formulazione di pensieri, la comparsa delle emozioni, la costruzione dei legami sentimentali e persino il comportamento. Basta rammentare l'orfanotrofio, che a lungo ha dominato la storia dell'infanzia abbandonata e ancora non è scomparso. Secondo una recente indagine, sono circa trentamila i bambini italiani ospiti di luoghi dell'abbandono, istituti in cui è impossibile stabilire quelle solide relazioni necessarie all'infanzia. Certo, gli istituti in cui i bambini vengono accolti assicurano l'alimentazione, ma la famiglia è dispersa e l'affetto dei genitori viene a mancare. Per non parlare dei casi estremi in cui i bambini subiscono abusi e violenze.

Gli orfanotrofi sono stati fondati per impedire che i bambini abbandonati morissero di fame, ma è tempo di preoccuparsi anche di altri bisogni. Un bambino abbandonato deve avere un padre e una madre nuovi, una casa dove è circondato dall'affetto. La possibilità di cancellare per sempre gli orfanotrofi c'è. Basta favorire la creazione di case-famiglia, velocizzare le adozioni, semplificare l'assegnazione dei bambini a persone motivate, contenendo la follia burocratica che regola queste pratiche.

Per comprendere l'importanza dei luoghi abitativi sul benessere mentale, si possono ricordare anche le cosiddette «case di riposo». Non si capisce perché quest'espressione dovrebbe essere un segno di rispetto. Il riposo – l'eterno riposo – è meglio augurarlo ai morti. Qui siamo ancora sulla terra e la vecchiaia non è morte e nemmeno malattia, ma un diverso modo di relazionarsi con le persone, con l'ambiente, con la vita e con il futuro. Il vecchio non ha necessità di riposo, ma di attività, di dare un senso a questa fase della sua esistenza. Deve sentirsi ancora utile a qualcuno, e non un semplice oggetto di curiosità per un volontario che viene a trovarlo un'ora al giorno: un'attività che va rispettata e promossa, distinguendo però tra il volontariato che rende un servizio all'altro e quello che serve a chi lo fa, per vincere le sue patologie mentali; oggi gli psichiatri prescrivono ore di volontariato come fossero farmaci, senza pensare a chi è oggetto di queste attenzioni.

Per segnalare l'importanza enorme dei luoghi abitativi, non si può non guardare alle carceri, alla follia delle carceri nel nostro Paese, che pure è la terra di Cesare Beccaria, uno dei primi al mondo a comprendere l'importanza di pene che avessero la forza di riabilitare il condannato, di rieducarlo e riportarlo all'interno della società, restituendo dimensione umana a chi ha compiuto un crimine e ha dimenticato l'importanza del rispetto per l'altro.

Esistono delitti contro la persona che vengono puniti giustamente, ma la punizione non rispetta la persona.

Il carcere in Italia non è né punitivo, né riabilitativo. Non possiede un'identità, è ambivalente. La pena ha un senso quando è punizione ma ha anche lo scopo di ridare dignità al condannato e di riportarlo alla società. In Italia si parla ancora di ergastolo, ma com'è possibile pensare a una riabilitazione sociale se la pena è perpetua? Ancora più assurda ovviamente è la pena di morte.

Nella condizione attuale il carcere non può essere riabilitativo. I detenuti vivono ammassati in celle sovraffollate: sei, sette, talvolta dieci persone in due metri per tre, due metri per quattro. All'interno delle celle i carcerati sono distribuiti in modo casuale e la scelta avviene spesso in condizioni di emergenza, senza saper bene dove mettere i nuovi arrivati. Così, tra compagni di cella si creano nuovi legami orientati solo al malaffare e si progettano nuovi crimini da compiere una volta scontata la pena. Quando si esce, il desiderio di mettersi contro la legge è ancora più forte anche perché il carcere, se non è rieducativo, lascia un marchio indelebile ed è difficile trovare un lavoro, qualsiasi lavoro.

Il carcere trasforma il comportamento e il modo di pensare, ma il cervello è plastico e risente di tutte le esperienze, non solo di quelle negative. Modificare convinzioni, atteggiamenti e caratteristiche della personalità, stimolare la voglia di stabilire legami positivi e di acquisire un ruolo all'interno della famiglia e della società, per diventare parte di un progetto comune: ebbene, questa è la via corretta per modificare la mente, attraverso un processo educativo controllato, continuo e coerente. In caso contrario, si fa solo un danno al singolo e alla collettività, rendendo il detenuto ancora più criminale.

Basterebbe ricordare che nelle carceri la droga gira con estrema facilità e a dominare è l'arroganza della criminalità organizzata: individui che non hanno nessuna intenzione di migliorarsi umanamente e cambiare personalità.

2

I luoghi per la cura del disagio e dei disturbi della mente

Dopo avere ricordato l'influenza dell'ambiente sul comportamento, desidero ora concludere il percorso all'interno delle mente e dei suoi disturbi con alcune riflessioni che riguardano i luoghi della cura. È un panorama vasto e diversificato, che comprende gli ambulatori psichiatrici, i centri per l'igiene mentale e soprattutto, all'interno degli ospedali generali, il reparto di diagnosi e cura. Nell'affrontare questo tema, è necessario qualche cenno a un passato triste e purtroppo recente.

I luoghi della storia e quelli del tempo presente

A lungo i malati di mente sono stati internati nei manicomi, successivamente «trasformati» in ospedali psichiatrici – in entrambi i casi luoghi di vera e propria reclusione e di esclusione dalla vita ordinaria. È soltanto con il primo ottobre del 1980 che si sancisce la chiusura di questi luoghi e si apre un nuovo capitolo, quello della cura negli ospedali civili o nei servizi territoriali. Da quel giorno i manicomi avrebbero progressivamente cessato di funzionare: non potevano più ricevere nuovi malati e rimanevano attivi solo per i ricoverati che al momento non erano ritenuti idonei ai luoghi alternativi, come le comunità terapeutiche e le case protette, o che non potevano essere affidati ai servizi di assistenza domiciliare, dovendo tener conto ancora di forti pregiudizi che identificavano nel malato di mente un soggetto pericoloso: non a caso i manicomi dipendevano dal ministero dell'Interno, che si occupa della sicurezza dello Stato, e la follia veniva di fatto «amministrata» dai tribunali, ciascuno dei quali possedeva una sezione specifica, cui era delegato il controllo dei matti e dei manicomi.

La medicina insomma si riduceva a una coreografia, sia perché non aveva raggiunto lo sviluppo di discipline mediche internistiche come la cardiologia o la gastroenterologia, sia perché era dominata da una pervasiva ambiguità su che cosa fosse la malattia mentale. Del resto, non è mai scomparsa del tutto la concezione del disturbo di mente come una sorta di possessione demoniaca.

Il manicomio era un'istituzione totale, una vera e propria città della follia, che doveva rimanere nettamente separata dalla città della cosiddetta «normalità». La separazione non era solo di principio e i manicomi erano spazi isolati, circondati da alte mura per evitare che i malati scappassero. Inoltre si controllavano con attenzione gli ingressi di persone esterne e le visite non erano mai consigliate, quasi che i contatti potessero indurre comportamenti violenti. In fondo, le regole di un manicomio erano simili a quelle delle carceri, tanto che spesso gli psichiatri si occupavano anche di criminali.

Io stesso ho passato molto tempo negli ospedali per malati di mente, ma quasi altrettanto ne ho trascorso dentro le carceri. Il mio compito era chiarire se i detenuti che visitavo avessero commesso reati in condizioni psichiche normali o in preda a qualche disturbo folle, circostanza che ne avrebbe diminuito la responsabilità. Oggi lo psichiatra non è più percepito come il medico dei matti, chiuso dentro il manicomio e in fondo «ricoverato» come i suoi pazienti. Per rendere concreta quest'immagine basterebbe ricordare il romanzo *Le libere donne di Magliano*, in cui Mario Tobino descrive, in maniera ispirata, la vita dei malati dell'ospedale dove lavorava come psichiatra e dove abitava.

Un tempo i malati di mente suscitavano un senso di paura, fino al terrore del contagio. Il timore di impazzire era diffuso e la follia, con la perdita di controllo che sovente comporta, spaventava più di molte malattie mortali, più dei tumori. Lo stesso psichiatra era visto con sospetto e diffidenza, mentre oggi è una figura accettata, ritenuta interessante, invitata a spiegare il comportamento umano in televisione oppure a rispondere, esattamente come fa il dermatologo, alle lettere dei pazienti sui giornali. Inoltre agli psichiatri, sempre più numerosi (in Italia sono quasi settemila), si sono aggiunte figure affini: dallo psicologo, con varie specializzazioni, allo psicoanalista, a chi fa *counseling*, ossia analizza alcune situazioni problematiche indicando la strada più opportuna da seguire.

A trent'anni dall'entrata in vigore della legge 180/1978, si è compreso che il manicomio non serve alla psichiatria, anche se – e questa è la nostra convinzione – oltre ai servizi di diagnosi e cura, a cui accenneremo tra breve, si rendono necessarie delle strutture intermedie.

Se i servizi di diagnosi e cura si occupano delle fasi acute e dunque dell'emergenza psichiatrica, bisogna trovare uno spazio idoneo perché le terapie si assestino, perché il paziente cominci a vivere in un ambiente controllato, ma capace di renderlo progressivamente autonomo. Strutture intermedie che però in Italia faticano a nascere, perché c'è sempre la paura che si trasformino in piccoli manicomi, quando in realtà dovrebbero soddisfare quel bisogno di cura che non è mai appartenuto davvero all'ambiente manicomiale.

È invece necessario prevedere strutture di questo tipo, perché consentirebbero tempi di terapia e valutazione clinica più lunghi, fino a ricoveri di uno o due mesi, contro i tredici, quattordici giorni di permanenza nei servizi di diagnosi e cura.

Tralasciando ogni considerazione sulla pianificazione dei servizi e sui luoghi di cura psichiatrici – tema che in questa sede non può essere approfondito in maniera soddisfacente – possiamo affermare che il clima generale è senza dubbio cambiato, tanto che oggi i servizi di diagnosi e cura fanno parte delle strutture ospedaliere e hanno la stessa importanza delle altre divisioni mediche.

Percorsi di cura: il disagio psichico

Vediamo ora i percorsi di cura per il disagio psichico. Il referente primario è senz'altro lo psichiatra, una figura professionale che non è necessariamente inserita in una struttura, ma che lavora in relazione con il paziente.

Di fronte al disagio è importante trovare uno psichiatra esperto, professionalmente valido e dotato di quella capacità di relazione più volte ricordata: il paziente non deve essere ridotto a semplice oggetto di analisi, ma va guardato come un adulto, un adolescente o un bambino che presenta delle situazioni di allarme, con taluni tratti o sintomi da chiarire. Insomma, serve uno psichiatra, o uno psicologo clinico, capace di chiarire la situazione con la massima attenzione e profondità possibile. La vita umana non può essere letta attraverso degli schemi, mai adeguati a un caso specifico.

Se chi si trova in difficoltà o i suoi familiari sono informati sul disagio psichico e sui disturbi mentali, possono scegliere con più facilità un medico di valore e non un qualunquista in camice bianco, che magari è famoso, ma ha dimenticato di essere prima di tutto un uomo.

Il giusto psichiatra, psicologo o psicoanalista prescelto può avere un'attività propria o lavorare in una struttura, anche ospedaliera.

Sono da sempre persuaso che la psichiatria abbia bisogno di diverse collaborazioni, ma non possa prescindere da una risposta pubblica. Ho operato per molti anni nella psichiatria pubblica e so come in un ospedale lo psichiatra debba sottostare a un regolamento. Pur non approvandone alcuni articoli, l'ho sempre seguito e non ho mai tollerato i colleghi che non si attenevano a quanto prescritto: dentro la struttura, nessuno psichiatra è libero di svolgere un'attività piuttosto che un'altra, o di dedicarsi a un paziente in modo particolare.

Queste scelte però si possono compiere in un'attività libero professionale (espressione con cui si intende anche l'attività svolta all'interno della struttura, ma usando del tempo supplementare rispetto a quello imposto dal rapporto di lavoro). Solo in questo tipo di attività lo psichiatra può autodeterminarsi, divenendo il vero protagonista dell'intervento o della relazione con il paziente: può scegliere di concentrarsi su alcune patologie piuttosto che su altre, o di indirizzare le proprie competenze verso specifiche fasce di età.

Chi vive una condizione di disagio deve potersi scegliere il proprio medico, ne ho la ferma convinzione. Invece all'interno di una struttura pubblica non è possibile scegliere, tra i medici che vi operano, l'uno e non l'altro, né pretendere un rapporto terapeutico continuativo con un solo psichiatra, perché il regolamento sancisce ferie, spostamenti, riunioni incompatibili con questa relazione esclusiva.

Per rispondere ai dubbi sappiamo quanto sia cruciale l'approfondimento. I segni iniziali che cosa rappresentano? Sono elementi transitori e causali, oppure fanno pensare a una situazione che precede un disturbo? Siamo di fronte a un'adolescenza difficile o un'adolescenza malata? Nel primo caso, bisogna aiutare il ragazzo a superare un ostacolo tipico dell'età, modificando il comportamento dei genitori o magari degli insegnanti, ma non sono necessari interventi sanitari. Se si configura un disturbo, invece, bisogna affidarsi a un clinico che saprà indicare la terapia da seguire. Da una nuova strategia educativa e relazionale si passa a una vera e propria cura, che non comporta necessariamente la prescrizione di farmaci, ma prevede una relazione che solo lo psichiatra o lo psicologo sono in grado di gestire.

È per questo che abbiamo voluto evitare di specificare, per ogni quadro psichiatrico, la modalità terapeutica opportuna. È una risposta che, certo, non può essere indicata in un manuale, ma deve scaturire dalla relazione tra quello specifico psichiatra e il suo paziente. Solo lì può emergere un programma terapeutico, che non può essere condizionato dai limiti operativi e da regole generali.

La scelta del clinico è fondamentale, poiché finisce per condizionare tutto l'ambiente in cui vive il bambino, il ragazzo, l'adulto. Se la scelta non è convincente, i sintomi possono gradualmente aggravarsi. In modo particolare, quando il paziente è nella fase del disagio, è necessario evitare diagnosi affrettate, che possono rimanergli addosso per sempre come impronte indelebili.

Bisogna evitare la superficialità, dunque, e non lasciarsi fuorviare da precedenti valutazioni. Invece è d'obbligo procedere con serietà, partire da un rilievo, da un'analisi, per poi entrare in sintonia con il paziente, così da conoscerne a fondo la mente, cioè comprenderne i desideri e le idee dominanti. E al tempo stesso è necessario capire qual è la relazione tra il paziente e l'ambiente in cui vive, il rapporto con il padre e la madre, la moglie e i figli.

Un lavoro indubbiamente difficile. Nella psichiatria non esistono le radiografie e servono persone che abbiano uno spiccato senso della responsabilità e non tollerino conclusioni affrettate e incerte.

La psichiatria è una disciplina del tutto o nulla. Uno psichiatra vale, o non vale nulla, e lo stesso si può dire per gli psicologi e gli psicoanalisti. Ecco perché insisto molto sull'importanza della scelta.

Non ci si può sbagliare, non ci si può affidare al suggerimento dell'amica, all'impressione di un giornale, al volto di qualcuno che va in televisione e solo per questo diventa ricercato. Meglio fare attenzione e dedicare tempo alla scelta, in modo che sia razionale, prudente e ponderata. Non si può ovviamente pretendere certezza assoluta, ma bisogna evitare l'improvvisazione.

È assurdo ricorrere ad analisi e confronti dettagliati prima di scegliere un'automobile o un aspirapolvere, e non prestare la giusta attenzione alla scelta di uno psichiatra, per sé o per gli altri.

Percorsi di cura: il disturbo mentale

Quando il paziente è affetto da un disturbo della mente attentamente diagnosticato, la cura non riguarda più solo lo psichiatra, ma l'istituzione psichiatrica, e in particolare i servizi di diagnosi e cura. Questi vengono spesso chiamati «reparti» ma, secondo la terminologia dei sistemi sanitari, non sono grandi abbastanza per essere definiti tali. Hanno, infatti, una capienza massima di solo sedici letti.

Questo limite, imposto per legge, porta i medici ad accelerare il turnover dei pazienti, e la degenza è in genere troppo breve, sia per giungere a un giudizio clinico approfondito, sia per verificare l'efficacia delle terapie prescritte. Ciò nonostante, i servizi di diagnosi e cura restano i luoghi appropriati per le emergenze, per i casi acuti.

Vi si può accedere in due modi. Direttamente: il paziente, portato in ospedale, accetta il ricovero; è questa la strada auspicabile, quella che dovrebbe diventare l'unica, o almeno la più comune modalità di intervento. Tuttavia, permangono richieste di ricovero coatto – ecco la seconda via – attuate contro la volontà del paziente, che può non capire il proprio bisogno terapeutico e opporsi all'intervento dei medici (come accade spesso nella mania o nel ritardo mentale).

Per il ricovero coatto esiste una procedura complessa e specifica. Il primo atto consiste nel chiamare il medico di medicina generale, affinché dia una prima valutazione, anche se non specialistica, sulla situazione del paziente. Dopo l'accertamento, il medico compila un certificato in cui dichiara di ritenere necessario il ricovero nel servizio di diagnosi e cura. A questo punto, occorre che uno psichiatra convalidi questa diagnosi e lo attesti in una seconda dichiarazione. Letti i due certificati, il sindaco o un suo addetto, sempre reperibile, firmano la disposizione al ricovero. Viene ora chiamato il servizio di diagnosi e cura, che preleva il paziente a casa o nel luogo in cui si trova: il compito è affidato alla professionalità degli infermieri, non alla polizia o ai carabinieri.

Occorre dire che in alcune strutture si riesce quasi sempre a evitare il ricovero coatto, magari perché lo psichiatra del servizio ospedaliero ha un legame molto stretto con il medico di medicina generale, che lo chiama in prima persona e visita il paziente insieme a lui. Grazie alla sua esperienza, lo psichiatra spesso convince il paziente a recarsi in ospedale di sua spontanea volontà, e si evita così il ricovero coatto. Nel caso invece si debba procedere al ricovero obbligato l'incontro in cooperazione permette di arrivare alla certificazione congiunta.

A prescindere dal modo in cui vi si giunge, il servizio di diagnosi e cura è l'unico luogo indicato per le fasi acute della patologia mentale. E non bisogna farsi prendere dalla paura, dal pregiudizio, da vecchi preconcetti: il servizio di diagnosi e cura non ha niente a che fare con l'istituzione totale, lo psichiatra non è un poliziotto in camice bianco.

Spazzati via i timori e valutata bene la situazione, non c'è tempo da perdere. Certo, la malattia mentale non è sinonimo di pericolosità, ma non si può cadere nell'eccesso opposto ed escludere ogni rischio, come sembra fare la nuova legge. La pericolosità esiste. Non è una caratteristica certa, ma resta un sintomo possibile, soprattutto in taluni quadri patologici.

Dunque, non bisogna illudersi, fingere o negare l'evidenza. I servizi di diagnosi e cura sono l'unico punto di riferimento in una situazione di emergenza. Non c'è nemmeno da scegliere tra il pubblico e il privato, perché non esistono servizi di diagnosi e cura privati.

Nei casi in cui l'emergenza è meno acuta e lo stesso paziente si rende conto dell'utilità di un ricovero, si possono scegliere altre opzioni.

Esistono per esempio le case di cura, che non dipendono direttamente dal servizio sanitario nazionale, anche se rispondono a un regolamento che ne definisce compiti, limiti e criteri di organizzazione interna, e di solito sono convenzionate con lo stesso servizio sanitario nazionale o con quello regionale. Grazie a queste convenzioni, per quanto sia disponibile un certo numero di posti a pagamento, i pazienti possono essere accolti anche senza sostenere i costi di una retta.

In questi casi di ricovero volontario, è bene valutare con attenzione le opzioni disponibili e controllare se le strutture sono adeguate al caso specifico. Questa fase di raccolta delle informazioni è fondamentale per non trovarsi di fronte a brutte sorprese. Per esempio, esistono case di cura che usano ancora l'elettroshock e bisogna domandarsi se è davvero questa la tecnica terapeutica che si cerca o se non è meglio rivolgersi a un'altra struttura. Naturalmente, questo è solo uno dei possibili criteri di selezione e ce ne sono altri che vanno analizzati con attenzione.

Le case di cura possono essere scelte per i casi di ricovero volontario, ma devono essere tenute in considerazione anche quando, dopo la breve degenza nel servizio di diagnosi e cura, c'è bisogno di prolungare il ricovero almeno di qualche settimana per stabilizzare il comportamento del paziente e valutare meglio l'efficacia della terapia, che può variare rispetto alla risposta iniziale.

In questo caso è bene che si stabilisca una comunicazione e un rapporto di continuità tra le due istituzioni, tra il reparto di diagnosi e cura da cui il paziente è stato dimesso e la casa di cura scelta per stabilizzare la terapia, o anche solo per seguire il malato quando manca un aiuto valido in famiglia.

A questo elenco vanno aggiunte le comunità terapeutiche. Occorre precisare che queste strutture non sono cliniche psichiatriche e spesso non seguono solo persone affette da disturbi psichici. Una volta accolti in queste comunità, i pazienti proseguono la loro cura, ma sono inseriti anche in una relazione di gruppo, che prevede per esempio attività fisiche o lavorative: un'occupazione che possa essere gradita e non diventi un peso, magari in un orto o in un giardino; comunque un'attività che aiuti l'ospite a capire che può dedicarsi a qualche progetto.

Il paziente comincia così a vivere in un ambiente più stimolante, mentre il ritorno in famiglia in questa fase potrebbe rivelarsi controindicato, per la presenza di conflitti profondi che rischiano di riattivare pensieri e comportamenti problematici.

Sulle comunità terapeutiche si dovrebbe aprire un grande capitolo, poiché sono molto diverse tra loro. La caratteristica essenziale è il numero limitato delle persone ospitate, dieci o quindici al massimo, per controllare al meglio le dinamiche interne al gruppo ed evitare esclusioni, invidie, contrapposizioni o conflittualità. Inoltre, la comunità deve essere gestita da persone che conoscono bene i disturbi mentali e sanno come comportarsi e intervenire. In particolare deve essere presente uno psichiatra o uno psicologo clinico, se non come figura interna, almeno come consulente in grado di intervenire con rapidità.

La preoccupazione principale non è trovare la diagnosi o mettere a punto una terapia. L'idea alla base delle comunità terapeutiche, infatti, è offrire al paziente un luogo in cui vivere e imparare a vivere. Sono una sorta di ponte tra la vita da malato e l'inserimento nella società, con il ritorno all'esistenza interrotta dalla malattia.

Non bisogna avere fretta di riportare la persona nell'ambiente in cui si è manifestato il disturbo o in cui è esploso, anche perché la famiglia non sempre è in grado di garantire la stessa assistenza di una comunità terapeutica. In questi ambienti viene fornito un sostegno continuo ed è possibile compiere numerose verifiche, per esempio sui rapporti interpersonali e sul comportamento sociale.

Ci sono molte soluzioni disponibili: le comunità terapeutiche di città, quelle di campagna, oppure gli appartamenti terapeutici, con tre o quattro persone seguite da alcuni operatori. Esistono poi le case-famiglia, sorta di famiglie allargate che possono garantire un'atmosfera quieta e accogliente a chi ha vissuto solo in situazioni di conflitto. In alcune comunità poi sono previste anche attività sportive. Si è introdotta, per esempio, l'ippoterapia, in cui gli esercizi con il cavallo e la vita a contatto con la natura risultano rilassanti e terapeutici.

L'obiettivo finale della comunità è portare il paziente di nuovo in famiglia. Bisogna quindi conoscerla bene e comprenderne le dinamiche interne.

La famiglia come luogo di cura

Potrà meravigliare che si indichi la famiglia come luogo di cura. Sicuramente può al contrario rappresentare un teatro della patologia, perché l'atmosfera familiare talvolta comporta dissidi, lotte, incomprensioni e altre allenta i freni inibitori, lasciando libero spazio a pulsioni che in ufficio o tra gli amici verrebbero controllate. Tutto questo contribuisce a rendere la famiglia un luogo generatore di disagio, capace di scatenare – da solo o come concausa – un disturbo mentale. Ma la famiglia deve imparare a diventare il luogo della cura. E l'obiettivo di partenza dev'essere *primum non nocere*, non riattivare il disturbo.

Già durante il percorso terapeutico che si svolge fuori casa – servizio di diagnosi e cura, luoghi per la continuazione controllata della terapia, comunità – la famiglia deve partecipare alla sofferenza del congiunto, condividerne le decisioni. In questa fase deve cercare di capire cosa è accaduto e prepararsi ad accoglierlo di nuovo.

Se si pensa che l'unica soluzione sia espellere il paziente dal nucleo familiare, delegare l'intervento alle istituzioni e ai luoghi di cura, non si può nemmeno pensare al concetto di «famiglia terapeutica».

La mia convinzione, invece, è che la famiglia abbia un grande potenziale terapeutico e che possa funzionare in modo diverso rispetto al periodo in cui si è manifestato il disturbo.

Non si parla di miracoli, si tratta semmai di promuovere una vita familiare «ordinaria», in cui tutti si ritrovano per sentire il gusto, il sapore, qualche volta anche la difficoltà, dello stare insieme. Bisogna favorire incontri profondi, invece di fare di tutto per evitarli nel timore che nascano nuovi dissidi.

Per diventare terapeutica, dunque, la famiglia non ha bisogno di caratteristiche eccezionali, deve soltanto essere comunicativa, unita. Certo, questo non implica la totale assenza di conflitti, semmai la capacità di uscirne. Io non sono mai preoccupato se in una famiglia ci sono dei litigi, ma lo divento se non si risolvono, se non vengono elaborati.

Non è neppure necessaria una formazione di alto livello. La cultura non si identifica certo con i titoli di studio, ma con la capacità critica, con l'abilità di capire l'altro, senza cedere alla stupidità tipica di molti programmi televisivi. Spesso non c'è bisogno di parlare, basta saper ascoltare. Così tante volte, quando un figlio compie azioni inaccettabili, il silenzio è la scelta migliore. Un messaggio senza parole e senza urla è molto più efficace, poiché evita l'uso di frasi che possono essere prese per offese.

Lo dico con forza: sono ben lontano dalla possibilità di indicare come si costruisce una famiglia terapeutica, perché ogni famiglia è diversa dall'altra e nasce da una combinazione di individui differenti.

Posso solo dire che bisogna aver capito che cos'è il disagio e aver analizzato le diverse maschere attraverso cui si manifestano i disturbi della mente. Queste conoscenze, poi, possono servire da stimolo per adattare il proprio comportamento.

La casa deve essere il luogo del rispetto, in cui ciascuno mostra la propria umanità. Al tempo stesso deve essere anche il luogo delle regole, perché persino l'amore e la libertà non possono esistere senza.

La famiglia è un luogo sacro e la sacralità ha bisogno di riti e di gerarchie riconosciute, basate però sull'autorevolezza più che sulla semplice forza del potere. Il padre è padre, non è possibile considerarlo un padre-amico: ecco un'espressione tipica di una famiglia in cui vivere e crescere è difficile. Nella famiglia poi non può dominare l'infedeltà: e non per una sorta di imposizione moralistica da bacchettoni, ma perché non si è infedeli solo nei confronti del marito o della moglie, ma anche verso i figli. Si tradisce l'intero nucleo familiare, e si tradisce anche se stessi.

Naturalmente ci sono suggerimenti specifici per aiutare chi soffre di questo o quel disturbo mentale, ma l'indicazione importante per ogni famiglia è conoscere e cercare di capire, per scegliere gli aiuti giusti. La summa è stata scritta con questa finalità.

Esistono libri che dopo poche settimane non hanno più nessuna utilità, ma sono convinto che, al contrario, questo volume vada tenuto sul comodino, per consultarlo ogni volta che si presenta un dubbio. Almeno, questa è la mia speranza.

Indici

Indice dei disturbi della mente

Indice dei disturbi per età

Questa sezione integra l'Indice dei disturbi con malattie proprie delle differenti età.

Infanzia:

Indice delle storie

Indice dei sintomi

Indice dei nomi

Sommario

Parte seconda

Parte terza

Parte quarta

Parte quinta

Indici

Finito di stampare
nel mese di dicembre 2012 presso il
Nuovo Istituto Italiano d'Arti Grafiche - Bergamo

Printed in Italy